○ ● │ 视觉文化丛书

学做视觉民族志

（原书第 3 版）

[澳] 莎拉·平克（Sarah Pink） 著

邝明艳 唐晓莉 译

重庆大学出版社

目 录

总　序

毋庸置疑，当今时代是一个图像资源丰裕乃至迅猛膨胀的时代，从随处可见的广告影像到各种创意的形象设计，从商店橱窗、城市景观到时装表演，从体育运动的视觉狂欢到影视、游戏或网络的虚拟影像，一个又一个转瞬即逝的图像不断吸引、刺激乃至惊爆人们的眼球。现代都市的居民完全被幽灵般的图像和信息所簇拥缠绕，用英国社会学家费瑟斯通的话来说，被"源源不断的、渗透当今日常生活结构的符号和图像"所包围。难怪艺术批评家约翰·伯格不禁感慨：历史上没有任何一种形态的社会，曾经出现过这么集中的影像、这么密集的视觉信息。在现今通行全球的将眼目作为最重要的感觉器官的文明中，当各类社会集体尝试用文化感知和回忆进行自我认同的时刻，图像已经掌握了其间的决定性"钥匙"。它不仅深入人们的日常生活，成为人们无法逃避的符号追踪，而且成为亿万人形成道德和伦理观念的主要资源。这种以图像为主因（dominant）的文化通过各种奇观影像和宏大场面，主宰人们的休闲时间，塑造其政治观念和社会行为。这不仅为创造认同性提供了种种材料，促进一种新的日常生活结构的形成，而且也通过提供象征、神话和资源等，参与形成某种今天世界各地的多数人所共享的全球性文化。这就是人们所称的"视觉文化"。

如果我们赞成巴拉兹首次对"视觉文化"的界定，即通过可见的形象（image）来表达、理解和解释事物的文化形态。那么，主要以身体姿态语言（非言语符号）进行交往的"原始视觉文化"（身体装饰、舞蹈以及图腾崇拜等），以图像为主要表征方式的视觉艺术（绘画、雕塑等造型艺术），和以影像作为主要传递信息方式的摄影、电影、电视以及网络等无疑是其最重要的文化样态。换言之，广义上的视觉文化就是一种以形象或图像作为主导方式来传递信息的文化，它包括以巫术实用模式为取向的原始视觉文化、以主体审美意识为表征的视觉艺术，以及以身心浸濡为旨归的现代影像文化等三种主要形态；而狭义上的视觉文化，就是指现代社会通过各种视觉技术制作的图像文化。它作为现代都市人的一种主要生存方式（即"视觉化生存"），是以可见图像为基本表意符号，以报纸、杂志、广告、摄影、电影、电视以及网络等大众媒介为主要传播方式，以视觉性（visuality）为精神内核，与通过理性运思的语言文化相对，是一种通过直观感知、旨在生产快感和意义、以消费为导向的视象文化形态。

在视觉文化成为当下千千万万普通男女最主要的生活方式之际，本译丛的出版可谓恰逢其时！我国学界如何直面当前这一重大社会转型期的文化问题，怎样深入推进视觉文化这一跨学科的研究？古人云：他山之石，可以攻玉！大量引介国外相关的优秀成果，重新踏寻这些先行者涉险探幽的果敢足迹，无疑是窥其堂奥的不二法门。

在全球化浪潮甚嚣尘上的现时代，我们到底以何种姿态来积极应对异域文化？长期以来我们固守的思维惯习就是所谓的"求同存异"。事实上，这种素朴的日常思维方式，其源头是随语言—逻各斯而来的形而上的残毒，积弊日久，往往造成了我们的生命经验总是囿于自我同一性的褊狭视域。在玄想的"求同"的云端，自然谈不上对异域文化切要的理解，而一旦我们无法寻取到迥异于自身文化的异质性质素，哪里还谈得上与之进行富有创见性的对话？！事实上，对话本身就意味着双方有距离和差异，完全同一的双方不可能发生对话，只能是以"对话"为假面的独白。在这个意义上，不是同一性，而恰好是差异性构成了对话与理解的基础。因理解的目标不再是追求同一性，故对话中的任何一方都没有权力要求对方的认同。理解者与理解对象之间的差异越大，就越需要对话，也越能够在对话中产生新的意义，提供更多进一步对话的可能性。在此对谈中，诠释的开放性必先于意义的精确性，精确常是后来人努力的结果，而歧义、混淆反而是常见的。因此，我们不能仅将歧义与混淆视为理解的障碍，反之，正是歧义与混淆使理解对话成为可能。事实上，歧义与混淆驱使着人们去理解、理清，甚至调和、融合。由此可见，我们应该珍视歧义与混淆所开显的多元性与开放性，而多元性与开放性正是对比视域的来源与展开，也是新的文化创造的活水源泉。

正是明了此番道理，早在20世纪初期，在瞻望民族文化的未来时，鲁迅就提出：外之既不后于世界之思潮，内之仍弗失固有之血脉，取今复古，别立新宗！我们要想实现鲁迅先生"取今复古，别立新宗"的夙愿，就亟须改变"求同存异"的思维旧习，以"面向实事本身"（胡塞尔语）的现象学精神与工作态度，对所研究的对象进行切要的同情理解。在对外来文化异质性质素的寻求对谈过程中，促使东西方异质价值在交汇、冲突、碰撞中磨砺出思想火花，真正实现我们传统的创造性转换。德国诗哲海德格尔曾指出，唯当亲密的东西，完全分离并且保持分离之际，才有亲密性起作用。也正如法国哲学家朱利安所言，以西方文化作为参照对比实际上是一种距离化，但这种距离化并不代表我们安于道术将为天下裂，反之，距离化可说是曲成万物的迂回。我们进行最远离本土民族文化的航行，直驱差异可能达到的地方深入探险，事实上，我们越是深入，就越会促成回溯到我们自己的思想！

狭义上的视觉文化篇什是本译丛选取的重点，并以此为基点拓展到广义的视觉文化范围。因此，其中不仅包括当前声名显赫的欧美视觉研究领域的"学术大腕"，如米歇尔（W. J. T. Mitchell）、米尔佐夫（Nicholas Mirzoeff）、马丁·杰伊（Martin Jay）等人的代表性论著，也有来自艺术史领域的理论批评家，如布列逊（Norman Bryson）、格林伯格（Clement Greenberg）、埃尔金斯（James Elkins）等人的相关力作，当然还包括那些奠定视觉文化这一跨学科的开创之作，此外，那些聚焦于视觉性探究方面的实验精品也被一并纳入。如此一来，本丛书所选四十余种文献就涉及英、法、德等诸语种，在重庆大学出版社的大力支持和协助下，本译丛编委会力邀各语种经验丰富的译者，务求恪从原著，达雅兼备，冀望译文质量上乘！

是为序！

肖伟胜

2016年11月26日于重庆

致　谢

　　1990 年代末，我在写作本书第 1 版时，就确信视觉方法会成为民族志研究的关键性方法论分支。本书书名是由 SAGE 出版社提议的，它准确地表达了我的意图。在写作的过程中，我吸取了自己及同行的经验，加之我对视觉文化和视觉表征（visual representations）的理论及现实的兴趣，促使我提出了视觉民族志方法论。本书的雏形在很大程度上受到了我对视觉人类学者、社会学者和艺术家作品的阅读、观看（viewing）及与他们的对话的影响。自从第 1 版出版后，我遇见了更多的民族志学者，大家都对视觉跨学科和交叉学科领域的发展持乐观态度。第 2 版和第 3 版中介绍的一些研究和影像出自一些视觉民族志学者，他们在其著作和实践中都与本书进行了很好的对话。在此我对他们表示由衷的谢意，一方面是因为本书第 1 版得到了他们的认可；另一方面是因为他们的实践为本书的新版提供了一个新的研究主体，继而构成了新的对话。

　　书中的想法和案例很多也来自我本人近年来关于视觉和数字方法及媒体的理论和方法论的研究。这些思考和讨论形成了我目前正在进行的视觉研究、媒体研究和日常生活研究的一部分。因此，本书中的内容不是直接对已有文章的再版，但确实参考了过去10年左右影响我研究轨迹的一些想法和观点。从这个意义上说，本书大多数的观点和部分案例都是深思熟虑后的结果，或者说在其他出版物中都以另外的角度呈现过。我提到这些，一方面是为了让读者明晰本书和之前作品的关系；另一方面是为了强调，之前的作品之所以一直都被作为参考是因为读者可以更加深入地继续其理论探讨和方法论跟进。当然，本书将对视觉方法论进行清晰的阐释。为了努力做到这点，而且作为一本论著的基本要求，我需要回顾和分析更大范围讨论中的实践，因此，我争取在知识性和实践性之间保持平衡。

同时，本书与我个人经验极其相关，也得到了研究中与我合作的人们的大力支持，在过去20年左右的时间里，他们一直准许我进行拍摄。我应该特别感谢所有在书中提到名字的人，但我的感激之情远远不止于此。在此虽不能一一说出姓名，但感谢所有和我一道工作过的人，他们向我展示了他们的生活片段，让我学会如何成为一名民族志学者。感谢英国曼彻斯特大学视觉人类学格拉纳达中心的工作人员，他们给作为硕士研究生的我提供了视觉和民族志的双重训练，并为书中的影像制作提供了技术支持；感谢肯特大学人类学和计算机中心、拉夫堡大学社会科学系和德比大学多媒体研发人员。正是在拉夫堡、巴塞罗那互联网跨学科研究所（Internet Interdisciplinary Institute，IN3）和墨尔本皇家理工大学的经历让我萌生了写作此书的想法并开始付诸实施，那里提供的专业环境和充裕的写作时间也让我受益匪浅。这些年促使我完成本书从第1版到第3版的写作的动力来自那些邀请我参加视觉民族志工作坊和学术会议的人士、参会的研究者和学生，他们向我展示作品、交流想法并提出了许多极具启发性的问题。最后，感谢合作的同事与我拥有共同的视觉民族志理念，感谢为我提供资助的机构：经济和社会研究委员会（Economic and Social Research Council, ESRC）资助了我对西班牙妇女和斗牛的博士论文研究；联合利华（Unilever）公司资助了我在家乡的视频民族志工作；努菲尔德（Nuffield）集团资助了我对慢城市的研究；建筑技术（Construction Skills）组织资助了我和同事对建筑业流动务工人员的研究；以及由英国研究理事会数字经济和能源项目资助的拉夫堡大学低努力减少能源需求（Low Effort Energy Demand Reduction, LEEDR）这一跨学科项目（基金号：EP/I000267/1）。

绪　论

影像"无处不在"。它们渗透进我们的学术工作和日常生活。它们进驻并激发我们的想象力、技术、文本和对话。随着手机媒体的普遍化，影像嵌入周围的数字建筑中，而我们每天都在这些数字建筑中穿行。视觉影像因此不可避免地与我们的个人身份、叙述、生活方式、文化和社会编织在一起，同时也与历史、时间、空间、现实和真理的定义相关。民族志研究同样卷入了视觉技术、影像、隐喻和观看方式等的旋涡中。当民族志学者在创作照片或视频时，这些影像，包括生产它们并讨论它们的经验都成为民族志知识的一部分。因此，影像是我们经验、学习和认识方式的一部分，也是我们交流和再现知识方式的一部分。在研究的情境中，影像可以激发对话，对话可以调用影像；为实现对话和行为的视觉化，可以通过文字描述和参考文献将缺席的印制影像或数字影像引入叙述中。影像可以激发某种具体化的情感经验，同样地，经验也可以产生影像。因此，影像是我们生活和研究的经验环境中不可少的一部分。本书是一次邀请，它希望引起大家对民族志研究过程中的影像、技术以及观看和体验方式的关注。

我们为何需要视觉民族志

摄影、视频和网络媒体日益成为民族志学者工作中不可分割的元素。事实上，作为一个当代民族志学者，如果不与这些媒体形式和媒体环境以及相关的实践打交道的话，也许很难说得过去。我们使用（日渐数字化的）媒体来进行民族志研究，我们致力于对其他人生活的影像、视觉和媒体实践达成一种意义和经验上的理解，我们的田野调查地点也覆盖了线上和线下环境。在这些角色中，视觉和数字媒体成为我们构建民族志知识的方式的一部分，同时，它们也被用来创作民族志知识的表征。就其本身而论，视觉民族志的媒体和材料给我们提供了形式的连续性，既包括专业的田野调查，也包括应用研究情境，而这些是其他媒体所不能提供的。作为民族志学者，在我们的研究和学术实践中，我们几乎必然地会遭遇并受惠于数字视觉技术和影像。因此，我们需要理解它们如何在生产和传播中联系在一起，这也是民族志进程中的一部分。

随着视觉方法和媒体在民族志实践中变得越来越普遍，这也成为我们学习成为民族志学者的某种路径。举例来说，视觉方法在大学课程的分支学科中作为专题被讲授，如视觉人类学和视觉社会学，同样地，这些课程也在高级研究训练研习会中被讲授。此外，视觉方法的会议和论坛正在全球加速发展。然而，如果视觉民族志可能脱胎于人类学和社会学，那么现在它已经不再受制于二者。在其他学科中，以视觉为导向的民族志方法的益处已得到越来越多人的认可，包括地理学和一些交叉学科领域，如消费研究、健康研究、教育研究、媒体研究、组织研究、设计研究和建筑研究等，在艺术学院也同样如此。在写作本书第 3 版时，我发现我正处于一个视觉方法文献极为丰富的情境中，其中有些元素我会在后面的章节中进行讨论。这些文献以一系列方法论手段为依据，在专业学科领域广为传播。此情境与 1990 年代我着手本书第 1 版的写作时已大相径庭。当时我还认为视觉民族志是一个新兴领域，需要有人将它带入大众视野。我也完全没有想到今天我要做的工作正在成为这一不断生长的、动态的、具有国际性并处于交叉学科领域的实践的一部分。

本书主要面向希望将视听媒体纳入其研究实践的"民族志"学科和跨学科领域的研究人员。我在此不宜列出这些实践所适用的学科范围，但我会将上文所涉及的多学科的研究者纳入其中。对于那些试图更深入地了解民族志对其工作的影响的视觉媒体从业者来说，本书也同样适合。这既包括摄影师、视频制作者和数字艺术家，也包括以视觉为工作中心的学者和从业者，比如艺术治疗和照片疗法等领域的人士。我对这些领域内的学者和从业者的兴趣不单单是基于他们有可能受惠于视觉民族志的方法，而是自从我开始写作视觉民族志时，这些学科的研究和实践就让我受益匪浅。

本书所处的变化中的背景

要理解视觉民族志在今天的意义，我们需要了解它从何而来。为此我将解释距它最近的历史来梳理其背景。在过去的 20 年里，我一直利用摄影、视频和网络媒体从事民族志工作，其间经历了技术和理论创新及"转向"。1980 年代末，当时所谓的"新民族志"支持者将一些新的民族志研究方法引入，比如小说虚构法（fiction），并强调主观性在知识生产过程中的中心地位。我的工作始于人类学，其间也经历了一次"危机"，关于知识、真理和客观性的实证主义论点及现实主义方法都遭到了挑战（参见 Clifford and Marcus 1986）。这些观点为民族志越来越接受视觉表征铺平了道路，因为民族志电影或摄影不可能比书面文本更主观或更客观，因此，视觉表征（即便没能被相当积极地运用到民族志工作中）也得到了大多数主流研究者的认可。1990年代，在视觉技术领域的新的创新，针对主观性、经验、知识和表征的后现代批判理论方法，对民族志田野调查方法论的反身性（reflexive）[1] 探究以及对交叉学科的重视，这些都使得在民族志中使用摄影技术和影像产生了令人激动的新的可能性。正是在此背景中，在21世纪初，涌现出一批关于视觉方法论的新文献和实践工作。纵观人文和社会科学，这些发展源自社会人类学（Ruby 2000a；Banks 2001；Grimshaw 2001；Pink, Kurti and Afonso 2004；Grimshaw and Ravetz 2004；El Guindi 2004；MacDougall 2005；Pink 2006）、社会学（Emmison and Smith 2000；O'Neill 2002；Pole 2004；Knowles and Sweetman 2004；Halford and Knowles 2005）和地理学（Rose 2001）（参见 Pink 2006，第2章）。在当时的学术圈中，后现代转向的影响已经盖棺定论，其遗产有待清理；其他研究，如对民族志的反身性探究和视觉研究仍在继续，这些文本共同为视觉民族志构筑了一道新的景象。在此背景下，本书第2版经由三个关键影响始现雏形。第一，探求新的交叉学科主题的热情，将民族志和艺术实践相联系（例如 da Silva and Pink 2004；Grimshaw and Ravetz 2004；Schneider and Wright 2005；Bowman, Grasseni, Hughes-Freeland and Pink 2007），认识到视觉研究必须容纳具身化（embodiment）和感官（例如 O'Neill 2002；Grimshaw and Ravetz 2004；MacDougall 2005；Pink 2006, 2009）。第二，资助机构和大学提出了制度要求：将研究对象、方法论训练和伦理审查作为新的重点。这一情况一方面鼓励方法

---

[1] reflexive的本意为自反、反身。在社会学中，它指的是回到社会学自身。在社会学处理其目标时，将其自身视为分析的对象。——译者注

论创新，另一方面又强调通过外部审查来确保伦理实践的重要性，就其本身而论，这些方式与那些具有反身自省意识的民族志学者提出来的自查大相径庭。在此环境下，视觉民族志学者不仅需要对其方法有反身性思考，还需要在制度性语言上精通这些方法（Prosser et al. 2008；Clarke 2012）。第三，视觉民族志开始作为一种应用性和学术性的实践而出现（Pink 2006，2007a）。这些转变持续影响着本书第 3 版的书写。它们也被未来的变化和本世纪第一个十年中后几年的转向所重新勾勒。当我在写作本书第 2 版时，某种形势正清晰地显现出来，那就是一个数字的、以网络为基础的视觉民族志方法正快速形成。然而，无须将视觉民族志方法理解为一种数字实践，这其中还有许多需要言说的地方。直到本世纪的第二个十年，这种情况在某种程度上一直存在，但有了许多重要的差别。以我的经验来看，视觉民族志现在很少涉及模拟相机的使用，但在某种意义上几乎总是涉及计算机设备和网络媒体，其中民族志学者和研究参与者都可以利用类似的技术来进行实践。当然，后面这种说法需要考虑全球的和国家间的不平等以及其他形式上的差别，我们并非都能平等利用相同的媒体和技术。视觉民族志需要使用的设备不再是非常专业的（虽然有些民族志学者确实会利用高度专业化的设备进行创造）。此外，在民族志实践中使用的视觉方法不一定涉及新媒体，从最近的案例来看（例如 Grasseni 2012；Hogan and Pink 2012），印制的地图、纸张、钢笔、铅笔和其他"古老的"技术同样可以创生视觉民族志方法。如果本书的一部分读者阅读的是印制图书的话，他们体验到的将是一种古已有之的"古老"物质。但另外一些读者也可以通过数字技术，可能是笔记本电脑、台式电脑或智能手机来亲近这些文字和影像，由此形成了一种与其书面的和视觉的元素以及它链接到的网络资源截然不同的关系。

　　在当代学习视觉民族志方法也因为一系列更广泛的改变而变化，我在其他地方讨论过这个问题（Pink 2012b），这些改变成为视觉研究方法论被全面改写的背景。在笔者所编辑的《视觉方法论进展》（Pink 2012a，2012b）一书的前言中，我曾讨论过这些主题，它们包括前文所提及的新的技术环境和一系列理论转向，它们引发了对实践、地点和感官等概念的关注（我还写过所有与感官民族志有关的主题 [Pink 2009]）。实际上，对感官的关注在本世纪初就已得到加强，因此有必要重新定位"视觉民族志"中的论点和优先顺序——我在《学做感官民族志》（*Doing Sensory Ethnography*）一书中提出了关于感官研究的学者如何使用视觉方法（Pink 2009）的问题，并从本书第 2 章中吸收了视觉民族志的观点。在人文地理学和人类学中，"非表征"（non-representational）（参见，例如 Thrift 2008）和"超表征"（more-than-representational）（Lorimer 2005）正变得越来越重要（参见 Ingold 2011），这需要我们重新界定我们思考影像在世界中的作用的方式，并且采用一种与传统文化研究不同的途径来对待视觉材料（参见 Ingold 2010a；Pink 2011a）。与此同时，我们在公共性和应用性视觉研究及学术中看到了一种深刻的改变。视觉方法和媒体正越来越多地参与到人类学和同类学科的应用研究中（Pink 2007b，2011b，2012a；Mitchell 2011）。在本书接下来的章节中，我讨论了最近我手头的工作，从中可以清晰地看到，近期不断增多的视觉民族志实践成为这种改变的一部分，并趋向于一种更具融合性、分享性、合作性和公共性的视觉学术形式。

　　因此，作为实践的视觉民族志受到了众多的相关影响，包括学科的发展轨迹和规范（参见第 1 章）；一系列的理论认识：影像和媒体的意义和优势，技术的可能性，研究者的技巧，个人的生平经历，主观性和反身性，以及与权力的关系（参见第 2 章）；正在解决的研究问题和伦理问题（参见第 3 章）。此外，我们定义研究情境和环境的方式也会影响视觉民族志的形成。如图 0.1、图 0.2 和图 0.3 所示，这些不同的元素以不同的方式聚集到一起，又带来了不同的地点、身份、时间和技术。然而，在阐明此观点前，我也想强调早期视觉民族志的实践形式，即便新技术出现了，它们也不是多余的。实际上，就像我们在图 0.1 中所见的一样，身份、技术、文本和地点这些主题在 2000 年与图 0.2 中的 2005 年和图 0.3 中的 2011 年同样重要。这些图片中的人和物逐渐被数字产品所包围，后者现已成为许多人日常生活的一部分。虽然图 0.1 发生在 2000 年，但仍和今天密切相关。

正如这些案例所示，当代的田野调查领域，无论我们如何构造它们，总是充斥着视觉影像、影像制作和影像观看的实践。当然，这些都不是封闭的研究环境，而是被构造为研究中心。它们显示了视觉民族志方法如何运用到人类经验众多相互联系的领域。不仅如此，许多视觉民族志研究还以多元的方式在这些领域的交叉运动中发生，之后的章节将证明这一点（也可参见 Pink 2009，2012d；Pink and Leder Mackley 2012）。

这篇简短的综述清楚地表明了视觉方法和方法论领域正朝多个方向蓬勃发展。2001 年，本书第 1 版出版时，它还只是少数视觉研究著作中的一本，而现在它只是在众多的作品中占据一席，这些作品为我们在这个群居的、物质的和感官的世界中所遭遇的视觉材料提供了一整套相辅相成的方法。本书第 1 章是对跨学科和跨方法论情境的梳理，并将视觉民族志置于一个发展中的视觉研究实践领域。在本绪论的剩余部分，在关于本书的理论、方法论和方法的讨论中，我列出了我的议程。我必须澄清，本书不是一个提供方法的文本。相反，它是一本方法论的书籍：我的目标是将学习和了解世界的视觉方法的理论和实践要素结合起来，并

6

将这些要素传达给其他人。

马斯特·卡拉韦拉 © Olivia da Silva 2000

图 0.1　马斯特·卡拉韦拉是奥利维亚·达·席尔瓦 2000 年的摄影项目《在网中》（In the Net）的一张照片的主人公，是马托西纽什（葡萄牙）渔村社区的一员。达·席尔瓦的摄影实践采用了人类学方法，她写道："作为一个参与观察者，我与照片中的对象人物保持着紧密联系，我记录的是当人们脱离他们的日常生活进入渔村社区私人家庭的舞台中时，他们个人的故事和话语（参见 da Silva and Pink 2004）。艺术实践和视觉民族志的关系是一个双向过程，视觉民族志实践能够预知摄影表征，而纪实性艺术家们的视觉实践也为视觉民族志提供了鲜活的案例。

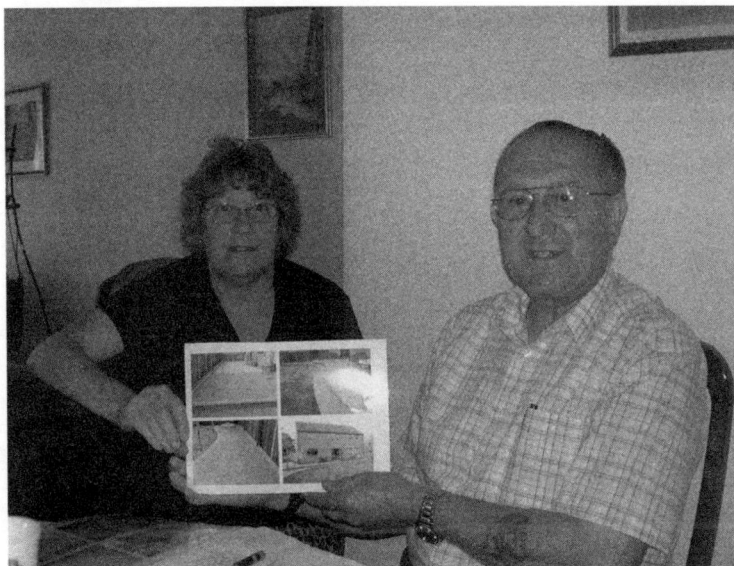

"大卫和安妮给我展示他们的社区花园计划" © Sarah Pink 2005

图 0.2　这是我在英国慢城市（慢城市运动）项目中对一个社区花园项目的研究的一部分。我拍摄参与者的方式对这些人和他们的项目来说非常重要。大卫和安妮展示的这张图片是由几张数码照片组成的，他们和其他社区成员希望正在建设中的社区花园会有一条照片中的小路。

理论、方法论和方法

理论和方法的关系对于理解任何研究课题来说都很重要。同样地，意识到视觉研究方法的理论基础对于理解影像和它们被创造出来的过程也是至关重要的，影像及其产生过程正是为了生成民族志知识。视觉研究方法的文献一直以来都在讨论这些问题。有人批评早期的文本"以方法和分析手册为中心，很大程度上是在一个没有中介的现实主义框架内操作（例如 Collier and Collier 1986）"（Edwards 1997a: 33）。这些作品就像普罗塞提出的"基于影像的研究方法论"（1996）一样倾向于提出约定俗成的框架，旨在保持距离、客观化和一般化，因此也贬低了视觉影像的模糊性和表现性（参见 Edwards 1997a）为民族志提供的特质和潜力。本书第 1 版和其他新的著作在本世纪初的发表（例如 Banks 2001；Pink，Kürti and Afonso 2004），意味着视觉民族志方法脱离了这种科学的和现实主义的范式而走向了一种制作和理解民族志影像

图 0.3a　港口的船

图 0.3b　灯塔中虚拟的船

图 0.3c 灯塔

2011 年，丽萨·塞尔翁和我到 9
西班牙小镇莱克蒂奥旅游，同时这也
是我们的慢城市（Pink and Servon，
即出）研究的一部分。我们参观了
港口，随后来到了灯塔，期间我边
走边用苹果手机拍照，手机作为研
究工具既可以在我穿行的环境中制
作数字照片，又可以在虚拟地图上
对照片进行地理定位（参见 Pink and
Hjorth 2012，关于手机摄影的讨论）。
当我们进入灯塔这个海事文化中心
时，我的动态视觉民族志影像制作
与当地的视听数字文化相交了。在
中心的其中一个装置中，我们进入
了一艘船，并通过数字投影驶向了
大海，我们经过了同一个灯塔，而
我们把它看成旅行的一部分。

图 0.3d 在数字投影中航行时，从海上看到的灯塔。

10 　的新路径。因此，本书第 1 版是与那些视觉社会学家的观点的对抗，他们追求将视觉维度并入一种业已建立的、基于"科学的"社会学方法的方法论中（例如 Grady 1996; Prosser 1996; Prosser and Schwartz 1998），至今，这些观点还存留于第 3 版中。他们认为视觉影像应该服务于一种科学的社会学课题，对此我不敢苟同，这种观点可能会遭遇到类似平等女权主义的问题：它为了被兼容而不得不屈服于一种主导性的强势话语。这种保守主义策略的支持者有义务证明视觉对科学的、由书面语言所统治的社会学的价值，这样一来，视觉影像作为一种表征和产生新型民族志知识路径的意义和潜力，就会被社会学议题对影像价值的有效性评估所摒弃。

在 1990 年代后期，我的反对观点是，为了将视觉恰如其分地并入社会科学的世界，就像麦克杜格尔所建议的，"需要开拓另外的目标和方法论"（MacDougall 1997：293）。这意味着放弃一种纯粹客观的社会科学的可能性，并反对书面写作是更优越的民族志表征方式。我认为影像必须被当作和书面语一样有意义的民族志研究的元素，因此，当时机成熟或具有启发意义时，视觉影像、物体或描述都应该被纳入其中。在有些课题中，视觉元素可能比口头的或书面的语言更重要，有些时候又并非如此。在本书中，我将继续秉持这样的观点：民族志的表征在认识上或媒介上没有等级差异。相反，不同的认识论和技术属于民族志知识的不同类型，彼此相辅相成，这些类型可以通过一系列不同文本的、视觉的和其他感官的方式被体验和表征。然而，这并不是说影像和文字在学理的、应用的或公共的学术成果中可以或者必须扮演相同的角色。如我在本书最后一章所申明的，视觉表征具有重要的价值，但也不能取代文字在传统理论探讨中的地位。

目前的学术氛围是理论的且立足实践的，视觉方法在学科和交叉学科领域广泛扩散，我在本书中所提倡的方法同样需要被置于其中。我自己的民族志方法依据的是现象人类学、地理学空间理论以及某种程度上的实践理论，如我在关于感官民族志（Pink 2009）和日常生活（Pink 2012b）的研究中所概括的那样。这些理论成果没有必要与其他理论一致。例如，虽然视觉民族志方法能被用于相关的多模态研究中，我自己却并没有使用多模态学者或视觉文化研究的理论成果，后者采用符号学方法将视觉材料视为文本进行"阅读"（Pink 2012b）。

但是，既然本书从第 1 版开始就不是一本成功的视觉研究秘笈，现在我仍继续坚持这一点。本书更多的是提出方法上的建议，邀请读者参与到这种方法中，对其进行评估，看是否能以及如何运用到他们的课题中，如果读者愿意的话也可以对这种方法进行调试和改造。关于方法和方法论的地位，在 1990 年代众说纷纭——那是一个热烈讨论民族志田野调查方法论的时期，如今这些观点仍然成立。用文化研究学者吉姆·麦圭根的话说："大多数优秀的研究者都知道，在研究的过程中是有可能产生方法的。"事实上，"方法是为研究服务的，而非研究为方法服务"（McGuigan 1997: 2）。方法论常常因为某个具体的课题而有所发展，它们与理论、我们自己的生平经历交织在一起，就像人类学家莉泽特·乔瑟菲迪斯所强调的："我们的民族志策略也受到调查对象的状况、他们对全球的和地方的认知，以及他们的需求和我们的期待的影响。"因此，她写道："如何进行田野调查是没有蓝图可循的。它因人而异，因此我们必须建构如何在现场进行田野调查的理论（Josephides 1997:32，强调为原文所加）。同样的观点仍然适用于在现场使用视觉影像和技术的情况，具体的使用随具体课题而定。视觉方法不是简单地从一个项目转换到另一个项目。它们拥有在不同项目中进化的历程（Pink and Leder Mackley 2012），伴随着这些历程，视觉方法在实践和发现中引发并产生新的方法论。因此，与其规

11

定如何进行视觉研究，我宁愿从我个人和其他民族志学者在研究和表征中对影像的运用里获取经验，从而提供一系列的案例和可能性。这些都只是作为一个基础，甚至一个接触点，新的实践可以通过它而得到发展。同时，我从模拟媒体、数字媒体、实体和电子文档中获取案例。然而，正如我所展示的一样，重要的差别不一定产生于个人使用的媒介，而在于研究展开的情境，以及预设其用法的理论观念。

关于本书

第1章将视觉民族志置于广阔的历史和学科背景中。这也是根据时间顺序做的安排，因为这一章是介绍我所讨论的方法论的背景，本应在当代视觉民族志实践和理论的讨论之前。然而，没有必要将本书从头读到尾，读者有权决定从哪一章开始。如果读者愿意从这一章开始阅读，本章将为后面的章节所讨论的视觉民族志方法提供历史和学科的描述。在这一章中，我会讲述萌生视觉民族志实践和原则的不同学科的故事，而关于学科间的争论可追溯到1990年代。今天我们仍然能在当代视觉方法文本中发现这些讨论和论争的痕迹，这一章将有助于读者辨识它们。

12 第2章概括了一种方法，它将视觉影像和技术与反身性民族志相关联，聚焦于主观性、创造性和自我意识。它将社会个体的人类学思想与视觉理论及对消费和物质文化的探索相结合，意在思考视觉影像和技术是怎样与两种文化交织在一起的：一种是民族志学者研究的文化，另一种是学者们置身其中的学术文化。第3章延续了第2章的讨论，关注视觉田野调查准备工作的实践。在此，我通过田野调查中的性别关系的例子，反思了项目设计、伦理考量和身份认同等问题。

接下来的三章通过聚焦在实践中一直被使用的各种视觉和数字技术来考察视觉民族志方法论和方法。第 4 章集中探讨摄影在民族志研究实践中的使用。植根于视觉社会学和人类学的摄影还能以各种方式被运用于众多领域。第 5 章将讨论视频在视觉民族志研究中的运用。在此，我将不再以统治了视觉人类学实践和文献的民族志电影为中心，而是考虑了不同的方式，其中视频录像可以成为民族志情境中的一种。第 6 章是专为第 3 版而写的，我将重点讨论网络媒体在视觉民族志中的应用，探讨融入这一情境中的新的视觉民族志研究实践如何显现。第 7 章继续前面三章的话题，着重探讨在民族志进程中对视觉材料的组织和阐释。

本书的最后一部分致力于分析作为民族志学者如何利用数字和视觉影像传播我们的研究。第 8 章和第 9 章讨论不同类型文本的产生，视觉的、书面的和其他材料怎样在不同的表征中结合并互联，尤其是摄影和视频。数字媒体已经为视觉影像的使用打开了新的令人激动的可能性。然而，这些可能性也带来了一系列表征、阐释和知识产权等问题，第 10 章将就此进行探讨。

第 1 部分

从历史、理论和实践角度思考视觉民族志

我们在民族志研究中对视觉和数字媒体的运用，有可能依据 某种学科议题或在交叉学科的课题中进一步发展。对于视觉和数字媒体，我们有可能提前做好细致的使用计划，它们也可能在研究过程中出人意料地成为课题的一部分。民族志学者最好对意外的情况有心理准备，包括出现新的视觉民族志创新的可能性，以及 / 或者途中遭遇交叉学科。对视觉和数字研究方法所提出的理论和实践上的可能性要有充分的准备，这点始终很重要。本书第 1 部分提供了历史的、学科的、理论的、实践的和伦理的诸多议题的背景，以使研究者有所预见，不论他们是有意或是（正如民族志研究中的许多时刻那样）无意在民族志中使用视觉和数字媒体。

1

跨学科的视觉民族志

本书第 1 版出版后的十多年间，我在线上或线下与许多来自
世界各地这一实践领域的人进行了交流，从他们那里我获益良多，
并且在与多个领域的同事进行新的研究合作中，进一步发展了我
自己的视觉民族志方法。这一过程中最有意思和令人兴奋的部分
是它带我超越了我最初的学科——我原本接受的训练是成为一名
社会与视觉人类学学者。与其他学科的学者和研究者密切合作，
在人类学之外的科系和研究团队中开设讲座、研讨会和工作坊，
让我有机会了解这些相关学科的优势和需求。其中包括与学者和
研究者直接合作，他们的工作基于设计、工程、建筑、城市规划、
媒体研究、教育研究和艺术等领域。这种合作又引导我与地理学、
健康研究、运动学、人类学、旅游学、组织管理学和艺术治疗等
领域的专家们进行对话。此外，我有一种感觉，仍有更多的合作
可能性有待开发。在本章中，我将标识出视觉民族志的关键影响
和发展，因为它跨越了一系列核心学科和跨学科领域。一方面，
这表明了视觉民族志实践的跨学科定位；另一方面，我希望为研
究者提供学科联结点，他们或许觉得在某些方面，他们的工作属
于某个特定的学科或研究领域，但又对其他学科开放，并在实践

中发现、学习或创新。有许多联结已经建立，但本书所遵循的路径同时也是我的著作在方法论上的整体特征，其立足点便是欢迎建立新的联结和关系，而不是简单地一开始就将联结设定在某处。下面我会勾勒出视觉民族志的学科历史和可能性。同时，通过追溯其发展轨迹，以揭示这一轨迹在理论和实践上如何在学科内部和学科之间转移和变化，学科影响和交叉学科的理论"转向"与论争如何塑造了这一发展轨迹。

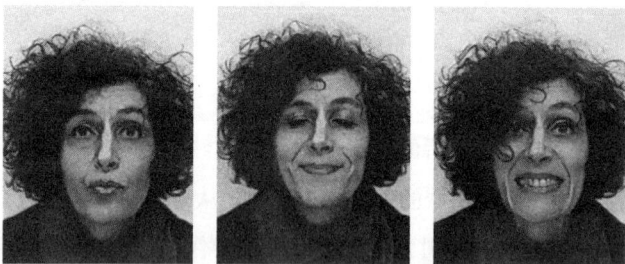

图 1.1　交叉学科中的视觉民族志

　　克里斯蒂娜·拉莫尔（Christina Lammer）在同外科医生、艺术家、纪录片制作人和摄影师的相关工作中发展视觉民族志研究。她在博客和网站上展示了她如何在研究和艺术创作中混合不同的视角和媒介。在博客主页上，拉莫尔使用自己的脸和一种非常传统的媒介——自助快照亭（大头贴）——研究患者体验。

　　2012 年 1 月 10 日，拉莫尔在博客上发布了一篇短文，其中有几张她在维也纳西站（火车站）的一间快照亭的自拍。照片及下面的文字选自她的 21 张肖像，这是拉莫尔所做的一系列表情操。表情操是为术后病人设计的，拉莫尔正在对此做研究。在这里，我们可以看到照片能让作为研究者的我们与想象中的他人的体验产生共鸣。

　　克里斯蒂娜·拉莫尔对此做出解释：

　　"人类的表情不仅仅限于微笑或愤怒。整个身体都可以用来表达他或她自己。做鬼脸就像跳舞。我们可以很自然地从面部表情上理解他人。感觉因而得以分享。微笑可以传染……我正与一位面瘫患者合作，在接受整形修复手术后，患者每天需要在镜子前按照一本人类表情素描册和日常应该做的特殊运动说明书进行练习。"

学科关系与视觉民族志研究

视觉民族志与单一学科和交叉学科的关系可以通过两种方法进行探讨。一种是，追问视觉民族志实践与哪一学科可能有关，从这个角度探讨这些学科和领域的理论原则如何指导实践方法。另一种是，思考在理解视觉影像、视听媒体、移动技术和网络时与哪些学科有重叠关系。通过这一路径我们可以探讨的不仅是视觉民族志如何服务于这些学科的知识和研究进程，还有这些学科的理论如何与它联系而被运用。此外，我们也可以考察这些领域所发展出来的对影像、技术和媒体的理解如何促进我们理解民族志实践本身。从这两种视角处理视觉民族志的跨学科性的结果是，我们不仅可以将视觉民族志当作生产知识的实践手段，而且可以进一步将其当作一种在可能被平等分析的世界中进行理解和学习的实践和方式。视觉民族志学者也由此扮演着双重角色——他或她设法理解参与到其他人世界的视觉实践和影像，同时也反过来关注自己的视觉实践和影像，以及与之相关的理解方式。由此，正如我在其他地方已提出的观点（Pink 2009, 2012b, 2012d），它为我们提供了一种运用理论方法的路径，这种方法与我们理解研究实践的多种路径和我们的研究发现是一致的。

为了推进对我自己的工作中所运用的视觉民族志实践的理解，我——时常是批判性的——依据的学科和领域包括视觉人类学、媒体人类学、视觉社会学、媒体和互联网研究、视觉研究／视觉文化研究和艺术史，以及地理学。这与我在 1990 年代写作本书第 1 版时所采取的方式不同。彼时，我更关心人类学民族志与文化研究之间的紧密关系（例如，民族志学者佩妮·哈维 [Harvey 1996] 的著作中的相关探讨）。正如哈维当时所说，民族志学者对文化研究不满，因为文化研究聚焦于研究文本与研究者之间、表征与情境实践之间的不同 (1996:14)。相反，在我看来，视觉民族志方法则明确承认需要关注表征和文本，并将之作为民族志实践的一部分。我还提倡在民族志中关注表征 (也可参见 Pink 2012d)，不过，我这里将视觉民族志方法与符号学的文本研究严格地加以区别，后者常常通往文化研究分析，其根据是格尔茨 (参见 Geertz 1973) 的观念，即文化，与文本一样可以被"阅读"(参见 Pink 2011c)。

因此，在本书的早期版本中，我将人类学、社会学和文化研究界定为贯穿视觉民族志的核心学科，而到了第 3 版，我却提倡一种视觉民族志的研究方法，它顺应近期有关位置与空间、实践、运动与感官等诸理论的理论化转向。这些伴随着我的其他方法论和实质性的著作 (这些著作与感官民族志 [Pink 2009] 相关) 而发展成更具综合性的视觉方法论 (Pink 2012a) 和研究日常生活并使之理论化的方式 (Pink 2012d)，从而通过一种方法——这种方法尝试在人们的日常生活和身份中识别出社会性、对象、文本、影像与技术之间的紧密关系，并将之视为他们在其中生活、运动和感知的大环境的一部分——重构了理解与视觉民族志相关的文化和表征的方式。

视觉民族志的跨学科方法理念根植于视觉人类学，视觉人类学已经融合了多个学科，比如，将艺术和摄影的理论和实践与人类学的理论和实践相结合 (例如，Edwards 1997a；da Silva and Pink 2004；Grimshaw and Ravetz 2004；Schneider and Wright 2005)。西奥·范·莱文 (Theo van Leeuwen) 和卡蕾·杰维特 (Carey Jewitt) 的《社会研究手册》(*Handbook of Social Research*, 2000) 与克里斯·波尔 (Chris Pole) 的《眼见为实》(*Seeing is Believing*, 2004) 代表了视觉方法的跨学科性，这两本书将个案研究融入跨学科的视觉研究之中。同样，将视觉研究作为跨学科实践领域也是《视觉方法论进展》(Pink 2012a)一书的核心理念，这一理念在该书撰稿人的文章和新近的《SAGE 视觉研究方法手册》中都有所体现（Margolis and Pauwels 2011）。与此同时，跨学科期刊《视觉研究》（前身为《视觉社会学》）也提供了视觉研究、实践、理论和方法论的精彩示范。

在跨学科语境下考虑视觉民族志的地位，最终将关联到民族志在实践领域的地位。就民族志本身而言，尽管其发展在历史上与人类学和社会学密不可分（参见 O'Reilly 2011），但它们并不同属于某一单一学科。民族志实践吸纳各个学科理论之所长，且学科的前瞻性也预示了民族志所承担的任务。这已然成为民族志实践的必然条件。民族志本身不是一个学科，而是一种方法论（参见本书第 2 章）。它是研究的一个方面或表现，而不是研究项目的整体，也绝不会是研究的唯一方法和目的。不同学科在运用民族志时会在研究进程和呈现中作出不同安排，并通过民族志方法或其他研究途径联系不同领域（例如，随着研究进程的展开，在概念上与文本、历史、叙事、统计或一整套其他研究实践进行交织和重叠或关联），从而使民族志知识与其他方法生产的知识发展出新的关联。此外，其他方法也有助于我们进一步了解视觉民族志的研究情境。例如，在本书第 4、5 和 6 章，我讨论了如何研究本土摄影、媒体和互联网的实践、文化与历史，以揭示在特定情境下如何开展视觉民族志实践。统计数据或对现有的视觉文本的分析同样能启发视觉研究的设计和阐释。在第 8、9 和 10 章，我着重强调了理解我们用于民族志表征的媒体的重要性，这关乎摄影、视频和互联网可能的受众和使用者。

尽管来自人文和社会科学的学者在研究和呈现中刚开始探究、分析并运用照片、电影、视频和网络影像，但他们在各自学科中早有所为，只是接受度和延续性有所差异。进一步说，学科内部和学科之间的视觉研究方法的发展，在不同理论方法中早有

19

预示。在接下来的几个小节中，我将回顾对这一领域具有重要意义的历史和现时的贡献。

视觉和媒体人类学：从人类学电影到现象人类学

从历史上看，在人类学研究中对视觉材料进行民族志式的运用是一个有争议的领域（Pink 2006，第 1 章）。从 1960 年代到 1980 年代，争论的焦点在于视觉影像和记录是否能有效地支持社会科学的观察计划（例如，Collier and Collier 1986；Hockings 1975，1995；Rollwagen 1988）。在这一个阶段，某些社会科学家提出，作为资料收集方法的视觉记录过于主观，缺乏典型性和系统性。此外，玛格丽特·米德（Margaret Mead）、小约翰·科利尔（John Collier Jnr.）和霍华德·贝克尔（Howard Becker）在他们的理论论证和实践中对照片和影片的运用得出了相反的结论。视觉民族志学者被迫要去面对那些认为他们的视觉影像缺乏客观性和科学准确性的指责。米德对此的回答是，摄像机使电影可以不受干扰地连续拍摄，从而产生"客观物质性"（Mead 1995[1975]: 9-10）。其他人则暗示拍摄时长的特殊性弥补了科学性上的不足（例如，参见 Collier 1995[1975]: 247），至少是尽力弥补。比如，贝克尔（在杰伊·鲁比 [Jay Ruby] 之后）提出，人类学家和社会学家在田野调查中拍摄的照片"不过是观光片"（Becker 1986: 244），跟人类学家——或任何人在度假时所拍摄的照片没什么区别。他提出，系统地运用影像将是社会科学家成功的关键（Becker 1986: 245-50），并以此回应科利尔，后者曾警告"影像记录虽可保留完整的大致印象，但需谨慎取舍"（Collier 1995[1975]: 248）。因此，有些人又因其主观性、倾向性和特殊性而质疑视觉材料的有效性。其他人对此的回应则是，在适当的控制下，视觉记录与其他客观记录方法一样行之有效。

在这个领域最有影响的著作是科利尔的《视觉人类学：作为研究方法的摄影》(*Visual Anthropology: Photography as Research Method*, 1967；由马尔科姆·科利尔 [Malcolm Collier] 修订并于1986 年再版)，该书是在民族志研究和呈现中运用照片和影片的简易教材。科利尔父子提倡一种由视觉技术支持的系统观察法。他们提出"好的视频和电影记录本身就是经过有组织的和完整的观察的产物，仪器设备不能取代观察者"(Collier and Collier 1986：149)。这一方法基于对静止或运动的影像的现实主义阐释，随后这一基础却遭到了质疑（例如，Edwards 1997a)。对科利尔父子而言，研究计划是民族志学家的项目的关键，这一项目记录了一个他或她所观察到的现实的适当版本。因此，他们在"摄影和电影世界中常用的'拍摄剧本'的虚构"与意图记录现实的研究计划之间做出了区分。据他们所说，民族志是对现实的观察，而不是构造戏剧中基于叙事的人际交往"故事"(Collier and Collier 1986：162)。他们的民族志为现有的以文本为基础的民族志提供了另一种可能性，对视觉人类学和视觉社会学有着重要而深远的影响。然而，同样是在 1986 年，在已成为里程碑的文集《书写文化》(*Writing Culture*) 中，詹姆斯·克利福德 (James Clifford) 提出了很不一样的建议，他认为，事实上，民族志本身就是建构叙事，也就是"虚构"。克利福德使用"虚构"一词，并不是说民族志"违背事实"或是"虚假的"，而是强调民族志为何不能揭露或报道完整或全部的现实，民族志从来只能讲述部分故事 (1986：6)。在克利福德看来，民族志不仅是事实的建构版本，而且"民族志事实……说到底也是以偏概全的"(1986：7，强调为原文所加)。这一点对研究和呈现均适用。因此，克利福德的观点质疑了科利尔父子的看法，后者认为研究的拍摄指南不同于"虚构的"拍摄脚本，

20

因为对"现场拍摄或观察指南"的"系统选择性"关乎"对记录的程序、结构和类别的界定，由此产生的资料是随后的分析和总结的基础"（Collier and Collier 1986：162）。克利福德真正要说的是"文化虚构是建立在系统性、争议性和排他性之上的"（1986：6）。科利尔父子假定选择性、预设类别和防范措施将避免民族志变成"虚构"从而形成一个现实主义观察，实际上，这正是构成克利福德所说的民族志的"虚构"的基石。比如，虽然科利尔父子承认某一境况的"完整"视野是不能通过视频记录的，但他们也督促研究摄影师直面"挑战，在时空中所观察到的实物和事件的浓缩样本里，记录下近乎完整的环境"（1986：163）。然而，他们的工作背离了民族志的"后现代转向"，因为他们没有考虑到任何呈现"完整视野"的尝试本身就只是"部分真实"，或者用克利福德的话，是基于"系统排他性"的"虚构"。科利尔父子的工作仍然是视觉民族志方法的重要指导，而且约翰·科利尔的视觉民族志实践也留下了丰厚的遗产。然而，作为一种方法论，视觉民族志是对 20 世纪人类学的科学现实主义之要求的一种回应，人类学在 1980 年代和 1990 年代已被理论转向所超越。

21 　　自 1980 年代以来，克利福德的观点为民族志的视觉表征创造了有利环境。强调特殊性和经验，承认建构性与影片和书面文本的"虚构"（在克利福德赋予该词的意义上）之间的相似性，创造使民族志电影成为一种可接受的民族志表征方式的情境（Ruby 1982：130；Henley 1998：51）。在此阶段，关注人类学家与调查对象之间的意义中介，在大卫·麦克杜格尔（David MacDougall）和朱迪斯·麦克杜格尔（Judith MacDougall）及同辈学者的反身性民族志电影风格中得到了进一步发展（Loizos 1993）。

　　到了 1990 年代，围绕着照片、电影与人类学和社会学观察方法之间关系的历史性论争和发展，一种新的文献应运而生（例如，Edwards 1992；Chaplin 1994；Harper 1998a，1998b；Henley 1998；Loizos 1993；Banks and Morphy 1997；Pink 1996，1998）。爱德华（Edwards 1992）以及马库斯·班克斯和霍华德·墨菲（Banks and Morphy 1997）的论文集意图背离科学 – 现实主义范式，但他们承认在当代情境中，"许多 / 所有人类学家都陷入了视觉人类学在概念上的先进之可能性与实证主义科学传统更为保守的范式这一两难之间"（MacDougall 1997：192）。与尽力调整视觉人类学使之符合某种科学范式，从而让视觉研究方法能够支持并促进一种客观人类学（objective anthropology）不同，麦克杜格尔指出了一条截然不同的路径，这将在"田野调查人员真正试图利用视觉媒体重新思考人类学时，使其能够参考这些原则"（1997：192）。这预示着人类学本身的彻底转变，包括"暂时搁置人类学语词准则的主导方向，并重新思考只有通过非言语方式才能获得理解的某种人类学知识"和"一种从基于词 – 句的人类学思想到基于影像 – 序列的人类学思想的转变"（1997：292）。因而，与其竭力将影像并入以语词为基础的社会科学，麦克杜格尔反而提倡，既然"视觉人类学永远不可能成为书写人类学（written anthropology）的翻版或取而代之……因此，必须发展另一种客观性和方法论，这将惠及整个人类学"（1997：292-3）。

当我在 1990 年代末写作本书第 1 版时，麦克杜格尔的分析似乎是对学术趋势的准确判断。随着技术变得更便捷，人们对视觉方法越来越好奇，同时，民族志田野工作中的视觉研究实践的样本越来越多。到了 2006 年，我为本书第 2 版（2007 年出版）作修订时，人类学家们已经写作和编选了许多视觉人类学实践的著作（Banks 2001；Pink, Kürt and Afonso 2004；El Guindi 2004），这些著作拓展了视觉人类学与艺术实践的关系（da Silva and Pink 2004；Grimshaw and Ravetz 2004；Schneider and Wright 2005）。视觉人类

22　学家的表征实践，作为民族志纪录片拍摄的进一步标准，则有了新的方向（例如，Ruby 2000a，Chalfen and Rich 2005），而且还启发了新的民族志纪录片视频类型（例如，MacDougall 2005）（人类学超媒体表征的作品 [例如，Kirkpatrick 2003；Ruby 2000b；参见Pink 2006]、艺术及绘图 [例如，Ramos 2004]）和应用视觉人类学实践（Pink 2006，2007a）。随着20世纪视觉人类学自身的重建，它所面临的挑战不再是它如何被主流接受，而是如何与主流人类学论争联系起来并对其有所贡献。我在《视觉人类学的未来》（Pink 2006）中曾详细地论述了这一分支学科所面临的一系列机遇和挑战，这意味着实践者需要结合一定的情境，包括视觉民族志方法的跨学科关系；主流人类学的理论性转向使视觉材料更易被接受；对经验和感官的关注；数字和超媒体技术的可能发展；在应用人类学中使用视觉方法和媒体（Pink 2006：3）。这一情境的形成过程影响了本书第2版的写作，我将其作为更大项目的补充。这意味着本书第2版具有了时代特征，在21世纪初，对感官人类学的关注开始出现，在 Web 1.0 技术背景下，DVD 超媒体出版还是新兴事物。对感官的关注有了进一步发展，我将在第2章对其加以讨论。然而，对技术背景形成的预期从来都险象环生，DVD 超媒体出版的昙花一现就是一个好的例子，新兴媒体的初现提供了令人兴奋的新可能，但在 Web 2.0 之后，它很快就被超越了。这并不是说 Web 2.0 应该被杜撰成数字视觉民族志出版物的"专属"背景，Web 2.0 本身可能也被当成一种过渡形式，它预示了已经存在的 Web 3.0 的特性和可能性。正如维罗尼卡·巴拉西（Veronica Barassi）和埃米利亚诺·特雷尔（Emiliano Treré）所论证的那样，网络结构既由技术可能性决定，也由从业者的参与决定，因而最好将之理解为"文化结构"（Barassi and Treré 2012：1283）。这同样也适用于我们作为研究者如何使用它。在第4、5和6章中，我们将看到当代媒体理论能够启发我们对从事视觉民族志实践和表征的数字和网络环境的理解，但它不可能告诉我们 10 年后会如何演变。

在 21 世纪最初的 10 年间及之后，视觉人类学改头换面重新登台。班克斯和鲁比的论著《为了能被看见》(Banks and Ruby 2011) 用一系列章节勾勒出这一情境及其历史，它展现了这一分支学科在历史和当下的脉络与分支，从而使其成为那些想从视觉人类学角度思考视觉民族志的读者的参照点。克里斯蒂娜·格拉斯尼 (Cristina Grasseni) 对于她所谓的"熟练的视域"(skilled visions) 的研究，聚焦于作为"情境实践"(situated practice) 的视域 (参见 Grasseni 2011: 21-32)。格拉斯尼提出"从生态学角度切入视觉实践，重要的是把我们的视觉印记当作人工的，并且评估它们协助情境中的行动去建构一个物质的、认知的和社会的环境的方式"(2011: 42-3)。这一视角可能促使视觉民族志学者通过这一透镜去思考他们自己的学科和学术视野，从而辅助理解其他人在同等技术和情境下的观看方式。格拉斯尼的方法吸收了人类学家英戈尔德 (Ingold) 的研究成果，后者的观点对本书所论及的各个学科的影响越来越大。英戈尔德通过现象学进入人类学研究，照他所论，他的"最终目标是了解人们如何感知周围的世界，这些感知如何以及为何不同"(Ingold 2011:323)。英戈尔德极具洞察力的研究，让我们能更好地理解视觉民族志研究中的感官，以及我们从事民族志研究的环境。本书各处均有对英戈尔德的参考。然而，对于视觉民族志学者而言，具有独特价值的是，他关于我们居住的世界中的影像的空间问题的研究论著 (例如，Ingold 2010a)，以及他主编的论文集《重绘人类学：材料、运动、线条》(*Redrawing Anthropology: Materials, Movements, Lines*) (Ingold 2011b)。英戈尔德的焦点是绘图，他将其作为发展他所谓"图形人类学"(graphic anthropology) 的方法 (2011: 2, 强调为原文所加)。

23

这本论文集的议题是"探讨作为方法或技术的绘图的潜力（绘图在当前学术界被严重忽视），以便在即兴实践的运动中将观察和描绘结合起来"（2011：2），这对视觉民族志特别有意义。英戈尔德对此作出解释，"这并不是将绘图视为再现书写文本的另一种手段，而是将其本身作为一种铭记实践，将绘图线条用于对文本和结构的编织"（2011：2）。实际上，这为本书之前的版本反思视觉民族志方法的多种元素提供了灵感和新的方法（参见 Pink 2011d）。

对一种更具参与性、应用性和公共性的视觉人类学形式的迫切需要，不可避免地对其实践产生影响。这包括一方面在应用性研究中使用视觉人类学方法和实践；另一方面，制作民族志电影的趋势直接指向更具参与性和公共性的人类学：试图解答关于世界变化的问题。在本书之前的版本中，我曾对这一情境做过讨论（Pink 2007a，2011b）。我的《视觉干预》（Pink 2007a）一书的撰稿人共同展示了在试图揭示公众、非政府组织和工业部门的变化过程的人类学研究项目中如何使用视觉方法和媒体。在与线上和线下情境的合作中，这种研究得到了持续的发展（参见 Pink 2011b），在接下来的几个章节中，一些来自实践领域的例子尤为重要。

因此，这些研究工作所反映的情境不仅由数字和 Web 2.0 技术与平台的转变所构造，还包括研究者对倾向于经验的、现象学的视觉人类学越来越重视，他们关注实践（例如，Grasseni 2007；Pink 2009；Ingold 2011），关注对应用性和公共性的学术活动的促进（Pink 2007a），并聚焦于人类学民族志与艺术实践之间的联系（Schneider and Wright 2010）。

视觉社会学：改变理解影像和社会的方式

1970 年代末，把注意力转向民族志电影和视频的视觉人类学家们，开始质疑现实主义视觉观念，与此同时，视觉社会学家们（例如，Wagner 1979）却继续在现实主义原则下开拓对摄影的使用（Happer 1998a: 27）。1990 年代，在本书第 1 版中，我探讨了通过更具反身性和主观性的视觉人类学发展视觉民族志，这部分地回应了 1990 年代的视觉社会学，社会学家迟迟不与学科之外的思想结合，更愿意向社会学内部的标准寻求支持。"效度"、取样和三角测量等概念（在某些社会学质性研究中仍然十分重要）贯穿于社会学民族志的文本中（例如，参见 Hammersley and Atkinson 1995: 227-32；Walsh 1998: 231），并且，视觉社会学家们常常试图将这些条件与视觉影像的使用相结合，使他们的视觉民族志"资料"附属于社会学的科学和实验程序（例如，Grady 1996；Prosser 1996；Prosser and Schwartz 1998）。在此期间，某些社会学家对来自女性主义和后现代主义的批评作出回应，例如，发展视觉文化社会学的跨学科研究方法（例如，Crawshaw and Urry 1997）或者考察照片的含义以获取个体和自我身份认同的社会学解释（Lury 1998）。然而，视觉社会学本身却很少涉足研究中关于反身性和主观性的理论或论争。比如，1990 年代，乔恩·普罗塞（Jon Prosser）和唐娜·施瓦兹（Donna Schwartz）思考了摄影如何切入"传统的质性结构，而不是接受来自后现代批评的观念"（1998: 115）。斯蒂芬·戈尔德（Stephen Gold）则与现有的社会学方法保持着密切的联系，他认为视觉社会学分为两个阵营，要么去解释视觉影像，要么去创造视觉影像。他将这界定为一种"理论／方法的分裂"——"视觉社会学进一步发展的主要障碍"，他倡导理论和方法通过已有的"基础理论"融为一体（Gold 1997: 4）。

不过，一些视觉社会学家逐渐受到来自民族志学者的批评。道格拉斯·哈珀（Douglas Harper）要求利用在"新民族志"中形成的合作方式和后现代对纪实摄影的看法，重新定义研究者与被研究者的关系。纪实摄影"一开始就认定照片的意义由拍摄者和观看者所建构，二者都带着他们的社会地位和利益进入摄影活动"（Harper 1998a: 34-5，1998b: 140）。然而，哈珀并没有提议与现有的视觉社会学方法彻底决裂。他建议视觉社会学应该"从社会学田野调查和社会学分析的传统假设与实践开始"把照片当成"资料"，并且应该开放地整合"新民族志"的需求（1998a: 35）。在这一阶段对社会学理解视觉的传统方法最关键的批评来自伊丽莎白·卓别林（Elizabeth Chaplin）。在她的《社会学与视觉表征》（*Sociology and Visual Representations*）一书中，卓别林联系后女性主义、后实证主义的议题，以倡导一种合作方式，这种方式将缩小学科与其研究主题之间的距离。不同于将视觉作为"资料"附属于语词分析，她认为应该探索视觉作为社会学知识和批评文本的潜力（1994: 16），这相较于绝大多数社会学家已经前进了一大步，这不是简单地将视觉当成资料记录或文本图示，而是当作一种媒介，通过它可以创造新的知识和批评。1990 年代，一些视觉社会学家在他们的实践中探索了这一潜力。

　　21 世纪初，分歧愈演愈烈。埃米森（Emmison）和史密斯（Smith）批评视觉社会学是"孤立、自足，还有些古怪的专业"，不能与社会科学理论相联系（2000: ix）。不过，他们自己对此的回应则是，将视觉方法发展为一种把可观察到的人类行为和物质形式作为视觉资料的研究路径的一部分，访谈常常是没有必要的。其他社会学家则发展出一种更具参与性的方法，他们将研究者和参与者的合作置于视觉研究的中心。比如，玛吉·奥尼尔（Maggie O'Neill）将社会学理论与表演艺术相结合，提出"用艺术形式……描绘民族志资料，我们可以获得对生活经验复杂性更丰富的理解，从而解释更广阔的社会结构和发展"（2002: 70）。实际上，这些研究强调的合作，不仅指研究者和研究参与者之间的合作，还包括视觉、文本和表征行为与影像和词语的生产者之间的合作。上述这些发展，加上两卷本论文集（由卡洛琳·诺尔斯和保罗·斯威特曼 [Knowles and Sweetman 2004]，苏珊·哈尔福德和卡洛琳·诺尔斯 [Halford and Knowles 2005] 编选），通过方法论的创新为视觉社会学开拓了新的领域，并将其与主流社会学家所关心的问题更加紧密地联系起来。

21 世纪初以来，视觉社会学取得了长足发展。在接下来几章中，我将进一步讨论社会学家的革新成就。比如，道恩·莱昂 (Lyon 2013) 与一位摄影师合作，他们研究并展现了一项迁居项目；克里斯蒂娜·拉莫尔 (Lammer 2012) 在视觉研究实践中将社会学与其他学科相联系；玛吉·奥尼尔的后续研究 (O'Neill 2012)。在拉莫尔和奥尼尔的研究中，最引人注目的是，用于社会学的视觉方法也关注感官，从而在民族志研究的感官转向与视觉社会学实践之间建立了更深的关联（参见 Pink 2009）。与此同时，其他人则致力于通过探索与数字化情境相关的问题，来重新聚焦视觉社会学的分支学科。比如，弗朗西斯科·拉彭塔 (Francesco Lapenta) 尝试重组我们在数字绘图情境下理解摄影的方式 (Lapenta 2011)，以此为视觉民族志的概念化提供新的途径 (Lapenta 2012)。然而，视觉社会学仍是一个在许多方面存在分歧的学科，这也意味着视觉民族志方法的运用不会局限于同样的知识议程。

地理学：一种"视觉"学科

1990 年代，我写作本书最初版本时，根据对已有的文献进行整合与评述，这些文献为如何可能或已然利用视觉方法进行民族志研究，提供了理论或实践的探讨和实例。然而，地理学家们目前的讨论更清楚地表明，地理学应被视作一种"视觉学科"（如

Rose 2003；Garrett 2011），这一论点强而有力。而在我早期的评论中，我将地理学当作"视觉民族志"学科的观念尚未浮出水面。实际上，地理学家吉莉恩·罗斯（Gillian Rose）在《视觉方法论》（2000）第 1 版中提到民族志实践时，也没有讨论其对影像观众研究的潜力。到了该书第 3 版[1]（2011），罗斯（参见本书 2007 年英文版）注意到现在"如此多的社会科学学者都在尝试制造影像，以此探究社会的非表征层面"（2011：11）。于是，在她本人的著作中，她也将影像运用于质性社会研究（qualitative social research），通过分析影像，她发现，当时的情境是"在用视觉研究作为回答问题之方法的社会科学家与研究天然影像的视觉文化学者之间鲜有对话"（2011：11）。无独有偶，近几年来，在讨论研究实践的会议和书籍中，我也无意中遇到越来越多的地理学家运用视觉方法和媒体，这在我看来，似乎就是一种视觉民族志形式（实际上，如果参考本书前几版，或许可以以此定义它）。2003 年，《对映体》（*Antipode*）刊登了一篇关于地理学中的视觉的讨论，并提出虽然有人默认地理学是一种"视觉学科"（大卫·马特里斯 [David Matless] 的著作除外），但"视觉，并没有作为学科与地理学结合，未得到持续深入的分析"（Rose 2003：212）。由罗斯的例子可见，可视化是地理学被认作视觉学科的重要依据（她提到"地图、视频、绘图、照片、幻灯片、图表、曲线图"）。但她指出，更重要的是"特殊的可视性结构化某种地理学知识的方式"以及这些密不可分的关系（Rose 2003：213）。罗斯建议，地理学家可以将他们对视觉的质疑带入地理学中，关注"影像、观众和空间"的关系，从而提出一个议题，承认地理学是"视觉学科"。同一期刊载的其他文章对罗斯的评论作了回应，它们都关注到使用幻灯片而非田野

1　该书已由拜德雅引进，中文书名为《观看的方法：如何解读视觉材料（原书第3版）》（重庆大学出版社，2017）。——编者注

实践来表征（描绘）地理现象（例如，Matless 2003；Driver 2003）。
其中，詹姆斯·瑞安（James Ryan）的回应很有启发性。他认为"地
理学家需要对用于教学和调查的方法进行更深入且更具想象力的
思考"（Ryan 2003：233），他指出，如果地理学家与视觉艺术家、
摄影和数字媒体相结合，则可以有更多的可能性。近期，地理学
家布拉德利·加雷特（Bradley Garrett）指出，"地理学作为学科已
经看到了影片分析和批评在促进文化理解中的潜力，并产生了一
些值得注意的'风景'（landscape）片，这一学科已经意识到视频
作为调查方法的全部潜力"（2011：521）。到了 21 世纪最初 10 年
的末尾，据加雷特观察，摄影在地理学中远不只是一种方法，通
过援引某些与视觉民族志相关的运用——他写道：

> 摄影如今有着数不清的实践形式，包括经验记录、
> 参与者肖像摄影、建筑摄影、档案分析和照片引谈，同
> 时，地理学家也会毫不犹豫地在研究过程中变成摄影
> 师。但是，"视觉地理学"对摄影单独成为一种方法似
> 乎有所保留，只是把它作为文本的补充。（2011：522）

加雷特提出"视频图形地理学"（videographic geographies）的
说法（2011：522）——由此，他与视觉民族志取得了联系。这些新
的关于视觉的地理学认识，与交叉学科对（非视觉）感官日益增长
的兴趣相伴相随（在第 2 章中，我将就此做进一步讨论）。实际上，
加雷特注意到，视觉方法能够处理多种感官——他的原话是"视
频当然可以被看作一种有用的地理学研究工具，因为它捕捉运
动；视频跟踪着日常生活的多种感官的流变和节奏"（2011：522）。
近期，其他地理学家对民族志使用的视频也显示出这种对运动和

感官的关注（本书 2009 年英文版对此有讨论）——如贾斯廷·斯平尼 (Justin Spinney)，他利用视频研究城市中的自行车 (Spinney 2009)。由此可以说，人类学家和地理学家在 21 世纪都转向了日益视觉化／数字化（和感官）形式的民族志实践。他们殊途同归。

在地理学中与视觉相关的争议和讨论表明，视觉实践在民族志实践对影像的分析和使用的方法中都很重要。然而，我相信，地理学的批评和实践与视觉民族志的关系，超越了对视觉和影像在学科中、在调查实践的创新经验形式发展中的作用的质疑。首先，地理学对位置和空间问题的关注为民族志学者提供了有用的框架，有助于理解其所研究的日常环境中的偶然性与暂时性和权力架构 (power configuration)（参见 Pink 2009，2012d）。这一点适用于一般的民族志实践，此外，我还将其拓展至感官民族志实践的其他相关领域 (Pink 2009)。

其次，作为一门"视觉"学科，地理学很长时间都离不开地图和地图绘制。批评性地理学论著为视觉民族志学者提供了重要的洞见，他们所研究的环境中，数字和移动媒体意味着，日常空间及其他空间性越来越需要通过数字地图进行理解和体验（参见 Lepenta 2011）。地理学家多琳·梅西 (Doreen Massey) 指出，虽然不是所有的地图必然有问题 (2005：107)，但她对将地图当作"权力技术"及地图"空间是一个平面的印象"这两种观念的批判，有助于我们理解当代数字地图的方式，以及数字地图通过合并"连续图像"而形成的方式 (Lapenta 2011)。在实践上，数字地图的权力关系是模糊而偶然的。他们所运用的绘图平台、软件及潜在的合作者都暗示着某种权力形式，同时它们对参与式历程（和研究）的潜力也使它成为反抗或自我定义的潜在工具（参见 Farman 2010；Lapenta 2011）。当然，这是就纸质绘图及其在视觉民族志中的使用情况而言的（参见 Grasseni 2012）。考虑到数字地图在某种程度上塑造了许多视觉民族志学者和调查参与者体验和驾驭日常环境的方式——通过我们的笔记本电脑、智能手机和其他数字地图技术——对我们来说，借鉴地理学就变得十分重要了，因为他们已经批判性地将地图作为一种预设我们对身处其中的"视觉"环境的理解的方式。

最后，非表征（例如，Thrift 2008）或超表征（例如，Lorimer 2005）理论在地理学的发展和贯彻，让我们可以与视觉结合，并且影像本身超越了文化研究将影像作为表征和文本的认识，正是这种认识使文本在这一领域占主导地位。这一方法不只聚焦于表现日常生活中缄默的、感官性的、习以为常的，有时候看似平常的元素，它也强调流变和运动，邀请我们去探索现实行为无言和延续的部分，一如生活本身的形式和经验。此外，在本章末尾，我将讨论非表征理论的趋势，这让我们可以在人类学、地理学、艺术史/视觉文化研究的发展之间建立联系，为视觉民族志实践中以上学科的交织或至少共存提供支持。这一趋势助长了地理学对感官的持久兴趣（相关讨论请参见 Pink 2009），同样有助于指引视觉民族志实践连同视觉媒体和影像进入第 2 章所讨论的"感官转向"的趋势之中。

随着罗斯（例如，Rose 2003）所支持（且在 2011 年的著作中的进一步发展）的对视觉的探讨的增多，地理学日渐变成一门提出有说服力的理论命题的学科，以论证我们如何理解视觉嵌入其中的权力关系。同时，展示地理学家如何在民族志中运用视觉方法和媒体的论著也大量增加。我认为，正是这一学科对开展视觉民族志研究的渴望，反过来激发了灵感，以及不断地对理论与实践步骤之实例的寻找，并为他们的研究指引方向。

视觉文化研究：批判性的背离

在本书第 1 版中，我借助视觉文化研究作为初步理解影像在社会中的位置的方式。这一跨学科领域提出了一套既定的模式，思考影像生产、发行／传播和消费的方式，以及视觉意义制造出来的方式。在这一版中，我部分背离了早期对视觉文化研究的信任。不可否认，这一学科提供了一些有效的方法，有助于理解和分析影像的社会和文化位置，但是，我相信，新的跨学科理论所提供的路径与我要从事的视觉民族志的关系更加密切。

早期文化研究看待摄影和视频的方式发展出一套研究视觉表征和视觉文化的固定模式。举例来说，斯图亚特·霍尔（Stuart Hall）影响深广的著作《表征：文化表征与意指实践》使用了"范围宽广的实例，来自不同文化的媒体和话语，主要集中于视觉语言"（1997: 9，强调为原文所加）。他探讨了与视觉意义相关的问题，强调意义与"表征实践"的竞争本质（1997: 9-10）。文化研究的焦点在于说明影像和对象以及它们在其中被生产出来的社会和文化环境（也可参见，例如 Cooke and Wollen 1995; Jenkes 1995; Evans and Hall 1999）。马丁·利斯特（Martin Lister）和利兹·威尔斯（Liz Wells）则规划了他们所谓的"视觉文化研究"。视觉文化研究反映了其本源学科的折中主义，"允许分析者切入影像生产和消费循环中的多个时刻，在这个循环中，影像的意义得以累积、迁移和转变"（2000: 90）。如此，利斯特和威尔斯将"结合影像的社会化进程"对照片进行分析（2000: 64）。这一方法关注的是影像分析及其意义形成的环境，与视觉民族志用影像生产知识的方式不同。然而，他们的方法为我早期的视觉民族志研究提供了有益的启发，它暗示出一位视觉民族志学者有可能牵涉文化的视觉方面，以及影像嵌入社会中的模式。此外，尽管文化研究不是视觉民族志实践发生的关键点，但视觉文化研究强调了研究视觉文化是视觉民族志实践的一部分。

最近，与人类学、社会学和地理学对非视觉感官的关注同时出现的，是学者们开始重新思考视觉文化研究与感官的关系。我在其他地方（Pink 2011a）曾强调 W. J. T. 米切尔（W. J. T. Mitchell）将视觉文化学科的焦点界定为超越简单视觉，其兴趣在于"不同感官和符号模式之间的比率"（Mitchell 2002: 90），并且视觉文化还包括思考失明，不可见的、看不见的和被忽视的现象，以及失聪和手语；它还必须关注触觉、听觉和通感（synaesthesia）现象（2002: 90）。同样地，伊丽莎白·爱德华（Elizabeth Edwards）和考希克·包米克（Kaushik Bhaumik）对视觉感官的态度是，"探索作为在感官上一体的、表征的和体验的视觉和视域（Edwards and Bhaumik 2009: 3）——我认为这表明"视觉文化"论著的"明确转向"（Pink 2011a）。

视觉文化论著的上述发展为我提供了另一种理解超越视觉的影像的方法。然而，从符号人类学的角度来看，视觉文化研究正是受限于它对影像的聚焦。正如英戈尔德所说，"对视觉文化的学生来说，看见与观察明显无关，也与在环境中参观及所观察的正在发生的事无关；同样，还与使这一行为成为可能的阐释经验无关。它不过是狭隘并排他地对影像进行细读（Elkins 2003: 7）"（Ingold 2011: 316）。虽然，我上文提到感官已经成为视觉文化研究的议题，但在英戈尔德看来，"他们不过是加上了声音、触感和气味的世界。而这最终发展为形形色色的'景观'研究。如果说，眼睛在可视的影像中把世界还给我们，这在艺术史的术语中被理解为风景，那么，同样地，耳朵揭示了声音景观，皮肤表征了触觉景观，鼻子形成了气味景观，如此等等。当然，在现实中，人们居住的环境并不是按照各种感官的路径分门别类的。不管人们是通过哪种路径去感知世界，只有同一个世界"（Ingold 2011：316）。

艺术史学者芭芭拉·玛丽亚·斯塔福德（Barbara Maria Stafford）的研究提供了一种方法，可以解决探索艺术与神经科学之间关系的一些问题。斯塔福德的研究远远超出了反思视觉文化概念的任务，她的建议是"神经科学、认知科学、新心灵哲学需要结合变化多端的历史的、人文的或基于文化的影像研究"（Stafford 2006：207）。她的论著提出了一个复杂而精妙的观点，在此无法进行概述。相反，我想提醒读者注意，斯塔福德放弃使用"表征的语言模式"（linguistic models of representation）而选择了她所谓"描述的视觉模式"（visual models of presentation）。她提出，与其说我们表征了"萦绕脑海"的东西，不如说当看见事物时，我们"再演示"和"再创造"视觉作品。在引用 J. J. 吉布森（J. J. Gibson）（与英戈尔德相同）和凯文·奥雷根（Kevin O'Regan）的研究的基础上，斯塔福德写道："当你睁开双眼主动质问视觉景象，你看到的是你演示的环境的一部分，或物质碎片"（Stafford 2006：216）。

作为视觉民族志学者，如果我们要关注媒体和表征在我们研究的世界中的位置，即曾经所谓的"视觉文化"，那么我们需要关注这些理论转向。我相信，当今的理论环境，以斯塔福德的研究和英戈尔德对传统视觉文化研究的批评为典型，提供了新机遇。随着对非表征理论的理解日益加深，这让我们得以重新聚焦影像和表征在人类生活中所扮演的角色问题，它与作为学习和经验的过程而非"数据收集"的形式的视觉民族志本身的关系更密切。实际上，这在某种程度上将回归本书第 1 版的出发点。当时，我试图探索一条视觉民族志的路径，对科学现实主义在 20 世纪社会科学中的影响作出批判性回应。明确反对将视觉方法作为数据收集手段，而支持视觉民族志作为生产知识的过程。

视觉民族志的现在与未来

人类学、地理学和视觉文化研究转向现象学的、感官的和非表征的方向，加上社会学对我们所处世界的感官和数字维度的青睐，这形成了一种理论气候，促进了作为存在、理解和学习方式的视觉民族志实践的开展。在跨民族志学科的情境中，在研究和呈现中使用视觉影像，已经越来越常见，且理论性更强。因此，视觉民族志无需再寻求论据支持，用以反驳 20 世纪对其太过主观性的质疑。

实际上，在我们包里、手上和电脑上越来越多地出现摄影机和数字影像，这已成为当今现实的一部分。就在我写作本书的时候，我正面对着笔记本电脑的网络摄像头，而我的摄影手机就在我手边。在当代技术和理论环境下，质疑和争议仍会出现。例如，由现象人类学衍生的民族志，与多模态符号学分析引出的民族志研究方法二者之间的区分（参见 Pink 2011c）。不过，或许更需要关注的问题是，我们对现在视觉民族志实践所处的数字和技术环境的兴趣，如何创造新的可能性，不只是研究方法的可能性，而且是我们理论化地理解视觉和视像（vision）的方法的可能性（参见 Pink 2012 a；Coover 2012；Lapenta 2012）。此外，正如我在本章所强调的那样，对感官的重新关注——我在其他地方将其提炼出来，形成了感官民族志的概念（Pink 2009）——对多个学科产生了影响。然而，视觉和感官民族志的关系或许不像最初出现时那样是互相矛盾的，在此，视觉方法、媒体和感官路径是互相支持的。最后，视觉民族志学科迫切转向公共性和应用性学术研究是一个重大进展（参见 Pink 2006，2007b，2012a）。这类研究在最近几年蓬勃发展，将出现在接下来几章所讨论的实例中。

32

拓展阅读

Banks, M. and Ruby, J. (2011) *Made to Be Seen: Perspectives on the History of Visual Anthropology*. Chicago: University of Chicago Press.

Garrett, B. L. (2011) 'Videographic geographies: using digital video for geographic Research'. *Progress in Human Geography*, 35(4): 521-541.

Ingold, T. (2010a) 'Ways of mind-walking: reading, writing, painting', *Visual Studies*, 25:1, 15-23.

Knowles, C. and Sweetman, P. (2004) (eds) *Picturing the Social Landscape: visual methods and the sociological imagination*. London: Routledge.（一系列经过编选的论文，展示了视觉方法在社会学中的应用。）

Margolis, E. and Pauwels, L. (2011) *The SAGE Handbook of Visual Methods*. London: SAGE.

Pink, S. (2012a) (ed.) *Advances in Visual Methodology*. London: SAGE.

Stafford, B. M. (2006) *Echo Objects: the Cognitive Work of Images*. Chicago: University of Chicago Press.

2

观看、认识和展示的方式

33　　视觉影像、实践和理解方式在不同社会和人文科学学者的批评和实践工作中逐渐成形。我在第 1 章曾经大致提到过，视觉文化、艺术史或媒体领域以外的学者和实践者也将他们的学科定义为某种"视觉的"学科。此外，视觉化和影像在社会科学和人文科学的外缘学科中扮演着重要角色，包括医学、设计和工程学。在后几章中，我将讨论视觉民族志与这些领域交叉的几个实例。由此可见，视觉和视像已经成为当代学术和研究的一部分，这一点毫无疑问。那么，学科分类的意义到底何在？在第 1 章中，我已经揭示出，认为某件事物是纯视觉的这一观念是有问题的。如视觉人类学者彼得·克劳福德（Crawford 1992：66）在 1990 年代初提出"纯视觉"（pure image）和"纯语词"（pure word）的观念是不可行的，现在这已成为共识。这一观点也可见于 W. J. T. 米切尔的视觉文化研究中，他提出"根本没有视觉媒体"（Mitchell 2005），在关于人类感知的现象学阐释中，也有类似表达（虽然表达不同）（参见 Ingold 2000；Stafford 2006）。

　　因此，做视觉民族志需要关注视觉与其他种类的经验、材料或文本之间的区别构造。但我们也都认同"视觉研究方法"指的并不是纯视觉的东西。不过，所谓的视觉方法特别关注我们所处世界的视觉方面和我们归类为视觉的文化形式和技术。它们也包括我们称为视像（vision）的经验和实践。视像同样不能被当作一种体验或认识的纯感官渠道（参见 Ingold 2000, Pink 2009）。视觉和视像的分类难题还涉及我们做视觉研究的方法。视觉方法不能独立于"非视觉方法"。将某种方法界定为完全非视觉的，或将某种方法定义为完全视觉的，二者同样困难。同样地，没有纯粹的视觉民族志，或专门研究文化、社会、经验或环境的视觉方法。故而，视觉是一种类别，一方面在现代西方文化中很容易辨认；另一方面又有着深层问题。鉴于上述模糊性，本章讨论的焦点是，我们如何认识那些利用视觉影像媒介和方法去研究我们试图理解的个体、文化、社会和环境的民族志实践。在已有的文献中，这四种类型本身也是被建构的，存在着争论和争议。在此，我采用这四种类型的广义定义，以引起跨学科讨论，我还强调了当它们被用于具体研究项目时，它们将变成分析单位，并通过具体的路径认识和理解我们试图研究的世界。

34

民族志与民族志影像

什么是民族志？一个人如何"做"民族志？是什么使一个文本、一张照片或一段视频成为民族志？传统的研究方法手册的影响犹在，它们大多将民族志作为参与式观察（participant observation）和访谈的混合物，例如马丁·哈默斯利（Martin Hammersley）和保罗·阿特金森（Paul Atkinson）将民族志定义为"一种特殊的方法或一套方法"，即：

> ……要求民族志学者，或明或暗地长期参与人们的日常生活，观察正在发生的事，倾听他们所讲的话，提

出问题——实际上就是，收集一切可以说明相关研究问题的数据。（1995：1）

这种描述在两个层面上是有局限性的。第一，他们限制了民族志学者实际工作的范围。第二，他们将民族志仅仅当作收集数据的一种方法或一套方法，错误地假设民族志不过就是进入其他地方或文化，待上一段时间，收集、拼凑一些信息和知识，然后带走。相反，我更愿意将民族志定义为一种方法论（参见 Crotty 1998：7）。它作为一种体验、解释和描绘经验、文化、社会、物质和感官环境的方法，由一系列不同学科的议题和理论制约的原则构成。在本书（Pink 2009）中，我提出，为了理解吸收了当代理论原则和知识的民族志实践和方法，需要革新传统的方法。同样，当代视觉民族志通过与新兴的数字技术和媒体的联系，其作用远远超过一种实用方法。其本身就是不断革新的过程。

我自知我对视觉民族志的理解离不开大量其他民族志学者的工作（参见 Pink 2012a），但仍有必要强调视觉民族志的基本前提：它关注的是知识的生产和认识的方式，而不是收集数据的方法。在我看来，民族志作为创造和呈现知识或认识方式的过程，是以民族志学者自身的经验，以及在这个过程中与所遭遇的人物、地点和事情相交叉的方式为基础的。因此，视觉民族志，正如我对它的理解，并不要求产生一种客观的或一定要忠于事实的认识，而是意在提供民族志学者的现实经验的描述，尽可能忠于情境，忠于切身的、感官的和情感的经验，忠于协商性（negotiations）和主体间性（intersubjectivities），从而得以产生知识。这可能需要采取反身性、合作性或参与性的方法。在研究的不同时间点，在项目的各个呈现阶段，会有多种方式牵涉参与者。它不应该只凭借可以转化为书面标识和文本的显而易见的有记录价值的事实，还应该借助实物、视觉影像，以及人类经验和知识所具有的无形的、不可见的和感官的特性。最后，视觉民族志还牵涉代表权（representation）的问题，对研究者代表其他人的权利提出质疑，并且承认"了解他人内心"的不可能性（Fernandez 1995: 25），还要认识到我们对研究参与者的话语和行为的理解只是"我们的自我意识的表达"（Cohen and Rapport 1995: 12）。

关于什么使一种行为、影像、文本、观点或某种知识成为民族志，没有简单的答案或定义。没有任何一个行为、经验、人工制品或表征可以单独成为民族志，相反，可以通过阐释和情境将之定义为民族志。人类学家很早以前就注意到民族志与虚构小说之间（参见 Clifford and Marcus 1986）、民族志纪录片与虚构影片之间（参见 Loizos 1993: 7-8）缺乏严格的界限，与之类似，也没有一条捷径可以界定一张私人照片是观光摄影、纪实摄影还是新闻摄影（参见第 4 章），或决定一段视频是家庭录影还是民族志视频（参见第 5 章）。这同样适用于，有时候我们会武断地区分个体经验和民族志、自传和人类学——这些问题在 1990 年代的论著（参见 Okley and Callaway 1992; Okley 1996）和田野调查与日常生活中（Pink 1999a）得到了深入探讨。作为民族志学者，我们在研究日常生活时，是从内部进行的，我们沉浸于日常生活的流变之中，实际上，我们的行动和感受变成了我们所研究的情境的组成部分（Pink 2009, 2012b）。任何经验、行动、人工制品、影像或观念都绝不会是确定的单一事物，而是在不同的情境中，由不同的个体，根据不同的话语做出不同的定义。因此，我们无法根据某种形式、内容或作为观察资料、视觉记录或数据片段的潜力来衡量某个影像的民族志价值。相反，一切影像或表征的民族志特质都是不可预测的。对它的定位、解释和使用，将引发具有民族志价值的意义、想象和知识。

36 作为一种反身性实践的视觉民族志

1980 年代以来，在对自然科学方法的批评中，传统研究方法的文本作者强调民族志知识的建构性（例如，Burgess 1984; Ellen 1984），同时也越来越强调反身性的重要性（也可参见 Fortier 1998; Walsh 1998）。当今，反身性成为民族志实践的一个重要部分，这一点已得到普遍认可。反身性方法承认研究者的主观性在民族志知识的生产和表征中的中心位置。反身性超越了研究者对倾向性（bias）问题的关注，它也不仅仅是一种机制，这种机制通过对作为数据收集者的民族志学者如何影响观察到的现实和收集到的数据的介入，来中和他们的主观性。有人认为，反身性方法有助于民族志学者得到客观的数据，这只是一种表面的、带有粉饰性的反身性，它错误地假设了能够（或应该）避免或消除主观性。相反，主观性应该被当作中心元素内嵌于民族志的知识、解释和表征中。

为了理解社会科学中的反身性，我们需要暂时回到 1990 年代，民族志中的反身性方法在这一时期得到强化。1990 年代的后现代思想家们认为民族志知识和论著只能是一种主观的建构，一种"虚构"（Clifford 1986），它所呈现的只是民族志学者视角下的真实，而不是经验主义的真理。有人认为这种方法使反身性走得太远。如大卫·沃尔什（David Walsh），他坚信"民族志编撰必须以社会和文化世界为基础和参照"，"反身性民族志应该引发人们敏锐地洞穿现实和表征"，研究者不应该抛弃"所有民族志的现实主义基础"（1998: 220）。他的论点代表了一种温和的折中方式，调和了人们生活于其中的经验现实与民族志学者所建构的表征现实的文本。安东尼·科恩（Anthony Cohen）和奈杰尔·拉波特（Nigel

Rapport)认为，我们对受访对象言行的理解完全只是"我们的自我意识的表达"(Cohen and Rapport 1995)，他们的观点对沃尔什的主张提出了质疑。如果研究者是所有民族志知识产生和表征的渠道，那么，阐释民族志研究中的现实和表征的唯一途径，就要通过"民族志虚构"的文本结构。与其说事实可以通过科学研究方法而成为确定的客观性，并被理解和记录，不如说它只是主观性的个人经验。反身性方法的重要性在于关注个人的经验现实所生产的民族志知识，通过研究者与他们的研究情境之间的主体间性，我们或许可以更深入地理解他人生活的世界。研究者的主观性会影响他或她对现实的理解，而且，研究者的主观性与研究参与者的关系形成了一种具有协商性的现实观(参见，例如 Fortier 1998)。

37

　　作为研究者，达到上述目的的方法是，清晰地认识到我们的个人经历、现有经验以及身份的不同元素在研究中如何变得有意义。一方面，只有通过我们自身的已有经验和知识，我们才能同情和理解他人的经验——或实际上将他人的经验与自己的经验加以区别，并且试着想象这些经验曾经的样子。另一方面，我们的身份特征，比如性别、年龄、民族、阶级、种族对于民族志学者如何定位民族志情境和自我定位非常重要。所以，作为民族志学者，我们需要自觉地意识到我们如何代表自己的研究参与者，并考虑我们的身份怎样为共事的人们所理解和建构。这些主观理解将会对从研究者与参与者的民族志式接触中所产生的知识有所启示。研究者的这一位置也需要联系其他主题加以考虑，如社会和经济地位。在某些田野调查的情境中，民族志学者使用的数字和视频媒体可能昂贵得令人却步；而在另一些研究中，参与者们自己就拥有精密的设备。因此，选择研究所使用的工具需要根据更大范围的经济条件，这关系到作为一个研究者的民族志学者自己的身份如何通过研究参与者建构起来。

成为反身性视觉民族志学者，必须思考我们在民族志研究情境中的位置。这有许多解答方法，不过分析重点的选择部分地取决于研究问题。例如，我在做西班牙性别方面的研究时，非常注意思考我作为一名女性和摄影师的身份怎样决定了我生产知识的方式。对性别的聚焦实际上关联到某种疑问，这些疑问也同时出现在反身性方法论文本中，其中田野调查的性别特性是关键主题（尤其参见 Bell et al. 1993；Kulick and Willson 1995），此外，这也在视觉研究的讨论中有所发展（例如，Barndt 1997）。在其他情境中，研究者可能更关心别的问题，例如，宗教、阶级、民族或代际身份。举例来说，我在英国做慢城市研究时，有一种"亲切感"，并且与我在研究自己成长之地附近的小镇时有着相同的参照点，于是我很有兴趣反思这一经历如何影响我理解这些环境的方式。其他研究者也同样反思了他们身份的不同元素如何形塑了他们的田野调查经验。例如，丹尼尔·塞奇（Daniel Sage）在他对建筑行业的民族志研究中，展示了他的教育资历和地位是如何决定他开展田野调查的方式（Sage 2013）。不同项目中生成的多样情境性（situatedness）对决定研究项目可能产生的权力关系、合作与影像也很重要。

在 21 世纪初涌现的视觉方法文献中，反身性同样是一个关键主题，并一直延续到当下这一领域的作品中。反身性在多本专著（例如，Ruby 2000a；Bank 2001；Rose 2001；以及参见 Pink 2006[第 2 章]对此所做的概述）以及精心编选的个案研究文集中得到大力提倡（尽管方法有细微差异），这些作品展示了当代研究者如何反思他们的视觉人类学（Pink, Kurti and Afonso 2004；Edgar 2004；Grimshaw and Ravetz 2004；Schneider and Wright 2005）和视觉社会学（Knowles and Sweetman 2004；Pole 2004）实践中的视觉方法。很显然，这是 1980 年代和 1990 年代后现代转向在方法论上的反映，这不仅对视觉方法文献还对更普遍意义的质性研究文献产生了重要作用。随着我们进一步走入 21 世纪，视觉方法作为一种实践领域变得更加巩固（参见 Pink 2012a），视觉研究实践以及实践过程中的反身性也变得更加不可或缺（例如，Martens 2012；Ardévol 2012；Hindmarsh and Tutt 2012）。

无法观察的民族志，不可见性及现实的问题

视觉民族志不只是记录我们能看到的事物，还为民族志学者提供了理解那些我们看不见的事物的路径。这一点的运用范围非常广泛。它令我们想到，视频民族志方法或许能让我们研究看不见、摸不着的事物，如第 5 章讨论的电和气在家庭中如何被消费（例如，Pink and Leder Mackley 2012），又如移交相机（hand-over-the-camera）的方法或许提供了一些路径，用来理解其他人嵌入职场的知识或认识方式（Tutt et al. 2013），而这些恰恰是民族志学者尚未看到的。

与此同时，这种方法让我们认识到影像也是我们想象和内在世界的一部分（Edgar 2004；Irving 2010），并引导我们去想象（Ingold 2010a）。研究者们越来越多地关注人类的想象、梦境和内在思想，将其作为民族志田野调查的一个场所，视觉民族志方法在这一场所中扮演了有趣的角色。伊恩·埃德加（Iain Edgar）的"影像研究"和"梦境研究"方法涉及捕捉和分析我们的想象和梦境中的影像——"二者都涉及人们认为可能'有利于思考'的大脑自发的形象产物"（2004：10），埃德加指出，影像研究大部分是非言语的，它会逐渐产生关于无法理解的影像的语言叙述，也就是研究者将要分析的材料。其他试图理解内在思想的方法也将视觉实践贯穿　39

整个研究过程。安德鲁·欧文（Andrew Irving）同样用视觉实践作为理解其他人思想的渠道，在研究中，他邀请参与者在沿着熟悉的道路穿过城市时拍摄照片并描述他们的感受。在他的著作中，欧文使用照片和录音笔来表征这些情感与内在体验（例如，Irving 2007，2010）；在本书后几个章节中，我还会回到他富有创见的实践。受欧文关于内在性的讨论以及对照片的运用的启发，在我与苏珊·霍根（Susan Hogan）的合作中，我们开始围绕着视觉民族志与内在情感的关系来探讨问题。通过借鉴霍根对艺术治疗的专业研究，我们确定了视觉民族志与艺术治疗路径之间的相通性，并提出霍根所使用的女性心理治疗的影像制作方法，可以为从事内在性的视觉民族志研究提供途径（Hogan and Pink 2012）。因此，见与知的关系绝不是直截了当的。照片、视频及其他物质影像或研究过程中的影像形式并不是研究问题的答案或发现本身，而更应该被当作认识渠道和工具，通过它我们可以进入他人的世界。

由上述例子可知，视觉民族志不能被界定为一种简单的观察方法。此外，当视觉民族志学者记录或拍摄他人的行动、表现，指向甚或从事的事务时，这种记录大多是参与其中的民族志学者的特定视角的产物。不管是否手持摄像机，我们对他人生活的了解都是通过我们在行动或环境中个人的和特定的关系而获得的。人类学批评在使观察的途径问题化的过程中（例如，Fabian 1983）尤其重要，这促使我们懂得，仅仅把视频或照片当作一种观察工具或许会被视为客观化。英戈尔德曾经提出，人类学的客观性在于理解"我们共同居住的同一个世界中人类的生存和认识"。他区分了人类学的客观性与民族志的客观性，关于后者，他写道，"它是对人们的生活而不是我们自己的生活的描绘，通过细致的观察和对第一手经验的长期打磨，它具备了精确度和敏感性"（Ingold 2008b: 69）。因此，他将人类学视为"一种对在世栖居，并与世

共存的探索模式"(Ingold 2008b: 88)。随着视觉民族志成为一种
合作性、反身性的实践(如我们在第1章讨论的跨越"民族志"学
科所看到的),如果要重新定义民族志,就要承认其植根于人类
学,同时它也要与其他学科和跨学科领域中的共享与合作趋势相
联系。

　　上述讨论更显示出,我们可以作为超脱于外的观察者来生产
客观的知识这一观点是有问题的,而且,我们也无法用摄影机记
录客观的知识。这个问题对各个学科的学者来说由来已久。1990
年代,克里斯·詹克斯(Chris Jenks)就曾提出,虽然物质客体
必然具有视觉在场,但"视觉文化"的概念不应该仅仅指文化的
物质的、可见的"视觉"方面(Jenks 1995: 16)。我们已经从人类
学了解到人类想象和交流的视觉形式部分(Edgar 2004; Orobitg
2004)。我们在做民族志田野调查中遇到的物质与视觉文化应该
从这一视角加以理解——物质客体不可避免地是视觉的,但是视
觉影像,顾名思义,并不是物质的,也不是永远呈现在屏幕或表
面上的,虽然我们是通过屏幕或表面看到影像的。无论如何,通
过语言描绘或想象获得的影像虽然无形却仍然真实。这种看待影
像的方式,直接挑战了"物质的真实可以通过视觉获得"这一定
论(Slater 1995: 221)。可见性与真实性的断裂对民族志理解视觉
的途径意义重大,与上一段强调的论点相同,因为这意味着真实
性不一定必须通过视觉来观察、记录并分析。这便要求我们思
考,当我们带着摄像机进入一个特定社会的情感与物质的环境
时,我们记录的到底是什么。我将在第4章和第5章结合视觉民
族志中的摄影和录像实践的实例来对这一问题作进一步讨论,并
将焦点放在民族志照片和视频制作与运动的方式上。不过,摄影
与录像的原则是一致的,它们都是在我们穿过各种环境时随着
摄像头的移动而产生的,我们也是环境的一部分。在这一意义

40

上，它们不是仅仅由镜头捕捉到的前面的影像而形成的，而是在摄像机与摄影人身后及周围的关系中形成的。这意味着，一方面，它们是人类学电影人大卫·麦克杜格尔所说的"肉身影像"（corporeal images），代表的是手持摄像机的人的身体在世界中的位置（MacDougall 2005）。然而，另一方面，它们又受到环境配置的整体性所框定，拍照的人也是环境配置的一部分。英戈尔德对绘画位置问题的挑衅也有助于我们思考这一问题。他问道：

> 我们是接受视觉文化研究的成见，将绘画理解为一种有待检验与解释的最终图像，还是应该将其视作观察者视线踪迹矩阵中的一个节点？绘画是世界中事物的"像"，还是像(like)世界中的事物，在这种意义上，我们必须找到穿过或身处其中的道路，栖居于其中，一如我们栖居于世界本身？（Ingold 2010a：16）

根据英戈尔德的观点，我们或许可以认为照片和视频是在世界中拍摄而不仅仅是拍摄世界或世界中的人与物。

上述关于影像的理解作为特定条件的产物，解释了我们如何把影像作为研究过程的一部分。然而，对影像进行解释或赋予意义的方式也是固定的，具有文化和生物特性：不同的人根据自己的主观认识和生物体验解释影像。在这一层面上，讨论摄影和视频影像与真实性的关系以另一种方式变得相关了。如特伦斯·赖特（Terence Wright）指出的，这或许是因为"作为某种特定文化的产物，它们（这里指的是照片）只能根据文化习俗被理解为真实的：他们只是表面上真实的，因为我们接受的教育让我们把它们看成真实的（Wright 1999：6，强调为原文所加）。作为民族志学者，我们也许一度相信真实性是一种客观的可观察的经验，但我们也应该记住，在研究情境之中的我们也在日常生活之中，我们或许会用影像指涉某种真实的版本，也会把影像当作可见可察现象的参照物。赖特注意到，"就像艾伦·塞库拉（Alan Sekula）曾经指出的，世界上最自然不过的事情就是一个人打开他的钱包，展示一张照片说'这是我的狗'"（Wright 1999: 2）。在 40 多年前，塞库拉写这些话的时候，我们大部分人都会用同样的方式打开我们的相册展示人、物和景的照片。在这种意义上，我们在世界中的生活方式或许与我们把生活理论化的方式经常不一致。这种模糊性是所有研究课题的一部分。通过与我在前文所提到的反身性相联系，我们可以在某种程度上解决这一问题。摄影和视频影像的现实主义运用，如它们将影像作为人与物的环境与配置的视觉记录，也许在某些情况下适用于民族志的研究和表征。然而，我们在民族志中对视觉进行现实主义的利用需要具备一种反身性的意识，要意识到这种利用背后的动机、形塑它们的文化习俗、把它们作为真相的表征的局限性，以及使它们模棱两可的理论化途径。

影像、技术、人

几乎在所有文化和社会中，许多个体都以不同程度和方式使用着摄影与视频。视觉与数字影像不仅是学术研究的文化元素，它们还与学术文化、生活方式和主体立场息息相关，当代民族志学者正是从这些事实开始他们的课题。与卓别林对社会学的辩护一样，民族志学科也不应该将自己疏离于所研究的课题（Chaplin 1994: 16）。对卓别林而言，这意味着，思考的不只是"视觉表征的社会学"，还是作为同一文化情境的元素的社会学与视觉表征。在当代情境中，这指的是，民族志学者应该将视觉与数字影像和技术既当作物质文化和社会科学家实践的一个方面，同时也当作社会科学家所研究的一种实践与物质文化。

大多数民族志学者，以及越来越多的研究参与者，具备或拥有某些进入数字和视觉媒体的途径。我在第 4 章将进一步讨论，智能手机及其他移动媒体使胶片和早期数字时代沉重的设备变成具备同等技术功能的轻便的手持机器，从而形成了一种情境，新兴数字和视觉实践成为研究者和参与者的生活的组成部分。然而，我们还不能妄言，我们现在生活在一个不间断的数字链接的环境之中，也不能把这看成与胶片实践截然断裂。实际上，我本人的慢城市民族志研究已经表明，在某些日常生活中，数字与胶片摄影往往彼此相关，无论是在影像的生产、存储还是呈现上都是如此 (Pink 2011e)。

在 1990 年代反身性转向时期，人类学家（例如，Okely and Callaway 1992；Kulick and Willson 1995；Okely 1996）强调个体身份与专业身份的不可分割性，以及个人经历与个人经验在民族志知识生产中的重要性。这一点同样适用于民族志学者利用视觉与数字影像和技术的方式，适用于个体身份与专业身份的交织方式。这在 1990 年代蓬勃发展的自传式民族志研究中尤为显著，在这些研究中，民族志学者亲自现身的个人影像被用于或纳入学术研究中。譬如，奥克利对她就读女子寄宿学校的过往经历进行人类学分析时，使用了她彼时的照片和回忆，她将之称为"回溯性田野调查"(1996: 147-74)。在电影方面，罗茜 (Rosie) 和伊沃·斯特雷克 (Ivo Strecker) 的民族志纪录片《甜高粱》(*Sweet Sorghum*, 1995) 的内容是罗茜在埃塞俄比亚与哈马族的童年生活经历，当时她的父母（人类学者与电影人）正在当地做人类学田野调查。在制作电影时，他们将自己的旧"家庭电影"录像带与近期对罗茜的访谈剪辑在一起。

　　在我自己的田野调查中，我就是影像和技术的消费者，与那些参与项目的人一样（尽管可能方式不同）。传统上，我们在研究消费时的关注点是其他人怎么消费。但我们可能也要把镜头转向民族志学者，以形成一种我们自己也是数字和视觉的技术与影像消费者的反身意识。民族志学者的照片、视频及在线活动与技术或许交织着他们专业的田野调查叙事或个人经历。此外，照片和视频还可以表征个体身份与专业身份之间明确的交互点或延续性，随着它们经过不同场景而被赋予新的意义。研究参与者也有可能同时是研究者的朋友，他们的照片会在研究档案中被找到，反之亦然。我在第 7 章讨论到，数字技术使得一个摄影师能够以新的方式同时存在于多个地点。不过，模拟摄影的例子也具有指导意义：1994 年，我从西班牙南部结束田野调查回到英国，并带回了两套照片：一套是朋友的照片，另一套是"研究"的照片。随着时间流逝，当我回顾我从这些照片中学到什么以及它们对我的意义时，这些照片在不同类别之间变换。它们从相册中被移出并最终进入一系列信封和文件夹中。我最初将照片区分为个人／专业视觉叙述，当我试图将这段作为生活的田野调查经验转化为民族志知识时，它们逐渐融入另一些类别中。其中有些照片的副本给了研究参与者，于是它们成为这些情境的同步传记，从而在别人的影集中获得了其他的情境意义。埃德加·戈麦兹·克鲁斯（Edgar Gómez Cruz）的研究表明，生活与田野调查之间的界线在数字视觉民族志中变得模糊不清。在他关于面对面摄影俱乐部和线上平台中的当代数字摄影实践的民族志研究里，戈麦兹·克鲁斯既是参与者又是研究者（Gómez Cruz 2012）。关于研究的参与者，他描述了如何"跟他们一起摄影，一起吃饭，我们通过互联网和移动电话保持联系，我采访他们，他们给我指导并且教了我很多关于摄影和生活的知识"（2012：

43

25，由本书作者译自西班牙语）。视觉民族志的工作由此成为生活的组成部分，同时，生活也成为研究的组成部分。

作为从业者的影像制作者

摄影师、录像师、数字艺术家，或者网站设计师，无论他们是不是民族志学者，作为个人，他们都基于本人的意愿而在具体的社会、技术和文化情境中工作。为了理解作为影像制作者的民族志学者和研究参与者，我们需要思考个人、视觉和数字技术、实践、社会和文化之间的关系是如何发展的。视觉实践还受到体制和社群环境的制约。埃文斯（Evans）和霍尔（Hall）指出，对胶片摄影而言，视觉实践与照相机和电影制造工业以及开发和推广公司相互交织。在数字情境中，已有文献表明，我们在互联网、社交网络平台（参见 Miller 2011）、数字地图（参见 Farman 2010；Lapenta 2011）中的体验和介入方式同样受到社群与软件（正如平克 [Pink 2012d] 的讨论）的制约。

对理解视觉生产和影像的探索早已成为学术研究的一部分。对已有关键性成果的回顾显示，这一任务以及由此产生的争论和话题的复杂性。为了理解作为实践的视觉民族志，我们需要把注意力转向那些研究过视觉媒体相关问题的学者，看他们是如何处理这些问题的。这些处理方法为我们提供了分析研究参与者的媒体和数字实践的途径，并有助于我们理解自己在某种理论框架内开展民族志的过程中对视觉媒体及数字技术的运用。社会学家布迪厄（Bourdieu 1990）最早尝试将摄影实践与意义理论化，以解释为什么人们倾向于在他们的视觉作品中维持现存的视觉形式和风格。布迪厄提出，尽管任何事物都有被拍摄的潜力，个人的摄影实践却受制于客观条件。他认为，"照片不能交付于个体想象的

44

随意性"，相反"经过社会风气（ethos）的中介，以及客观性和普遍规律的内在化，群体将这一实践置于其集体规约之下"（Bourdieu 1990：6，[1965]）。根据这一阐释，由个体摄影师和录像师生产的影像不可避免地表达出个体所属的社会的共同规范。由此，布迪厄认为，"最琐碎的照片，除了表达摄影师的明确意图外，还表达了整个群体普遍的理解、思考和评价的图式体系（1990：6，[1965]）。个体毫不怀疑地生产影像，回应并参考着固定的习俗，而这些习俗是在现存视觉文化之中与之间发展而成的。然而，这并不意味着个体视觉实践由一套无意识持有的普遍信仰所支配。布迪厄的解释代表了能动性、主观性和个体创造性在外部客观因素面前的消极退让。它很难与1990年代出现的各种能动性和自我的理论调和，也很难与更为近期的关于实践偶然性的理解调和（参见Pink 2012d）。比如说，根据1990年代的论争，人类学家安东尼·科恩假设个体是"受到自我驱动"（1992：226）来"思考自身"，是文化的创造者（1994：167），从而视"社会为具有自我意识的个体的组合"（1994：192），奈杰尔·拉波特则赞成个体"作为意识的场所、创造力的源泉、意义的担保人"（Rapport 1997a：7）。无论我们是否全盘接受这些论者的观点，它们都让我们警惕将个体创造性简化为集体规约。个体有可能在他们自己的视觉影像中，在某种程度上参考了已知的视觉形式、风格、话语和意义，但是根据最近对人类学习和练习技术的方法的研究，在学习和练习的时候，他们也有可能会修正和调整技术（例如，Marchand 2010）。我们需要确信研究参与者和视觉民族志学者，都是有创造力的个体，具备独特的个人经历和技术，然后再尝试在这些相同点中找出不同点。最近，在社会学家和人类学家中流行的是，关注实践和实践理论，并且将之运用于摄影和媒体实践研究。

社会学研究聚焦于作为实践的数字摄影。例如，伊丽莎白·肖夫（Elizabaeth Shove）和迈克·潘萨尔（Mike Pantzar）探讨了何以"使用这些 [数字] 器材的人会不断地被影片拉进固有的传统"，但是他们指出，"数字摄影——无论是随随便便的'大头照'还是由热衷者所拍摄——受到设备、性能和技巧的特有形式的限定，并且随着评判内外行影像制作标准的变化而得以建构"。他们主张，借此"它代表了一种全新的实践，其细节得以逐渐展开"（Shove and Pantzar 2007：157）。戈麦兹·克鲁斯基于他的扎根式（in-depth）民族志，提出了数字摄影似乎与胶片摄影不同，它们"从排列组合与社会技术关系网中获得意义，反过来又给这种数字文化带来意义"（Gómez Cruz 2012：231，由本书作者译自西班牙语）。对这些学者来说，数字摄影还是一种新兴实践，它本身就是一个研究领域，这也对数字视觉民族志学者们再次强化了这一认识的重要性，即不仅要研究他人，还要反思自身实践的意义以及意义生成。

　　媒体人类学家也采用实践理论作为理解人类如何使用媒体的途径（例如，Bräuchler and Postill 2010；Postill 2010）。他们的这项研究为我们提供了一些方式，用以理解在制作视觉民族志中运用视听媒体和定位媒体时的媒体实践。例如，约翰·波斯蒂（John Postill）曾经提出，结合实践理论对理解"人们用媒体做什么"很重要（Postill 2010：6）。他的观点同样适用于回答民族志学者在研究中运用媒体时在做什么这个问题。波斯蒂提出，实践理论有助于我们理解日常生活中的媒体（2010：10）、"媒体与身体的关系"（2010：14），以及媒体产品（2010：15）。我们可以在前文的讨论中看到，这其中的每一个主题都与视觉民族志学者的实践有着相似的关系，他们的日常生活与研究往往融为一体，他们对摄影、录像和定位媒体的运用是具体的、熟练的，具有适应力 / 创新力，他们是媒体文本的（联合）生产者（关于视觉研究的实践导向的讨论，参见 Ardévol 2012；Martens 2012）。不过，媒体人类学家对实践理论取向的使用也提出了批评（例如，Hobart 2010；Peterson 2010；Pink 2012d），这主要针对的是，它对我们理解人类能动性的局限性，以及用单一的理论棱镜去理解现实的"庞杂"（Law 2004）的更深层且更普遍的局限性。

我在其他地方提到过，这其中的有些局限性，可以通过某种空间理论在某种程度上加以解决。这种理论取向认同实践是分析的构件，可以用来评判和分析实践活动永不停歇的发展性，以及这种活动如何依赖事物不断变化的布局，并与之共生共存（Pink 2012d）。已有的媒体理论也为我们理解作为更大情境一部分的媒体提供了有用的途径，比如，由尼克·库尔德里（Nick Couldry）和安娜·麦卡锡（Anna McCarthy）提出的"媒体空间"概念，促使我们开始思考数字媒体与日常生活如何形成部分相同的空间现实。这些人类地理学取向（参见第 1 章）和空间理论的转向使我们可以结合实践与空间两个不同的分析棱镜（正如平克 [Pink 2012d] 的做法），让我们理解民族志学者和参与者对数字和视觉媒体的使用如何依赖于纷繁复杂的因素，包括个体差异、集体认知和他们作为环境组成部分的偶然性（参见 Pink 2012d）。在此，我并不会为理解民族志中数字和视觉媒体使用的实践与生态状况的某种理论取向提供论据（虽然我在别的地方的确会提供这种论据）。在上文中，我想揭示的要点是，民族志学者需要关注适合他们自己的课题、实践和专业方向的问题，并且尽可能地将研究中此类课题的实践加以理论化。考虑到上文所讨论的研究者与参与者之间的潜在关系，这一点尤其重要。

当我们做视觉民族志时，尤其是当涉及与参与者一起制作和 / 或为参与者制作影像时，在某种程度上，我们就变成了他们的视觉和数字实践中密切相关的部分。这可能涉及作为研究参与者去学习制作同类的影像，以及以同样的方式出版、展示或

46

只是收集影像，甚或作为研究参与者加入同一个网络平台。当我们开始通过自己的影像或分享影像加入这些活动时，我们便开始加入对正在研究的空间和视觉文化的制作中。我们制作的影像与我们从事的实践，也就同时属于视觉研究和"被研究"的文化的不同但相关的物质和数字文化。这引发了一系列问题，思考这些问题能够促使我们对民族志知识生产方式进行有价值的反思。比如，当民族志学者开始生产他们正在研究的物质、视觉或数字文化时会发生什么？当民族志学者参与并卷入他们正在分析的视觉实践和创新时会发生什么？当研究参与者出于他们自身的目的盗用民族志学者的影像时会发生什么？在后面几章讨论的实例中，我们会遇到其中的某些情况。

视觉民族志与感官转向

在第 1 章中，我讨论过最近对感官的兴趣影响到目前社会科学和人文学科理解与研究视觉的方法。伴随着非表征路径的发展（Thrift 2008；Ingold 2011）而出现的学术界的感官转向（参见，例如 Howes 2005），为研究和学科提出了新的议程。这些发展促进了视觉民族志学科发展，以及在民族志实践中如何理解影像和视觉的探索。实际上，视觉转向与视觉民族志绝不可能没有关系（参见 Pink 2006），何况它还在多个方面受视觉人类学家本身的引领。例如，麦克杜格尔在早期著作中对感官的关注就已经与视觉人类学不可分割（例如，MacDougll 1998），在我本人的论著《视觉人类学的未来》（参见 Pink 2006）中，我对感官的关注也处于中心位置。其中某些论争延续到《感官民族志》（Pink 2009）中。我将视觉民族志理解为一种实践，根据视觉与感官经验的其他元素的不可分割性，来处理我们所栖居的世界的视觉元素，并且将其与我

47

们如何利用它们来生成认识方式以承认感官之间的相互关系联系起来，从而理解视觉和数字媒体。后面几章所讨论的实例将揭示出，视觉民族志为我们理解经验中某些通常是感官的、无言的、缄默的和不可见的方面提供了渠道。对视觉民族志实践和学术研究来说，21 世纪的感官和非表征转向与 20 世纪末的反身性转向同样受欢迎。

小　结

民族志学者本身就是情境的组成部分，在这一情境中，摄影、录像和其他数字与胶片媒体实践已经以各种特殊方式被体验并被理解。个体的民族志学者如何在研究和呈现中运用视觉会受到一系列因素的影响，包括理论共识、学科议程、个人经历、性别身份、视觉与数字技术以及文化。要理解在民族志工作中这些因素与视觉和数字媒体及实践的关系的意义，最为根本的是，对这些因素如何汇入视觉意义和民族志知识生产进行反身性评价。

拓展阅读

Edgar, I. (2004) *Guide to Imagework: Imagination-based Research Methods.* London: Routledge（关于埃德加的影像工作方法论的介绍，它作为一种互补的方法，对本章所描述的视觉民族志方法很有用处）。

Howes, D. (2005) *Empire of the Senses: the Sensory Culture Reader.* Oxford: Berg（关于文化的感官方面的重要解读，这与视觉空间形成了有益的互文）。

Pink, S. (2006) *The Future of Visual Anthropology.* Oxford: Routledge.

Pink, S. (ed.) (2012a) *Advances in Visual Methodology.* London:

SAGE.

Ingold, T. (2010) 'Ways of mind-walking: reading, writing, painting',
Visual Studies, 25(1), 15-23.

3

视觉民族志的计划与实践

49 　　我们无法预测，也不应该预测任何民族志研究项目中将需要
用到什么具体方法。同样，根据墨菲和班克斯所说，视觉方法不
需要用于"所有情境"，而"应该用于适用的地方，况且，适用性
并不总是可以预见"（Morphy and Banks 1997：14）。在实践中，是
否应该用视觉方法，应该选择哪几种方法，以及具体如何运用，
往往是在研究者对某种具体方法在特定研究情境中是否适用或是
否合乎伦理进行评价之后，才能作出最好的决定。这种对情境的
熟悉使我们可以解释它们与参与者的关系，参与者对当地视觉文
化的体验和认识，并以此为基础决定和开发所运用的方法。不过，
这种时机往往不是切实可靠的。关于研究中对视觉影像技术的运
用的决定和指示，多半需要在田野调查开始之前作出。通常，研
究提案、伦理评估程序、准备和计划也必须在项目开始之前作出
或完成。某些情况下，我们在田野调查的地点可能很难获得或租
用到技术工具。此外，如果我们要申请研究资助，需要预计和确
定要使用的方法、需要的技术以及所需的花销，这样才能在提案
阶段提出预算。实际上，研究计划不只是为了申请的需要。许多
研究计划或承担视觉民族志项目的研究者受大学或其他机构雇佣

或与之合作，甚或就在其中进行研究。这类机构通常要求他们的
受托人正式审核并验证研究项目是否符合伦理规范，之后，才能
开启田野调查阶段。

视觉方法的适用性

在一部早期的著作中，班克斯将视觉研究方法大致分为三类：
"制作视觉表征（通过生产影像研究社会）"；"考察先在的（pre-
existing）视觉表征（为了获得关于社会的信息而研究影像）"；"与
社会角色扮演者合作生产视觉表征"（Banks n.d.）。在视觉方法日
益发展的当代情境中，我们可能还要加上创作（或与参与者合作
创造）视觉干预（参见 Pink 2006, 2007a），而且我们应该考虑数字
技术和网络被引入这些进程的方式。在民族志学者参与运用影像
的一般方法中，这些行为并不是按历时顺序进行的，它们在实践
中有可能是重叠或交织在一起的。当然，在现实中，我们对视觉
影像和技术的具体运用会逐渐发展成为民族志学者在田野调查中
所涉入的社会、技术关系和行为的组成部分。不过，以上归纳的
行为可以指导我们勾绘与提炼将会运用到的方法。

把视觉方法看成一个变化的过程很有帮助，但并不是说视觉
民族志没有预先计划，不会采用在新项目中已经开发出来的现有
方法。预先计划和现有方法为我们的所有项目提供了一个重要起
点。在第 4、5 和 6 章，我将讨论一套已经成形的民族志研究方法，
包括照片引谈法、视频游览（video tour）法和参与者生产影像法。
不过，正如我所揭示的，这些视觉研究方法的通行模式在实践运
用时会有所变化。此外，就视频游览法而言，我已经用于几个不
同的研究情境之中（家、花园和城镇），这种方法以及我们对它的
理解也会随着它被用于不同项目而发展变化（参见第 5 章）。在某

50

些情况下，意料之外的视觉运用可能会重复这一过程（有时是与参与者合作），从而在一个研究项目中开发和提炼方法。我在做关于西班牙斗牛文化项目的博士论文时的经验便是如此。一开始，我在纪念品站、展览或新书发布会等多个公共接待处给人们拍照。第一次在接待处拍完照后，我把照片展示给组织者和参与者，他们向我要某些照片的副本，有些人还把照片给他们的同事。通过持续记录他们的要求及咨询他们关于影像的问题，我得以了解在"斗牛文化"中一个人如何设置自己与其他个体的关系。随着我参加更多的接待活动，我有意识地重复这种方法并开发照相机和照片的用途，以适应参与活动的当地人、技术、影像与作为摄影师的我本人之间的关系（Pink 1999b）。这种调查方法适用于斗牛文化，部分是因为我拍摄和分享照片的方式模仿并融入当地的已有文化和对照片的个人使用方式。不过，这在其他田野调查中可能不会这么有效。我们不应该简单地预设在某项研究中开发出来的方法可以直接移植到或适用于其他研究。斗牛文化情境中的照片运用直接联系着当地的视觉实践，因此复制的方法并不是做同样的事情，而是遵循同样的原则。这要求我们了解摄影如何与研究情境的摄影文化和实践相适应，参考当地的摄影习俗以及个体意义，考虑特定研究环境中摄影可能包含的经济和交换价值。在某些情况下，这可能意味着民族志学者本身并不会成为摄影师，而是参与其他人使用照片的过程。比如，越来越多的社会科学研究者与比他们技术能力更强、更丰富的人进行合作研究。波斯蒂的马来西亚城郊的互联网使用研究是一个很好的例子。波斯蒂发现，他的研究参与者主要是城郊的华裔中产阶级，他们的相机和手机比他的更精密。在公共事件中，他的周围常常围绕着用手机拍摄的当地人，同时，当地的风云人物，也是研究参与者，使用数字相机拍摄照片并发布在自己的网站上。当地的一个政治家有一台便携式打印机，他在一次社区篮球赛现场把他和波斯蒂的合影打印出来（在 21 世纪头十年，这对大部分视觉研究者来说是一项梦寐以求的技术）（Postill 2011：74）。

在某些研究情境中，摄影可能不是司空见惯的日常元素。雷德利（Radley）、霍杰茨（Hodgetts）和库伦（Cullen）关于流浪汉在城市中如何生存及安居的影像研究就是一个很好的例子，在这个情境中摄影事件虽然不是参与者日常生活的一部分，但摄影同样是适用的研究方法。在研究中，他们请 12 个流浪汉用一次性相机拍下他们生活中"每天的重要时刻，典型活动和空间，以及一切可以描绘他们状况的事物"（Radley et al. 2005：277）。这些摄影活动还伴随着一次追踪式访谈。研究者提出，他们强调视觉"作为联系参与者的一种方法"（2005：292），这意味着，对这项研究而言，通过聚焦空间的表象、物质性和用途（2005：293），这将比单纯的访谈所得到的数据能够提供更多的信息。重要的是，他们还报告"参与者说他们很享受拍照片，很高兴有机会展示和讲述他们的生活，他们的局限性和可能性"（2005：292）。

由此可见，虽然有很多"既定的"视觉方法，但运用它们的方式会因项目而异。雷德利等人所运用的结合摄影的访谈通常被称为"照片引谈法"，我在第 4 章将进一步展开对它的讨论。可以看出，方法有着自己的轨迹、历程和转变。我在其他地方曾经讨论过（Pink and Leder Mackley 2012），在这种意义上，思考"方法的历程"这一观念将大有助益。我这里的意思是，视频游览法、照片引谈法或其他方法，并不是静止或固定的模式。相反，如果我们把方法看成有"历程"的，就可以追踪和理解它们如何因时因地而变化，如何在每次运用中进化，如何随着新的发现、理论和经验而被重新开发。在这个过程中，随着它们在不同项目中的发展，我们还可以追寻这些发展如何影响我们生产的知识类型。

　　因此，制订视觉民族志研究计划前的首要任务是，了解其他民族志学者在类似项目或问同样的问题时所使用的方法。同样的方法或许不能直接被用于计划中的项目，但是它们在相同领域中的运用可以提供相关的洞见——关于他们曾运用过的方法以及他们可能生产的知识类型的特点。这将包括考虑研究参与者在具体的田野调查情境和场景中如何理解视觉方法、影像和技术，并衡量视觉方法如何适应具体的项目。在某些情况下，视觉方法并不合适，但重要的是不能先入为主地预设在特定情况下通过视觉研究方法可能获得什么。有时，视觉方法并不支持研究项目的目标。举例来说，哈斯特普（Hastrup 1992）所描述的她尝试作为女性民族志学者在冰岛拍摄一个全雄性的羊类市场时的情形就很能说明问题。尽管这是一个较早的例子，但是它仍然与之相关。哈斯特普描述了她在拍摄中经历的困难和不适，但是她最后注意到，在完成这一任务后，她有一种“自己曾经去过那儿，能够记录这一不同寻常的事儿”的满足感（1992: 9）。然而，她的影像方法不适合她希望记录的信息类型，她写下了照片打印出来时的失望之情：“……它们无可救药。失焦、曝光不足，只拍到了男人和公羊毫无意义的后背”（1992: 9）。她还强调了拍照的经历与结果之间的落差：“我拍照片时想象的是，要做一个近似秘密仪式的色情性记录。但照片根本没有显示出这种信息，只有我自己的局限性，这来自我对两性界限的禁忌”（1992: 9）。哈斯特普对她用视觉研究方法的结果的预期和实际不相符。她预想她的照片可以作为事件的民族志证据，“一个秘密仪式的记录”。她概括她失败的原因是“图片作为民族志‘证据’的价值有限”，研究对象的“秘密”只能用文字说出来（1992: 9）。我在第 1 章强调，认为我们以民族志学者身份生产的图片就必定能作为所在所感的视觉记录或视觉证据，这种想法极有可能导致失望。所以，作为民族志“证据”，照片的价值有限，哈斯特普的理解可以成立。但是，我要引以为戒的是，我们不应把这理解为，只能用文字引发民族志或参与者的经验。在其他情境和运用中，照片和视频往往能启发更多的经验因素。在第 4、5 和 6 章中，我考察了一系列实例，其中民族志学者尝试通过运用照片和视频引出研究情境的经验中的情感因素。

视觉研究计划

上文的讨论让我们看到，即便我们非常了解我们将要工作的研究情境，也无法准确地预测视觉影像和技术以何种方式或在何种程度上得以运用。同样，关于视觉方法如何适应任何特定的民族志情境，符合伦理以及可视化，必须依照情境本身的情况，而不是仅仅根据外部的指南和标准，才能做出最好的判断。有时候，基于深度训练而制订的周密计划，一旦被拿到我们更熟悉的田野调查的当地或文化情境之时就需要修正。比如，最初提出研究西班牙南部的斗牛文化的计划时，我已经接受过制作民族志纪录片的训练，我以为我会密集地使用视频。然而，1990 年代初我作为民族志学者到西班牙开始工作时，发现当地的斗牛迷们只是偶尔用录像机。相反，照片才是斗牛知识和表达的主要来源，对我来说作为一个摄影师比作为录像师更方便参与当地事件。有些斗牛迷也是作为业余摄影师参与到他们的斗牛文化之中，我在生产影像的同时正好与他们共享同一活动，这引起了他们的兴趣。当时，摄影符合项目的要求，并且为我提供了一个视觉民族志学者的角色。现在回想起来，我确定的这条路径，令视频录像既能支持研究，又能融入当地斗牛文化，还能满足我的被研究者的兴趣。不过，我的重点是，这些见解都是基于我对那个环境从民族志角度进行的深入认识，在那之前我对此一无所知。这些洞察虽然可以作为未来研究计划的基础，但是需要结合当时当地实践的变化以及视觉与数字技术发展而重新审定。在第 6 章，我大致勾勒出如果这项研究在当前，在 20 年后的这一数字化视觉环境下，会有什么不同的发展和计划。

通常，拥有在特定文化和社会中的工作经验的民族志学者，对他们计划研究的人群的视觉和技术文化已经有了某种了解。这

54

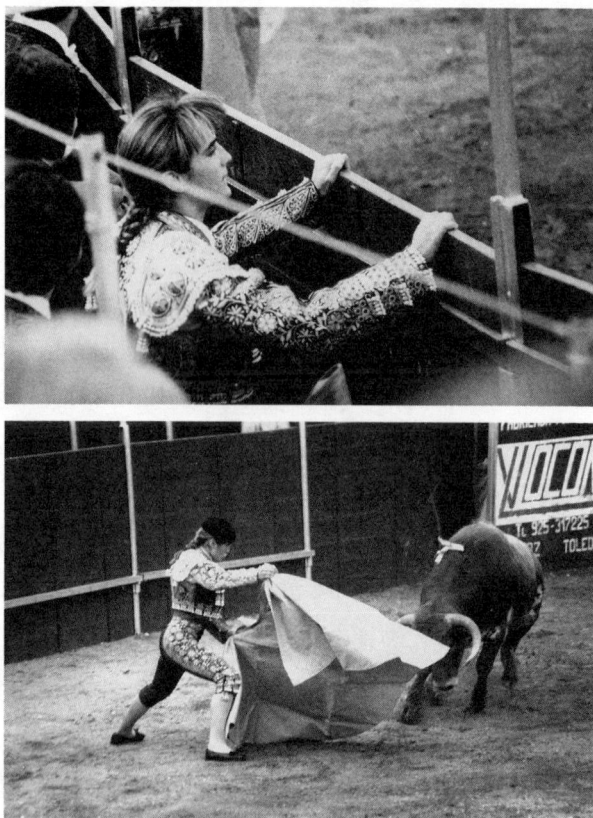

女斗牛士克里斯蒂娜·桑切斯（Cristina Sanchez）在表演。© Sarah Pink 1993

图 3.1　在西班牙研究性别与斗牛时，我所扮演的角色之一是业余斗牛摄影师。我的照片主要是黑白冲印，使用的是固定镜头，这为我提供了融入当地斗牛狂热者那一历史时刻的活动的方法。不过，研究技术和当地的实践已经发生了转变。到了 2013 年，我做类似的田野调查时，就不能想当然地以为一模一样的方法还适用。我需要评估业余的斗牛狂热者目前使用数字摄影及其影响他们实践的程度。

种了解有助于我们思考他们的照片／视频研究实践如何联系当地的实践而展开，并预知我们如何通过自己与当地的视觉实践之间的重叠而获得知识。这类背景知识使得展示研究提案变得相对容易些，因为提案要求十分精确地掌握视觉技术与影像将如何被运用及结果如何。这需要对类似的前期研究的观点做短期的初步调查，或在图书馆和博物馆馆藏、民族志电影、互联网中检索视觉文化内容。在此过程中，在线调查将是收集当地数字和实体材料的起点。因此，开始视觉民族志的第一步就是对视觉文化传统作文献综述。研究的第一阶段就是探索网站、博客、网络论坛，以及视频和摄影分享平台，总之，就是所有某个研究领域的视觉文化元素可能出现的地方。这一阶段还可能涉及通过社交网络或电子邮件讨论相关问题，联系网站、在线档案馆、博客、摄影或视频的作者和所有者。互联网是当代民族志众多田野调查的场所之一，视觉民族志学者总会不由自主地在线上或线下的社会和物质世界之间转换或同时参与其中，这是民族志研究过程的一个环节。在这个意义上，参与民族志当地的网络结构为研究项目提供了一个合适的起点，尤其是在研究者不能长久驻扎或毗邻的地方。

　　在进行田野调查之前所考察的文献、数据及其他视觉文本，以及其他民族志学者在某一具体环境中运用视觉和数字影像技术的成功案例，能够预示在特定的社会、文化和实践情境中利用视觉方法的潜力。上述预备工作再结合对民族志视觉和数字实践与话语的所谓猜测，可以成为某个研究计划项目的基础。然而，无论是研究者自己的准备还是其他民族志学者的描述都无法预测在新的项目中一种视觉方法将如何被开展。正如只有在实践中我们才能真正学会民族志，视觉和数字影像及技术在民族志中的使用也需要以实践为基础。此外，随着项目的推进，对摄影或视频的全新使用或许要被用于探索和表现出乎意料的新问题。实际

55

上，某些最发人深省和令人兴奋的视觉研究的实例都是在田野调查中意外发现的。一个很好的例子是吉玛·奥洛毕塔格 (Gemma Orobitg) 对委内瑞拉的普姆 (Pumé) 印第安人的研究。奥洛毕塔格写道："在我最初的田野调查设计中……我并没有想过要用一台摄影机。这个机缘巧合，让我初尝甜头，从而在方法论上证明了视觉技术在人类学研究中以及对人类学分析的价值"(2004: 31)。当时，奥洛毕塔格应邀为几位纪录片制作者拍照，这些人想在当地拍一部纪录片，需要一些照片支持他们的申请。然而，从她把这些照片展示给普姆项目的同事看那一刻起，影像就已经在某些关键方面预示了她本人后来的研究：作为一本视觉笔记本，作为与普姆人交流的一种方法，作为重构普姆生活想象空间的一种媒介 (Orobitg 2004: 3)。在第 4、5 和 6 章，我讨论了一系列案例，它们将会提供更多观念和灵感，或许会启发民族志学者开发自己的风格。奥洛毕塔格的例子最重要的意义是，在整个研究过程中对新的可能性保持开放的心态。

为研究课题选择技术

与我在上文讨论的影像一样，技术本身没有任何意义或作用，除非适合新的目的和给定的意义，并且由不同个体在不同环境中以不同的方式成为日常生活的一部分。同样，通常我们无法提前知道我们的摄影机、计算机或定位媒体技术在研究环境中将如何被赋予意义，这些意义如何扩展成研究参与者定义我们的方式。另外，我们对技术的选择（范围可能在数字或模拟摄影机、半专业录像机、最便宜的功能机或智能手机之间）受到多种因素左右，包括技术、资金、能源供给和个人品位等。

不论如何，我们使用的设备将会成为我们的田野调查和学术身份的一部分。我们用于实施和呈现民族志调查的摄影机、笔记本电脑、台式机、手机的品牌和模式，在两种文化中都被赋予了意义。它们决定了我们与研究参与者们在技术上将采取什么对话模式，也影响了在视觉项目中我们与他们分享影像和合作的方式。我们的技术确立了我们在田野调查环境中的位置，既是指我们的身份，也是指它们的软件和硬件能允许我们进入的分享、合作或共创的实践活动。有些研究参与者可能对数字媒体、摄影或视频有共同的兴趣，甚至可能比民族志学者掌握的计算机使用能力和视频处理技术水平更高。比如，在西班牙，我的业余斗牛士摄影兴趣就有几个当地的同好。我们可以讨论斗牛摄影的技术和美学问题。在1990年代初，我们讨论的问题包括：最好的同步模拟影片的速度、长焦镜头和斗牛场最好的摄影位置等。在1999年和2000年的英国与西班牙的视频访谈项目中，受访者只不过把我们的单机数字摄像机当成最新的视频技术，在它面前表现得非常放松。与单一的田野调查日志写作相比，照片和视频制作能给受访者呈现更多可见的、容易理解的活动，也可能更贴近他们自身的经验。照片、录像带、DVD或数字档案本身，在参与者之间、研究者与参与者之间，以及研究者与他们家里的亲友之间，成为分享、交换的商品和协商的场所。参与者有可能想用我们的摄像机或计算机创作或研究事物的影像，他们想把这些东西展示给我们。在当代环境中，最可能的还是由民族志学者处理数字影像。不过，正如我所强调的，重要的是，我们要认识到在我们生活的世界中，数字摄影伴随着照片拷贝、冲印及其他技术在类似的实践活动和物质世界处处可见。以我自己的慢城市研究经验来说，研究参与者综合使用了数字档案、数字投影、照片翻拍和同一事件的历史图片展（Pink 2011e）。然而，不出意料的是，如果不考虑作为学者的我们经常在网络上工作，并使用数字录像机和档案，我们许

57

多人很有可能会至少有一张冲洗出来的装在相框里的照片放在他或她的桌子上，我们也会打印出我们的文字和照片以及描述影印的信息和电子邮件附件。这些行为混合了我们日常生活的新旧两个部分，不过，这些混合物及其进入不同环境的方式意味着，作为民族志学者，我们需要意识到，我们使用的技术同样让我们的研究参与者能够建构我们的身份，进而影响我们的关系网和经验。

所以，在选择技术和申请资助时，我们不要忘记，通过基金获得的摄影机和计算机硬件、软件将会成为研究环境的一部分，以及民族志身份的构成元素。它会成为我们加入的社会关系的一部分，以及参与者联系我们的方式的一部分。它可能成为交流、写作和同好的话题。在第 6 章，我将深入讨论戈麦兹·克鲁斯对他所谓"网络相册文化"（Flickr[1] culture）的民族志研究。这是一个精彩的案例，展示了一个民族志学者自身的技术、视觉实践如何成为他 / 她所研究的环境的一部分。从戈麦兹·克鲁斯本人的经验和他进行田野调查的摄影俱乐部其他成员的经历可以看出，摄影技术在社会关系和技术关系中非常重要（参见 Gómez Cruz 2011:204-7）。不过，在其他情况下，技术的便捷性是最重要的考量，或者使用尺寸、设计或品牌不那么显眼的摄像机或其他技术会更合适。在某些案例中，为了获得表现民族志学术视角的影像，不得不放弃图片质量。譬如，某个民族志学者与参与者之间建立关系的方式，有时候受限于专业的灯光和音效设备的使用；某些情况下，在同一环境工作的民族志学者可能只用了一个小型的手持摄像机或固定摄像头。影像画面或许又黑又暗，声音含糊不清，但是它们唤起的民族志知识，可能对研究课题更有用处。一个好的例子是用数字录像机在室内进行研究。室内通常不具备为民族志摄影而设计的光线。参与者的影像往往因为从大窗子透进来的

---

1 Flickr是雅虎旗下的摄影分享网站。——译者注

太阳光线而产生背光，室内的某些角落要比另一些角落更暗。这些问题可以通过请参与者配合光线变化来解决。但是，为这种研究携带附加光源可能就不太合适。因为研究意在按照参与者实际布置的样子，而非为了拍摄纪录片而打光的样子，来理解这间居室。

与视觉技术使用的社会与文化意义同时出现的还有操作和技术问题。例如，摄像机和其他设备怎么充电和运输？（哪儿有电源？可用什么类型的资源？）能使用什么后期制作资源？最后，能用什么向参与者展示图片？如果需要与团队分享图片，是用大屏幕、监视器还是幻灯片？研究参与者是否有自己的电脑，从而可以将视频和照片与他们在线分享，或者储存在 DVD 或记忆卡里？研究者是否需要一台小型笔记本电脑便于给参与者展示照片？需要用到台式电脑吗？又或者项目中的大部分工作只需要用到一部智能手机？在购置设备时一定要跟进技术的发展，以及田野调查后期制作工作的要求。在何地剪辑？如何剪辑？是否需要额外的电脑硬件、软件或专业人员？可用的技术和需要的技术可能在一年左右就会改变。例如，在 1990 年的视频民族志研究中，我还需要请熟练的计算机工作者帮我把视频片段保存到 CD 中。到了 2006 年，我自己就可以用我的家庭数字录像机和台式机支持的软件进行储存。如果要使用附加装置、高级视频剪辑软件和额外的剪辑设备，将会极大地增加成本。重要的是，要寻找最新型的专业设备和利用成本合理的设施、装备以及可能需要的技术训练。

伦理与民族志研究

对民族志研究和呈现的伦理影响的考量应该贯穿所有研究项目始终。大多数研究方法指南和课程都会设置专章讨论伦理问题。过去，这些内容通常会涵盖一套标准的议题，如知情同意、隐蔽研究、保密条款、对合作者的伤害、剥削和"回馈"、研究数据的所有权，以及对合作者的保护措施。在本章后半部分，我将对这些毋庸置疑的议题进行评判式的着重论述。民族志研究的伦理不仅仅是指民族志学者的伦理操守。确切地说，它要求民族志学者对它们研究的伦理环境形成一种理解，一条通向他们自己伦理信念的反身性路径，并批判性地看待认为某种道德伦理规范在等级上高于所有其他伦理规范这一成见。因为伦理是内嵌于民族志工作的具体研究环境之中的，就像使用哪种视觉研究方法要在研究中做出抉择，研究者也只有在真正做民族志时才能做出伦理选择。

在实践中，伦理伴随着民族志学者、合作者 / 参与者、其他专家、资助人、监管人、政府、媒体和其他机构之间的权力关系（参见 Ellen 1984: 134）。研究课题的具体伦理规范来自不同学科的研究者，他们中的每一个人都需要在学科的发展中与其他团体相关联。在民族志实践环境中，伦理最终是由个体的民族志学者与其他机构的关系来决定的。即便如此，这一决定的做出需要参考个人和专业的伦理行为规范，以及其他派别或其他因素的意向。因此，伦理的形式非常复杂（参见 Clarks 2012）。我在此并不打算提供伦理操守的指导，考虑到视觉民族志实践中运用的多个学科与交叉学科，这个任务太过复杂。相较于为一个具体的项目去设计伦理规范，民族志学者应该参考一系列相应的资源，包括他们觉得最相关的专业学科的伦理规范，并且，如果他们的研究跨越学科界限，还需要参考其他相关学科的伦理规范。目前，大部分专业机构都在线存储他们的伦理规范及其他规章制度。在英国，社会人类学协会（Association of Social Anthropologists, ASA）和英国社会学协会（British Sociological Association, BSA）会提供重要的文件。伦理还与学术规范的认识论价值密切相关——这些都可以通过理论和方法论提前预知。实际上，在这种环境下，伦理本身就能变成一种哲学论争（参见，例如 Rapport 1997a）。此外，目前，学术研究者的伦理实践通常要接受所在机构设立的伦理委员会的审查。这也是研究基金会及其他研究组织要考虑的一个因素。民族志研究的个人因素、研究者的价值观和哲学信念、他或她的现实观极大地影响着他或她的研究和呈现中的伦理实践。因此，即便这些组织和机构为常见的伦理问题提供了应对的框架、指南，甚至实际程序，民族志学者仍有责任确保研究的开展符合伦理要求并随机应变。

　　作为民族志学者，在将计划提交给别人审查之前，我们必须权衡计划中的研究行为和呈现所带来的伦理影响和可能的问题。同样，我们将不由自主地应对与研究参与者相关的伦理问题、研究的伦理，以及 / 或者对它们做出价值判断。实际上，这可能还包括预计其他人在我们后续的呈现中会怎样评价他们的行为。在某些情况下，指导民族志学者的伦理可能在于以批评的眼光讨论他们研究的人群的伦理，或在他们之上的个人或机构的伦理。彼得·佩尔斯（Peter Pels）指出，对民族志学者来说，在当今世界：

> 　　全球化运动促生了一种境遇，在其中，民族志伦理不再仅仅根据研究与被研究的二分法来思考。民族志被径直地置于一个由政府、跨文化冲突和全球化运动构成的极为复杂的领域之中。（Pels 1996: 8）

　　研究者在田野调查中所遭遇的伦理问题不止牵涉民族志学者和参与者。因此，在某种意义上，我们的研究在任何具体的田野

60

调查环境下都必须是具备伦理视野的民族志。在视觉民族志的情境中，这还包括形成一种对伦理考量因素的理解，这些伦理考量因素将为参与我们研究的人自己拍照、展示及分享图片提供重要而实用的指导方针。其他一系列部门和机构都有可能形塑民族志学者和研究参与者的伦理行为，要么通过强制实行他们自己的方针，要么在民族志研究中对呈现的安全性加以威胁。这意味着，民族志学者还需要因地制宜，理解多元化价值在任何民族志情境下如何运行，与之相关联的伦理规范在与其他规范的关系中如何被理解和执行？我们需要问自己在何处去结合其他伦理规范和实践。

视觉研究方法与伦理民族志

近年来，围绕着视觉研究的伦理问题引发了多方争论和探究，其中许多讨论涉及视觉民族志的伦理问题。这一部分将讨论在民族志研究中与伦理实践和视觉影像使用相关的一系列问题。不过，我首先要做一个声明，我并不是建议或支持一个民族志学者在特定情形下"应该"做什么。另外，我再次强调，做伦理决定应该联系具体课题的情境，联系专业机构的宗旨，并参照研究者项目所属机构的伦理委员会。研究者还需要考虑线上线下制作和使用影像的法律问题，对此，我也无法提供建议。这个问题应该结合国际和本土情境进行思考和确定，还需要结合网络图片的使用规范。不过，对视觉伦理日益增长的兴趣使得它本身成为方法论讨论和争议的话题。琼·普罗塞（Jon Prosser）、安德烈·克拉克（Andrew Clark）和鲁斯·维尔斯（Ruse Wiles）及其他专家（例如，Prosser et al. 2008；Wiles et al. 2011，2012）关于这一论题的著作引人瞩目，他们提供了一系列极富洞见的评论和争论，探讨了视觉

伦理如何被理解和执行。其中别具一格的是克拉克（Clark 2012）
讨论的情境伦理（situated ethics）观念，克劳迪娅·米切尔（Claudia
Mitchell）在她的《学做视觉研究》（Mitchell 2011）一书中所作的关
于参与式视觉研究伦理的综合讨论，以及杰瑞米·罗尔斯（Jeremy
Rowes）关于视觉研究的法律问题的探讨（Rowes 2011）。我所思考
的是，在民族志实践中因视觉方法使用而产生的一系列特殊的伦
理问题。我的目标是提醒读者注意这些问题，以及提供恰当的例
子来说明它们在具体的情境中如何出现。

我对现有文献的总结，加上我在第 1 章所确立的对视像
（vision）与现实的关系的理解，可以作为这一问题的拓展。上述
内容都强调视觉意义因人而异，取决于民族志学者工作的不同情
境，以及其他主体，如学院、研究合作单位、专家、赞助人、监
管人、政府、媒体及其他机构阐释"民族志"影像的不同方式。然而，
即便我们非常清楚照片的意义是人造自然，民族志影像还是被其
他观看者当成"真实的记录"或"证据"。这意味着我们需要注意，
运用视觉的不同途径及同一影像被赋予不同意义可能与我们的研
究和呈现领域中的意义相符或相悖。

下面，我将批判性地回顾现有关于民族志伦理方法论及其解
决方法中约定俗成的问题，探讨它们对视觉影像运用的影响。

隐蔽研究与知情同意的问题

隐蔽研究，作为一种科学求实手段，被认为能够帮助民族志
学者更好地观察客观现实。于是，照此观念，就产生了通过隐蔽
摄像头得到并被秘密使用的照片和视频记录或在人们不知情的情
况下，允许研究者生产某种客观现实的影像，从而更少地受他们
自身主观性和研究参与者自我意图的"扭曲"（参见 Banks 2001：

120-1）。我在第 2 章提到过，不可能真正得到这种客观性，用这种范例为隐蔽照片和录像辩护是欲盖弥彰。当然，这并不是说隐蔽记录拍不到独一无二的视觉记录，而是说隐蔽拍摄在视觉民族志中会带来更深层的问题，这是因为，如果我们将视觉民族志当作一种需要研究者和参与者合作的实践，就难以鉴别这些材料对一个视觉民族志学者而言有什么潜在意义。尽管有人会说，并非所有隐蔽研究都违背伦理（参见，例如 Hammersley and Atkinson 1995：263-8），但任何类型的隐蔽研究都必须慎重处理伦理问题，做任何决定都应该因地制宜。在我看来，将隐蔽研究恰如其分地作为视觉研究项目的一部分极其困难。

我在第 4、5 和 6 章中提出，运用照片、视频和网络进行民族志研究，应该重视研究者与参与者的合作（这也是班克斯进行视觉研究的基础，参见 Banks 2011）。隐蔽研究暗示着研究者秘密地录制和拍摄人们的活动而不是与之合作，比如，在拍摄中使用隐蔽摄像头或假借其他角色作掩护而不是以研究者的身份。相反，合作方式则假设研究者与参与者是自觉合作生产视觉影像，以及通过技术手段和讨论形成某种观念并达成共识。不过，这并不意味着我们就可以完全忽视隐蔽影像的议题。比如，在某些情形下，隐蔽影像的制作会不自觉地成为合作的一部分。例如，研究参与者拍摄某一事件向民族志学者表达她或他的"视角"，而被拍摄的对象并未发觉其被拍摄，或至少不知道他们会成为研究项目的一部分。

公开与隐蔽研究之间的区别在我们考量其与知情同意的关系时变得更加复杂。知情同意的观念本身不能一概而论。首先，在跨文化研究中，或在同一文化或国家背景中的不同环境里，知情同意会有不同的形式，涉及不同的个体和关系，有着不同的意义。其次，人们可能只是有参与的热心却并不理解民族志学者的研究目标以及拍摄或录制某些行为的原因。实际上，即使由民族志学者和参与者共同承担研究，在他们对项目与项目所生产的影像的理解或意图之间，极有可能会存在差异。在这种情况下，知情同意能得到何种程度的理解或许将会不同。因此，在视觉民族志中，参与者的知情同意绝不只是签订一纸同意书这么简单的步骤，而是需要进一步详细解释和协商，还可能需要在项目进程的后期保持一贯的标准进行重访。

伤害，呈现与出版许可

　　民族志研究当然不会像贩毒那样造成伤害，但它会导致情绪紧张或焦虑（Hammersley and Atkinson 1995：268）。不同情境或文化中的个体在参与研究时对焦虑或压力感受，在任何民族志项目中都十分重要。不过，相较于开一个固定的处方预防参与者在视觉研究中受到伤害，我更愿意揭示一条思考怎样理解和体验在不同民族志情境中所形成的焦虑和伤害的路径。预防参与者受伤的一般方法或许不适用于当时当地。首先，对影像会造成伤害的理解以及如何造成伤害，存在文化上的差异。因此，为避免造成伤害，研究者需要对当地人如何认识伤害和焦虑有透彻的了解，这些伤害和焦虑如何被不同的人体验，以及在具体情境中如何将之与影像联系起来。其次，人们会受研究过程干扰这一认识通常基于这一假设，即研究者是在对他们做研究。在这种情况下，研究者应该掌握研究情况，还应该对参与者的潜在伤害负责。如果这一研究要求对参与者的安危负责，那么研究者就应该敏锐地感受到与其共事的个体的视觉文化和经验。举例来说，民族志学者需要判断或询问（如果可行），为什么在访谈或讨论中有些人会觉得展示给他们的特定照片冒犯了他们，令他们烦心或难过，又或者拍摄

63

或录像的对象是本人时，他们为什么会感受到压力。

不过，焦虑和伤害或许可以通过合作式视觉研究加以限制甚至避免。这会涉及一定程度的共同所有权，或至少共同控制视觉材料的使用，研究者与参与者就使用和生产什么影像，以及如何使用和生产等问题，进行持续地咨询和重新协商。在这一方案中，研究者和参与者会一起讨论视觉材料的生产、内容及其后续使用问题并达成共识。

研究著作的出版也会遇到新问题。有时，研究者在生产影像时就已对此有所考虑，尤其是如果摄影师的计划是制作纪录片或摄影展。在这种情况下，研究者有可能从一开始就将意图明确地告知影像的主体。有些民族志电影的制作者会要求他们电影的主体签署知情同意书（参见 Barbash and Taylor 1997；Banks 2001：131-2；Marvin 2005）。如果事先不这么做，就会出现涉及影像所有权和知情权等伦理和法律问题。不过，即便人们同意被拍摄或录像，你也无法预见，当影像在公共屏幕、纪录片、网络、画廊展示时，他们会有何感受。这就会出现我在上文提到的关于分段知情同意的一系列问题，也就是说，知情同意要在研究的不同阶段重新协商，以确保参与者完全知情。民族志研究往往涉及将人们生活的隐私公开，所以，只有跟上述同一批人讨论（如果他们愿意的话）怎样公开影像才合适。

知情同意的问题只不过是研究伦理的一个方面。对个人或机构的伤害同样需要重视。对摄影和录像来说，这一点尤其重要。因为它往往无法保证人物和地点的匿名性。有些照片或视频镜头可能不能进入最后的成果发表阶段，对此民族志学者不得不做出取舍。这要求学者慎重斟酌参与者的许可和知情程度，考虑这些材料对他人和机构可能造成的伤害等相关伦理问题。公开某些摄影和录像或许会损害个人名誉，他们可能不愿意公开展示他们个人立场的身份特征。人们在一种场合表达的某种态度可能在另一场合就不会如此表达，在视频访谈的亲密假象中，参与者可能会做出在其他地方不会做出的某些评论，有时参与者已经同意材料可用于公开发表，反而轮到民族志学者来决定是否发表。

从"回馈"到授权与合作

一般来说，民族志学者会从与研究参与者的互动中获取个人利益，如通过本科、硕士或博士论文，为项目做咨询或出版一本著作以助推他们的事业。与之相反，参与者并不能通过参与研究而获得相同的利益。关于这一伦理问题，大多数的争论聚焦于民族志学者怎样"回馈"，参与者如何通过参与项目而得到授权，或者研究应该针对强者而不是弱者（Hammersley and Atkinson 1995：274-5）。所有回答都不能令人满意地解决研究的剥削本质（Atkinson 1995）。

"回馈"的观念暗示了民族志学者攫取了某些东西（通常是数据）然后把别的东西作为礼物给那些向他或她提供信息的人。与 65 其说这种方法降低了研究的剥削性，不如说这只是用"回馈"对剥削性做出补偿。讽刺的是，这对民族志学者或许还有好处，他们会感到伦理宽慰，而参与者则会困惑，他们为什么会得到所谓的"回馈"，以及他们到底用什么换得了这种"回馈"。在某些研究中，参与者可以因为付出时间参加项目而获得酬劳，这种项目一般有商业赞助或有商业目的，这种做法似乎是正当的交易，它也确实比较清楚参与者要参与什么，以及给他们什么补偿。然而，在大量的民族志研究中，参与者的投入难以用时间来衡量，这依靠的是善意、对项目的兴趣和双方信任的发展。

研究者与参与者的关系常常被定义为不平等关系，即研究者单方面获利。与其补偿不平等，不如从一开始就限制剥削，如果将民族志当成与参与者协商和合作的过程——通过研究项目，参与者也能达到自己的目的——而不是当成从他们那里获取信息的行为，伦理议题就会发生转变。通过重视合作和共同创造，研究者和参与者将共享能动性。相对于研究者作为主动方，获得数据并用其他东西作为回馈，在合作模式下，研究者和参与者双方都投入项目并从中获利。历史上以及最近的视频和照片运用项目揭示出，媒介如何被用于发展非常成功的合作关系。在有些研究中，

66

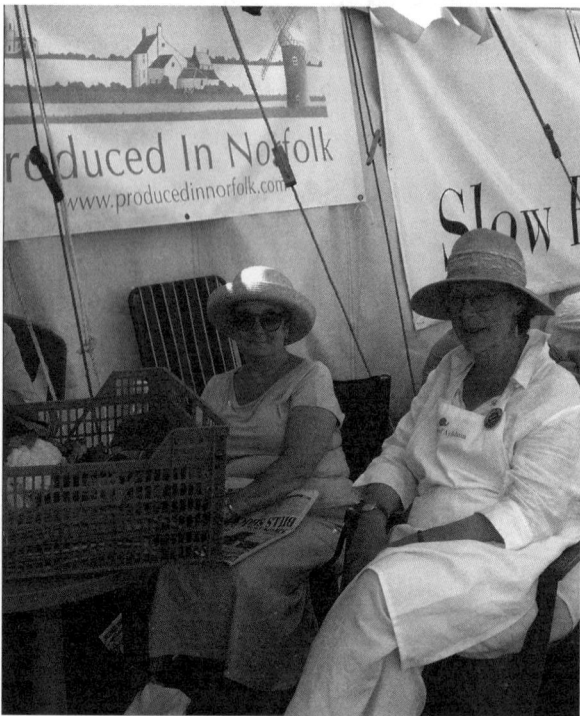

© Sarah Pink 2005

图 3.2 作为我在诺福克（Norfolk）的艾尔舍姆（Aylsham）的研究的一部分，我向当地正在发展"慢食"和"慢活"项目的人提供我自己拍摄的相关照片。2005年，这个镇子在国际 LivCom 大奖赛中进入决赛并获得银奖，为了准备这一赛事，我发给他们一组照片和视频片段，展示了小镇上从嘉年华到地区农业表演等多个场景，用于充实在西班牙赛场的展示内容。

视频和照片为参与者提供力量，有助于挑战侵犯他们和民族志生活的权力结构。例如，仍是在 20 世纪，巴尔内斯、泰勒 – 布朗和维纳 (Barnes, Taylor-Brown and Weiner 1997) 组织了一个研究项目，一组 HIV 阳性的妇女与研究者合作录制了一段给他们的孩子传达消息的视频。录像的运用让这些妇女可以在视频中表现自己，并在未来可以被放映出来。与此同时，合作协议也允许研究者将这些录像带用作研究材料。我在《视觉干预》一书中还探讨了许多其他的合作项目 (Pink 2007a)。

　　由此可见，"回馈"的概念往往是基于把民族志当作"肇事逃逸"的行为：研究者在田野待上几个月做实践，回家前收集材料，回家后将材料写出来。民族志学者一离开田野调查地就不见踪影，杳无音信，（在海外研究中）留下一堆特产和其他装不进行李箱的东西。对绝大多数参与者来说，研究笔记和文件既无趣又无用，研究者却一厢情愿地认为这些是私人记录。然而，视频和照片会让以他们为对象并参与制作的人感兴趣。如果民族志学者遵循"回馈"原则，那么给参与者们一份他们看重的个人和活动的录像带和照片，是对他们在田野调查中提供帮助的恰当回报。不过，以合作的方式获取民族志影像能更多地弥补参与者与研究者之间不可避免的不平等。例如，贝特·恩格尔布雷希特 (Beate Engelbrecht) 在 1990 年代对合作摄制民族志电影的讨论，其中显示了视觉作品何以能成为一件受访者和民族志学者共同投资的产品。恩格尔布雷希特 (Engelbrecht 1996) 描述了许多电影制作项目，在拍摄和剪辑中都包含了当地人的合作。在某些案例中，人们希望记录他们的传统节庆或风俗，他们很乐意与电影制作人合作以达到这一目的。有的人则兑现电影的经济潜力。比如，恩格尔布雷希特注意到，参与她的电影《制铜》的工匠在影片中表现得十分活跃，他"也在思考电影作为 [铜器] 营销手段的潜力"

67

68

本图片首次出版于 Pink and Leder Mackley (2012) in *Sociological Research On-line*
图 3.3　罗兹（Rhodes）与克斯廷（Kerstin）在 2011 年 7 月重访她的游览视频 ©
LEEDR, Loughborough University, 2011

　　作为低努力减少能源需求项目的一部分，我们向参与者提供与他们合作制作的游览视频并在后续的会面中进行讨论。在这次会面中，我们确认他们非常愿意保留这些记录的副本，并征得他们的知情同意，同意在学术报告、会议或出版物中展示全部记录。不过，在其他案例中，我们还是基于持续性原则征得知情同意，给予他们在项目进行过程中选择退出的机会。

（Engelbrecht 1996：167）。在这一案例中，电影的主体有了自己的议题，能够利用影片拍摄到达他们自己的目标："双方达成协议，将影片的一份拷贝给当地博物馆，展示目前村里最好的制铜工艺，用作观光指南"（1996：167）。

　　"回馈"观念的另一个更深层的问题在于，它没有考虑到，当我们做民族志研究时，我们的自传式叙述与研究叙述往往交织在一起。通常，在民族志田野调查工作中，日常生活与写作在民族志学者的生活和经验中无论是在空间上还是在时间上都无法分离。民族志研究并不是必须要研究者去某地，带走某些东西，然后理所当然地用"回馈"作为研究者与参与者邂逅的结局。相反，民族志研究过程通常会成为或可能变成研究者日常交际活动的一部分。在民族志学者和参与者之间，可能会有信息、实物或在线交流的持续发展。这或许包括影像、观点、电子档案、表情符号、情感上和实际上的交流和支持，每一种都有不同的价值。

研究材料的所有权

在某些情况下，视觉研究材料是由不同部门联合所有的，如果是大项目的话，这些材料的所有权除了归属民族志学者，还会涉及其他研究者、参与者、基金会、后期制作中的相关个人或组织，以及其他机构和大学或组织。在这种情形下，重要的是，确保伦理审查、材料使用、成果发表都要做到上文强调的持续更新知情同意书，与项目相关的任何其他伦理问题和发表问题，都需要事先告知并达成一致。这一问题不仅涉及确立研究者之间分享材料的方法，也涉及参与者会希望如何使用共享材料的问题，还涉及如果视频或照片中出现不止一个参与者可能带来的影响。为了避免出现这类问题，明智的做法是，在制作视频和照片影像之前划清使用权和所有权。这种协议可能还需要结合上文讨论的持续协商知情同意书的可能性。在研究过程中，不可避免地要面临伦理抉择的压力，并可能影响制作出来的影像的类型。在与数字影像分享相关的情境中还会出现其他不确定性。

小　结

69

视觉民族志的准备工作，包括一整套学术的、实践的和理论的考量，在理想情况下，它们之间应该互相支持，建立一种可行的框架，根据它来规划和展开研究。不过，仍然有许多未知数和不确定性，有我们无法预料的事和目前仍未解答的问题。在现实中如何使用视觉技术和网络媒体的决定及随之出现的伦理问题，需要在民族志研究过程中随机应对。我们有时很难预先估计，因为预测都是根据视觉和数字技术已经是民族志情境的一部分这一前提而做出的。但是，未来的不可预知性正是视觉民族志的应有之意，随之而来的是探知其他不可见的和不可预见的事物的可能性。

有时，在研究过程中拍摄照片、摄录参与者或使用网络技术不符合伦理，因为这类方法不适合这种情境，或者因为它们不能成为通向所求知识的路径。但是，在后一种情况中，我们应该对出乎预料的知识保持开放。实际上，伦理规范和适用性为视觉民族志提出了诸多挑战，这些挑战不应被当成使用预定方法的障碍，而应被当成一次与参与者及其他人合作开拓既符合伦理又有适用性的研究方法的机会。

拓展阅读

Pink, S., Kürti, L. and Afonso, A. I. (eds) (2004) *Working Images*. London: Routledge.（这是一本视觉研究方法运用的个案论文集，尤其是开篇几章讲述了不同类型视觉研究项目是如何开展的。）

Wiles, R., Coffey, A., Robison, J. and Prosser, J. (2012) 'Ethical regulation and visual methods: making visual research impossible or developing good practice?', *Sociological Research Online*, 7(1)8.

Wiles, R., Clark, A. and Prosser, J. (2011) 'Visual research ethics at the crossroads', in E. Margolis and L. Pauwels (eds), *The SAGE Handbook of Visual Research Methods*. London: SAGE.

Rowe, J. (2011) 'Legal issues of using images in research', in E. Margolis and L. Pauwels (eds), *The SAGE Handbook of Visual Research Methods*. London: SAGE.

第2部分

生产知识

从事民族志田野调查是一种独特的个人经历。虽然从表面上看，不同的民族志学者可能使用相同的方法，但是我们在不同的情况下发展这些用途的方式往往意味着实际上它们以不同的方式出现，也许通过微妙的创新或更激进的变化。的确，从事民族志研究的过程本身可以被视为一个开拓方法和生产知识的过程。在第4、5和6章中，我选取自己和其他民族志学者运用照片、视频和互联网开展研究的经历，为反身性视觉民族志实践提供一些观念和可能性。

第4章和第5章分别论述了数字和网络媒体在当代民族志照片和视频实践中发挥的作用。然而，在这些章节中，我选取了使用模拟相机和数字相机开展视觉民族志实践的实例。我的目标是采用最好的实例来说明上述方法怎样运作，以及它们包含的民族志知识/认识。正如我们看到的，视觉民族志方法的数字和前数字技术的使用方式之间通常有连续性，我们经常会发现自己是在相同的情境下处理数字和印刷媒体的。在第6章中，我通过关注基于网络的数字视觉民族志而转向了更专门的数字媒体的研究。

这个新兴的情境是通过媒体人类学和网络研究中形成的理解而形成的，它再次强调了线上和线下、数字和物质的关系。

在民族志研究过程中，分析不一定是研究过程中与知识生产的其他要素完全分离的阶段。它可能持续发生在我们进行田野调查及介入研究参与者的不同时刻，或成为不同时刻的一部分。分析可能与第 4、5 和 6 章中描述的方法的发展和创新相结合，和 / 或融入其中。因此在第 7 章中，我会通过关注研究材料的组织和阐释继续讨论分析，探讨视觉材料和其他材料的关系并对其进行情境化，而不是为孤立的视觉材料分析提供指导。

72

4

民族志摄影

73　　民族志摄影有着悠久、丰富的历史。多年来，相机在不同方法论范式的支持下，几乎已经是几代民族志学者的研究"工具箱"的必备元素。在 19 世纪末和 20 世纪初，摄影被视为客观的记录工具，作为记录文化和物质差异的"科学"方法而不断发展（参见 Edwards 1992, 1997b）。早期人类学摄影研究的先驱有：英国的阿尔弗雷德·柯尔特·哈顿（Alfred Cort Haddon）、美国的弗朗茨·博厄斯（Franz Boas）、澳大利亚的鲍尔温·斯宾塞（Baldwin Spencer）和弗兰克·吉伦（Frank Gillen）（Jacknis 1984; Morphy 1996）。从 1915 年至 1918 年，布罗尼斯拉夫·马林诺夫斯基（Bronislaw Malinowski）把摄影作为他长期田野调查的一种方法（Young 1998），后来，在 20 世纪中叶，贝特森和米德（Bateson and Mead 1942）用摄影记录和描绘了巴厘岛文化（参见 Chaplin 1994: 207ff; Banks 2001）。1970 年代至 20 世纪末，摄影最初是为了适应民族志的科学现实主义方法的需要，这种立场后来受到反身性和批判性阵营的批判（参见 Edwards 1992），这两个阵营的观点成为现在大多数民族志实践的依据（也可参见爱德华 [Edwards 2011] 对人类学摄影史的批判性论述）。

在本章中，我以对摄影在民族志中地位的反思作为出发点。1980 年代和 1990 年代产生了丰富的摄影探索，我从这一阶段选取了一些实例，同时还选取了部分当代的数字实践。

民族志照片与作为摄影师的民族志学者

正如我在第 1 章中谈到的，任何视觉影像或视觉实践在本质上都不是先天的民族志，照片也是如此。在某种程度上，这种观点与爱德华的观点"人类学照片就是人类学家能从中获得有用、有意义的视觉信息的照片"（Edwards 1992: 13）一致。爱德华强调了观看者怎样主观地判断一张照片是否是人类学的，并指出了"决定人类学照片本质的不是诸如主题这些东西，而是观看者对照片所要传达的知识或'现实'的分类"（1992: 13）。同样，以视觉社会学、纪实摄影和摄影报道为例，贝克尔指出，照片类型的界定更多地取决于其被观看的情境，而不是任何一个（社会建构的）类别（Becker 1995: 5）。

因此，同一张照片可能会被用作不同的个人目的和民族志目的，甚至可能被赋予一些看似矛盾的意义。正如爱德华提到的，"材料可以属于人类学领域也可以不属于它，不因人类学目的而创作或不在民族志范畴内形成的照片也可能被用作人类学目的"（Edwards 1992: 13）。同样，有着特定民族志思想的研究者所拍摄的照片可能不会在"研究"中被使用，而会被参与者或其他人收藏，用作他们的个人目的（参见 Pink 1996）。例如，恩卡尼——我在西班牙南部做研究时认识的一个朋友，也是本次研究的参与者，我给她拍摄了一组摄影幻灯片，这些照片被复印成很多份，用于许多场合，有的是在她的个人相册和家庭相册中，有的是在我与其他当地人的讨论中，有的是在我的博士论文中（Pink 1996），有

的是在我的书中（Pink 1997a），有的是在会议论文中（Pink 1996），
有的是在我朋友的相册中。同样，我拍摄的女斗牛士克里斯蒂
娜·桑切斯的照片，题为"斗牛士的辫子"，是在一种"民族志照片"
的情境中被使用的，它成为我的著作《女人与斗牛》(1997a)的封
面。这张照片也获得了新闻摄影艺术奖，被用来向人们宣传科尔
多瓦的女斗牛士，并成为个人相册和参与者展示墙的一部分。因
此，在田野调查中，这张照片不只有一层含义，而是在每一个情
境中被赋予了新的含义，有了新的用途。在第 7 章中，我将阐述
这两张照片包含的多重含义如何成为我后续分析的基础，以及我
赋予它们的学术含义。虽然这些实例取自一个模拟摄影研究项目，
但是同样也适用于我们理解数字照片的含义。通常，参与者感兴
趣的是与自身爱好有关的活动，当研究项目恰巧是他们感兴趣的
活动时，照片就可以被共享。举例来说，以下内容摘自我在 2006
年英国慢城市研究期间的一次会议纪要：

> **休**：最好能有一些照片，尤其是烤肉和正在发生的
> 事情的数字照片，因为我们要为LivCom奖汇编一个演示
> 稿，有照片的话比较好。我要做的是以我们提出的应用
> 规划为基础，它提到了社区花园，我们提交应用规划的
> 时候，演示稿最好是全新的，我们可以说"这是社区花
> 园的人们"在整理自家花园或享受自家的空间或其他事
> 情，然后再继续。如果有数字照片就最好了，但是我也
> 可以把照片扫描，有的话我会很感谢你。
>
> **莎拉**：我采访主席时会拍一些照片，不会是活动
> 内容。
>
> **休**：是的，很好。

75

詹妮：很有用。

休：此刻的情况我刚刚有点弄清楚了。

这段特别的摘录也被引用在关于这个话题的另一篇稍长的文章里（Pink 2011e：92），它说明，就参与者的优先顺序来说，数字摄影和模拟摄影并不是泾渭分明的。因此，我们可以将研究档案和研究情境之间的照片互换和共享以作为材料和数字资料来进行思考。

在我对慢城市的研究中，照片的互换不仅是从研究者到参与者，因为我与一些慢城市项目的关系，也意味着我变成了"他们的研究者"，而他们变成了"我的参与者"，他们会向我寄送"项目"照片：冲洗的照片、数字照片的影印件，还有通过邮件发送的数字照片。有时是向我传达一些我没有参加的活动，或者告诉我最新发生的事情。例如，在慢城市研究期间，我发现，参与者经常保存项目活动和事件的详细摄影记录。他们给我寄送过几次，经常还包括我自己被拍摄进去的照片。从参与者的记忆或项目档案中进入我的民族志档案，这些照片的状态再次发生了改变。

如此看来，任何照片都可能在特定时间或特定原因下具有民族志价值、意义或含义。照片的意义是有条件的、主观的，取决于谁在观看、在什么时间观看。相同的照片在民族志过程的不同阶段可能会包含不同的或变化的意义，因为不同的观看者会在不同的时间、空间和文化背景下观看。爱德华的历史摄影作品（Edwards 1992, 1997b）证明了这一点。其论文集的撰稿人批判性地解构了理论、哲学和政治议程，它们揭示出产生和使用这些影像的人的意图。通过揭示这些照片的历史意义，作者把它们嵌入新的话语中，从而赋予了它们新的意义。这些影像被重新定位，代表了对产生它们的知识和科学环境以及信仰框架的批判。然而，

76

照片的含义可能会被重新定义，不仅仅是在历史维度上。如图 4.1
所示，反对斗牛或维护动物权利的活动分子对一系列斗牛照片赋
予的意义与斗牛狂热者是完全不同的。斗牛狂热者在观看女斗牛
士的表演照片时，会专注于斗牛士的技术和女性身体的细节。读
者们可能会审视这些照片，以引起他们的个人反应，探究这些照
片还能讲述什么不同的故事，以及如何将这些故事与我所提到的
动物权利活动分子和斗牛狂热者的两种截然不同的、占主导地位
的影像阐释进行比较。在当代情境下，有大量在线视觉材料可以
促进和颂扬斗牛，也存在那些谴责斗牛和反对斗牛的材料。在这
些材料中，我们可以清楚地看到，这类影像存在于双方的争论中。
然而，当我们作为民族志学者拍摄照片时，因为我们的工作超越
了视觉文化的比较研究，所以有另一个维度需要考虑，那就是我
们在其中的参与。然而，对我来说，幻灯片也是民族志照片。这
些照片是作为民族志田野调查的一部分而被拍摄的，在这次调查
中，我试图以一种方式记录一名女斗牛士的表现，以便之后与参
与者讨论，同时也作为我所研究的斗牛摄影艺术项目的一部分。

因此，从这个层面来说，照片的民族志价值是根据情境定义
的。照片受制于摄影师的主观意识，这种意识也与我们在民族志
研究中理解其意义的方式有关。同任何专业或非专业摄影师一样，
当民族志学者拍摄照片时，他们是根据对摄影的具体理解以及在
特定的社会关系和技术关系中进行的。此外，正如特伦斯·赖特
指出的，"任何使用相机或观看照片的人，很可能都会认同这种
或那种表征理论，尽管是在不知情的情况下"（Wright 1999：9）。
民族志摄影的反身性意味着研究者对引导自身民族志实践的理
论、与拍摄对象的关系，以及知会拍摄对象摄影方法的理论有清
晰的意识。

在民族志学者与摄影师合作而不是自己拍摄照片的项目中，

这一问题也同样存在，作品肯定也会反映摄影师自身的主观性。社会学家道恩·莱昂（Dawn Lyon）讨论了在英国查塔姆进行的一次建筑翻新工程，以及这一过程是如何在其视觉民族志中展开的。

图 4.1　这些照片是我在西班牙研究期间拍摄的，画面中是女斗牛士克里斯蒂娜·桑切斯在表演。在这组照片中，克里斯蒂娜被画面上的这头公牛困住了。她被抛到空中，又落到地上，然后站起来想要杀掉这头公牛。

但是，这组照片及其再现的表演状况可能会被不同的观看者赋予不同的含义。

根据我自己的研究，我至少可以确定三个不同的解释，分别来自支持女性表演者的斗牛狂热者、认为女性不能成为真正斗牛士的斗牛狂热者，以及反对斗牛的人。

不同的角度会使观看者对克里斯蒂娜被抛到空中的故事赋予不同的含义。一部分人可能会把这些照片当作显示克里斯蒂娜能够像一个男人一样重获其地位，并成功完成她的表演；一部分人可能会认为，这表明，女人不能像男人一样表演；另一部分人可能会把这些照片解释为公牛的胜利。

我们该如何解释呢？

支持女斗牛士的狂热者会认为，克里斯蒂娜的能力"证明"了她可以很好地完成与公牛的表演；反对女性斗牛士的人会把她被抛到空中当作她缺乏体力和技巧的象征；那些反对斗牛的人可能会把表演解释为斗牛士和公牛之间的"斗争"，并会对胜利方进行选择。对表演的阐释不同，得出的结论也会迥异，鉴于斗牛狂热者不会把它当作一次"战斗"，而是作为一场表演，因此公牛能"赢"的立场在这一组照片所讲述的斗牛中没有意义。

莱昂描述了她和视觉艺术家彼得·哈顿 (Peter Hatton) 如何形成了
她所说的"观看策略"(Lyon 2013: 25)。她说明了自己的策略是怎
样包含了"偶然关注"，这种偶然关注是"随意的，并不是尽力看
到所有的事情，而是潜心于感官和空间活动，把拍照作为这一过
程的一部分"，在拍摄时专注于拍摄工作本身 (2013: 26)。与之相
比，哈顿所践行的是第二个策略，莱昂将之描述为某种"稳定关
注"——"一个更加结构化的方法"和"一个在有边界和特定空
间中的有意行为，直视前方并注意正在发生什么，其所取得的结
果便是几组来自多个固定角度的照片"，这表现了作品对建筑的
影响 (2013: 26)。因此，关于建筑作品，这两种策略产生了不同
类型的影像和不同的认识方式。正如这个实例所示，反身性意识
是理解摄影观看方式如何与意向性和主观性相关联的关键。

形成反身性意识还应该考虑，民族志学者怎样在特定的文化
背景下扮演摄影师的角色，怎样设计特殊的照片，这些画面的后
面、上面和下面是什么，这些选择是如何与学科规范和机构的预
期，以及当地的视觉文化和人际关系的预期联系在一起的。在第
6 章中，我们将看到，这些情境和考量还包括使用软件的方法，
以及与网络平台和其他数字技术相关的权力关系，这些技术是研
究数字视觉民族志不可或缺的方法。下面，我将阐述摄影在民族
志中的现有用途。虽然我会区分不同的方法，但每个方法通常不
会独立使用，往往与其他方法并存和重叠。

开始：拍摄第一张照片

拍摄第一张照片的时间点会因项目的不同而不同。在某些情
境下，摄影可以帮助启动研究进程，并建立与参与者的关系；而
在其他情境下，摄影在几个月后开始更合适，或者直接将相机交

给参与者，让他们自己拍摄。这些决定可以根据上文论述的研究情境中摄影的含义做出，也可以通过与参与者讨论和协商有关伦理问题而做出。

可以用几个实例来说明摄影是如何启动和支持研究的。在早期阐述摄影研究方法的文章中，科利尔（Collier and Collier 1986）将相机描述为一个"开罐器"，认为它可以从两个方面促进与研究参与者的融洽关系。第一，扮演好摄影师的角色，有利于研究者在理想的位置观察他们需要研究的文化或群体。第二，将照片展示给参与者可以获得对影像和内容的反馈，同时建立与"社区"成员的联系。这可以为进一步的会面提供理由或原因，其中可能包括到社区成员家里拜访他们，并与他们建立联系。这样，民族志学者也可以将此种摄影实践作为与参与者交流自己和他们感兴趣的事物的方式。用带有优质取景器的数字相机拍摄第一批照片，以便能够向参与者展示影像，或者使用便携式打印机以加快这一过程，使参与者能够看到自身或对他们重要的事物和人在瞬间被拍摄的方式，并且如果他们对此感到自在的话，就能够产生信任和兴趣。

有时候，为了能够拍摄感兴趣的活动，民族志学者首先要使自己在当地成为被信任的拍摄人。同样，早期的一些文章仍然提供了很好的实例：夏克林（Shanklin 1979）在研究爱尔兰乡村时，将自己的角色描述为民族志学者／摄影师。她打算拍工作中的人们，以便在随后与被调查者讨论，但是从一开始她就发现这并不合适。后来，她通过观察家庭摄影中人们的照片了解到，拍摄儿童是一个合适的活动，能为家长提供有价值的影像："正如我必须学习一些关于社会互动模式的知识，才能成为我所研究的文化的一员一样，我也必须学习一些关于他们使用照片的知识，以便将我自己拍摄的照片融入我被分配的角色中"（Shanklin 1979: 143）。当她使

79

自己成为在当地社区里拍摄照片的人时，她发现自己可以通过拍摄劳作中的农民来推进研究进程，并按照原本的意图进行交谈。

在某些项目中，拍摄可能会先发生，并且可能是与当地人产生联系的一种手段。例如，施瓦兹（Schwartz 1992）的研究始于对其研究的沃科玛（Waucoma）小镇自然环境的拍摄。到达目的地后，她开始拍摄建筑物，既为了告知居民她的存在，也为了观察居民的日常活动。这为她与当地人互动提供了一个切入点——看到一个陌生人拍摄这个小镇，很多人会好奇地走近她，问她在做什么。当地人对施瓦兹的工作变得感兴趣，并支持她的工作，这个项目的摄影方面成为她与被调查者之间沟通的关键点。

在西班牙进行研究期间，我同有兴趣与我一起工作的人们一取得联系就开始了拍摄。在我研究斗牛文化的初期，摄影为我提供了一个恰当地融入当地的机会。作为一个在斗牛招待处和公众场合无人陪伴的女人，当时我仍然在学习语言，无法进行详细的交谈，我很感激自己拥有"摄影师"这个身份。我的拍摄被组织者批准了，而且参与者也没有异议，因为在任何这样的公共活动中，都会出现许多摄影记者。一旦我将招待处的照片打印出来，就会向主办方和参与研究的其他参与者展示。我们讨论这次活动和出席的人，人们经常希望得到某张照片的副本，通常是自己与某个特殊人物的合影，这样他们便可以分享给自己的朋友、同事或斗牛界的其他人。这样，我不仅可以获得作为摄影师而参与的活动的反馈，也可以了解斗牛专家、狂热者和爱好者之间的社会关系和联盟是如何被规划并建立的。通过研究事件中人们想要与之合影的对象，以及追踪人们索要的照片副本的聚集和分发，我得以获得上述信息。

在其他情境中，摄影可能以更正式的方式开始，并结合其他方法同时使用。例如，在慢城市研究中，我用音频记录的访谈方式（之后可以转录，并发送给他们以征得批准和做出修改）开始接触研究中最关键的参与者，之后，我通常会在访谈的地方，为每个参与者按照他们喜欢的方式拍摄一张肖像照（参见图7.1）。

正如这些实例所显示的，相机能以出人意料的方式将我们引入田野调查的情境中。摄影实践本身以及我们所采用的研究方法随着研究的发展而发展，并与我们所建立的关系交织在一起。

在环境中拍摄：从调查到游览

从20世纪中叶科利尔的摄影调查到当代的合作式游览法，拍摄我们所研究的物质物理环境一直是一种常见的视觉研究实践。

在早期作品中，摄影记录的创立是基于所拍摄的艺术品具有有限的、固定的象征意义这一前提。例如，科利尔提出了"文化库存"（cultural inventory）的概念，通过对家居的物质内容和布置系统的视觉摄影调查，我们可以了解这个家庭的经济水平、风格、装饰、活动、阶层的特点，待客和休闲之道（Collier and Collier 1986：47-50）。科利尔的方法提供了一种可以形象化地比较不同家庭甚至不同文化的具体物质方面的方式。然而，这样的摄影记录是有局限的，因为它们没有说明这些物品是如何被生活中的那些人所体验或变得有意义的。此后，这种摄影调查方法主要被视觉社会学家使用——例如，塞孔杜尔福（Secondulfo 1997）对家居物品的象征意义的研究，以及保韦尔斯（Pauwels 1996）对挪威跨国化学品公司的布鲁塞尔办公室物质环境的研究。保韦尔斯试图 81 通过访谈和对办公室生活的其他方面的分析，将他的视觉调查与之结合起来。这类现实主义的调查提供了有用的材料，可提供统计数据和背景知识，而且在某些情况下，如与其他数据相关，就足以证明使用这些资料的理由。

　　然而，将摄影调查与主观的合作方式相结合可以带来更多好处。例如，施瓦兹（1992）在北美沃科玛社区工作时，采用的就是这种合作方式。她既没有将调查照片定义为"客观的视觉文件"，也没有将之视为"真相摄影"。相反，它们"代表了一种观点"——是她对"沃科玛生活的初步判断"（Schwartz 1992：14）。她将自己拍摄的沃科玛物质环境的调查照片以及这个地方的老照片运用在与当地人的访谈中。她的阐释不是基于对照片内容的分析，而是"通过在民族志田野调查和被调查者的回答中所获得的深刻见解而形成的"。施瓦兹认为她的照片"会引起多重反应"。她"试图研究它们对社区不同成员的不同意义"（1992：14）。因此，她把对视觉照片意义的随机性的理解作为其研究方法中的一个关键因素。

　　因此，在这项研究中，传统意义上的摄影调查将物质环境因素与个人叙述和意义结合在一起。在我们居住或经过的环境中利用摄影的最新进展使我们能够更进一步。在第2章中，我引入了一个观念，即将影像制作理解为在运动中发生的事情。我们可以将摄影理解为一个移动的民族志方法，是我们身处这个世界中制作影像的一个过程，这个过程经常会有其他人相伴，他们是与我们有着相同目标的研究参与者。摄影状态发生在运动中的最明显的方式之一，是步行与拍摄相结合。这些方法丰富了摄影调查的概念，当我们穿过一个环境时，这一概念为我们提供了其他的方法来理解拍摄的过程和意义。例如，与人们一起步行、游览和摄影在我的慢城市研究中是很重要的，正如图4.2和图4.3所描述的。步行和摄影使我们能注意到人们体验环境并赋予环境意义的方式，在这个意义上，也能使我们关注空间的感官因素（参见Pink 2009）。在此，我偏离了拍摄环境的调查方法，而专注于我

们在环境中移动、进入环境并作为环境的一部分时拍摄和观看的
想法，牢记英戈尔德的观点："知识是沿着我们在日常活动中穿
越世界的无数条道路成长的，而不是从许多固定地点所获得的信
息收集而来的。因此，通过从一个地方步行至另一个地方，而非
通过当地的详细资料，我们理解了我们所做之事"（Ingold 2010b：
S122-123）。

82

© Sarah Pink 2006

图 4.2.1　从教堂到纪念碑的路

　　人类学家安德鲁·欧文（Andrew Irving）的工作就是一个很好
的实例，他沿着（坎帕拉、纽约和伦敦）的市区散步，在这个过程中，
他录制了口头叙述音频，也拍摄了有意义的地点或事物。欧文的
大部分工作是询问那些被诊断为 HIV 阳性的人，重走他们取诊断
结果那天往返诊所的路。他使用了不同的研究组合，在他发表的
一些作品中，他讨论了两个一起步行的研究参与者自行叙述的案
例，他们彼此相互记录和拍摄所经历的事（Irving 2007），其中一
个在叙述的时候，另一个就会同时进行记录和拍摄（Irving 2010）。

他还使用了不同的出版策略，这些策略包括对照片的独特处理，比如在某个出版物（Irving 2007）中，他会留下空白页来强调无法包含在内的照片。

© Sarah Pink 2006
图 4.2.2　山上的风景

在我研究英国莫尔德威尔士国际慢城镇的时候，我应邀与不同的镇领导一起参观这座小镇，每个人都带我去经历了这座小镇上奇特的慢城市元素。为了这次游览，我带了一个背包，里面装了数字照相机、摄像机、录音机、笔记本和笔，当然还有手机和收集来的纸质版地图。在这次游览中，正如我在讲述这次研究过程的一篇文章中描述的，我用到了所有的工具，根据不同的时刻而使用不同的工具。以下内容摘录自这篇文章，解释了这些照片拍摄的情境，并且促使我们把它们的意义作为民族志游览的一部分，而不是根据它们的客观内容或美学价值的角度：

"在教堂，我们与莫尔德的现任市长布莱恩碰面。布莱恩打算带我去纪念碑见拉伊·多德并与他一起吃午饭。天正下着小雨。我们沿着另一条当地的路直奔纪念碑（图 4.2.1）。每年，人们都会在纪念碑举行纪念仪式和活动，尽管很拥挤，他们仍会沿着相同的路前往。有象征意义的事物仍被保留了下来，不过，现在塑料花替代了以前使用的真花。我们步行上山，想象过去那里曾经是一个草地保龄球场，有一个儿童游乐场还被保留着。我们欣赏山上、剧院和区议会办公处的现代建筑的风景，还有一个当地的水泥厂，布莱恩告诉我，那是当地一个有名的企业。视觉体验变得越来越重要，我觉得有必要继续寻找合适的视角，通过树木拍摄（图 4.2.2），尽管感觉越来越阴冷和潮湿。

拍完这张照片，我们返回山下，与拉伊会合……"（Pink 2008：187）

84

85

图 4.3　2011 年，我和莉莎·塞尔翁一起参观西班牙莱克迪奥的慢城镇，当时我正在和她一起研究该镇，同行的还有我们的东道主尼卡尼和哈维（参见 Pink and Servon 2013）。我使用了与图 4.2 中讨论的不同的技术。我使用的苹果手机可以拍摄图像，记录视频和音频。此外，苹果手机的照片还可以通过数字化的方式标记在地图上，这样不仅可以记录相机前的事物，还可以记录拍摄地点的位置。这里展示的照片是我们徒步游览港口时拍摄的。每一张都代表了我们在城市中遇到的事物，用这种方式提醒我在研究中出现的主题，包括相对隔离的小镇、交叉的路以及它与海的位置关系。这些图像是我们穿过小镇的进程的一部分，在这个意义上，我开始理解它们代表着它们前面、后面和周围的事物，就像代表着它们"之中"的事物一样。的确，数字媒体实现了这种类型的理解（也可参见第 5 章），因为这些图像都在谷歌地图中被定位了，这让我可以将它们视为一条路线上的每个瞬间，也视为环境的一部分，而不是平面照片。

　　在欧文的《危险物质》（Dangerous Substances）一文中，他主要阐述了与阿尔贝托一起在纽约的行走经历，他描述道：

　　　　通过将行走的身体的生活体验直接放到实地中……专题摄影（photo essay）作品《危险物质》把照片、声音和步行结合到一起，试图揭示一个城市的街道、建筑和环境是如何通过持续进行的内部对话和以一个人当前存在为基础的富有想象力的生活来调节的。（Irving 2010：24-5）

欧文使用步行、叙述和摄影来探索并与读者交流一个人穿过特定城市景观的路线时的内心体验。在这篇文章中，每七页书面叙述之前就附有一组四张照片。这些照片是欧文在步行时拍摄的。因此，正如英戈尔德关于绘画和制图的描述，"我们必须在他们中间找到我们的道路，像我们生活在这个世界一样生活在他们中间"（Ingold 2010a: 16），相同的参与实践对我们理解欧文的文本中的经历是不可或缺的。欧文的书面和视觉叙述带着我们在文字层面步行，因为它使我们遵循他和阿尔贝托当时所选择的路线。与此同时，读者/观看者不得不在经验和想象的文字里穿行。在这里，照片不是静态的对象，等待其内容被解释，更确切地说，它们是在运动中被创造出来的，是作为行走在城市并探索与它有关的内部情感的过程的一部分，而不是简单地被人观看的对象。因此，它们也是读者通过文章所经历的旅行的一部分，在这样做的过程中，她或他可以去想象这些感觉。我们可以认为，这是一篇感同身受和实验性的文章，也是一篇理论和学术作品。

这种步行和摄影相结合的方法在表达特定环境的经验以及与特定环境相关问题的研究中正变得越来越受欢迎。研究者能够将环境本身作为研究过程中的一个提示或探测。这个领域的近期作品包括玛吉·奥尼尔和菲尔·哈伯德（O'Neill and Hubbard 2010）以及苏珊·霍根（Hogan 2011）的作品。他们在文章中都使用了步行和摄影相结合的方式，讨论与政策和地方政治有关的城市环境的经验。关于如何在研究过程中有效地使用步行和摄影，另一个实例是尼克·埃梅尔和安德鲁·克拉克（Emmel and Clark 2011）

的实践，他们讨论了摄影实践如何使他们在研究过程中进行反身性思考。与上述的合作实践形成鲜明对比，文中的照片是实地徒步游览时由研究者拍摄的。他们评论道，这种实践和照片"使我们能够将反身性参与映射到研究领域。它们是一种视觉研究日记，为我们在研究过程中如何对这个领域做出反应提供线索。它们通过建构取景器的视野，使我们的目光变得敏锐"（Emmel and Clark 2011：39）。在下一节中，我将论述参与式摄影和合作摄影。这些方法与本节后面部分论述的方法有所重叠，其中的参与者同样指导了照片的内容。

参与式摄影与合作摄影

民族志学者与研究参与者以各种合作方式来制作照片。现有的实例包括单独与一个被调查者合作（例如，Collier and Collier 1986）、与从事创意（例如，Chaplin 1994）或仪式（例如，Larson 1988）活动的群体合作、在更广泛的民族志项目中采用折中的方式（例如，Banks n.d.；Lammer 2012），以及以更具系统性的方式组合到一个研究设计中（例如，Radley et al. 2005；Clark 2012）。当照片以合作的形式被生产出来时，它们就结合了民族志学者 / 摄影师和参与者的意图，代表着他们协商的结果。

合作摄影通常涉及民族志学者以某种方式参与到研究参与者的摄影文化和 / 或摄影实践中。例如，民族志学者可能会尝试制作在参与者的摄影文化中流行的影像，或者制作既符合当地的摄影惯例，同时又符合学科要求的照片。研究者和参与者的意图和目标会在他们决定摄影内容时相结合，其方式因项目的不同而不同。例如，参与者可能有兴趣合作制作家庭照片，提供法律证据的照片，当地传统或工作流程的证明，艺术展览、纪念品或宣传

照片。但在这样的合作中，我们希望民族志学者的使用方式能让
参与者满意，同时也确保制作的照片可以发表在文章、博客、交
互式网站项目或展览中。此外，我们也希望能学习当地的摄影风
格，并符合学科惯例，或制作出来的照片遵循特定的摄影传统，
如现实主义纪录片、表现主义或艺术摄影等。

　　现有的民族志实例表明，人们通常会很快地告诉摄影师他们
想要拍摄什么样的照片。有时，摄影的参与者会挑战民族志学者
最初意图背后的假设，从而改变所使用方法的意义。例如，平尼
在1982年印度的田野调查中描述了他如何通过尝试用自己的美
学设计来拍摄被调查者，从而了解当地人希望自己如何被表现出
来。他拍了一张邻居的照片，这张照片符合他想要制作的照片类
型："我与一些直率的、坦诚的、有表现力的人生活在一起"（Pinney
1997：8）。这是一张半身照，拍摄于下午5点的田地里："是捕捉
夕阳的好时候"（1997：8）。但他的参与者对这张照片不满意，他"不
满意投射在脸上的阴影和黑暗，还有缺少的下半身。这张照片对
他根本没用"（1997：9）。平尼的参与者想要一张不同类型的照片，
按照另一套模式拍摄的照片。这些照片"不能快速拍摄，因为需
要更长时间的准备工作：换衣服、梳头和涂发油（而且，如果是中
上层妇女，还要使用滑石粉提亮皮肤）"（1997：9）。此外，这些照
片的内容和象征意义必须符合不同的期待："这些照片必须是完整
的、对称的，而被动的、无表情的脸和身体姿势，对我来说是象
征性的，那完全熄灭了我希望在胶片中捕捉到的那种品质"（1997：
9）。此处的肖像照表明了参与者原有的摄影期待和照片个人的和
文化的用途。正如上文所述，我们经常通过经验学习。因此，我
们可以看到，关注人们展示给我们的个人相册的好处，这有利于
解释他们希望被拍照的方式，并理解他们在描述他们想要拥有的
那种影像时所指的是什么。在遵循这一过程时，我们的视觉方法

88

是通过我们在研究过程中遇到的人和机构的互动而形成的，而不是先入为主的。

人类学民族志学者在仪式或其他集体活动中进行拍摄的历史很悠久。在印度的城市中，班克斯发现他的大部分摄影作品都是公共仪式活动。有时他的参与者会积极"指导"摄影——在一个活动中，他的参与者坚决要求他"为赞助这场盛宴的女人拍一张摆拍（pre-posed）照片，她从其中一个托盘上舀了一块浓厚的酸奶底的甜点"（Banks n.d.）。班克斯用这个摄影事件来表明合作摄影如何根据他和参与者的知识而形成：

> 它是根据我个人的（主要是无意识的）视觉审美设计而成的，也是我自己关于那场盛宴的影像记录的一部分。但是，正如我的朋友们所看到的，这也是社会事实的合法化和具体化。事实上，宴会有一个社会起源（宴会捐助者），以及之前由宗教和历法规定的禁食期。事实上，这是一个很好的宴会，这期间我们吃了昂贵的酸奶甜点。（Banks n.d.）

对班克斯来说，这种"指导"摄影成为一种视觉化并强化他现有的民族志知识的方式，他写道："我'知道'这些社会事实，我已经在其他场合被告知过，但通过被指导去捕捉胶片中的他们，我不仅意识到自己的能力和价值，也意识到使之合法化的摄影的能力"（Banks n.d.）。我在 1990 年代研究女性和斗牛时有过类似的经历。例如，一天晚上，我接待了女斗牛士克里斯蒂娜·桑切斯并和她谈话，在这个过程中，我一直在拍摄，我的研究参与者指导了我的摄影，他们让我拍摄他们与克里斯蒂娜一起摆姿势的照片，让我成为创造照片的一个合作者，而且遵循了当地斗牛文化的惯例。还有一次，我与斗牛俱乐部的女性成员们一起参加一场演出。其中一个年轻女士开始告诉我拍摄什么、什么时候拍摄——这既包括布满斗牛照片的传统舞台，也包括她对这次活动的个性化叙述的重要时刻，例如她最喜欢的斗牛士朝我们和其他支持者所坐的一侧舞台挥手的时刻。而在他将要杀死其中一只公牛时，她拿走我的相机自己操刀拍摄。这在某种程度上类似于班克斯所描述的经验，我知道，对于大多数斗牛狂热者来说，杀死公牛是表演的一个关键时刻，因此也是摄影的关键时刻。通过她的行为，她既在实践中证明了这一点，也用相机表达出她熟知的具体的斗牛知识，这让她能够跟踪并预测表演的动作，知道什么时候准备相机、什么时候按下快门。在这两种情境下，我后来拍摄的照片都是人们已经想象过的或者想要拍摄的：他们遵循与斗牛摄影相关的社会的和表演的现有惯例，如他们在杂志和展览上所见的，他们通过这些影像将参与者和斗牛士联系起来。

在最近的项目中也有类似的模式，这一次是数字相机。本次民族志研究是关于英国建筑工地流动工人的安全和健康，作为其中的一部分，迪伦·塔特（Dylan Tutt）在研究建筑工地的某一处的信息交流时也用到了摄影。我们已经描述了"在（施工建筑）第12层，迪伦询问是否可以拍摄维克多看到的事物，以及他在工作时可以交流的人"。在这种情况下，参与者负责给迪伦展示他看到的事物——"维克多注意到迪伦的不适，他不敢从边沿探身出去——墙体高度不及头部——于是，维克多提议由自己亲自拍些照片"。正是这些照片使我们获得了维克多的视角，并"质疑了自己对场景的假设"（Tutt et al. 2013: 45）。

如果我们现在回到上一节中对摄影和运动的论述，我们也可以看到，在拍摄这些照片的过程中，不同的事物是如何组合在一起以激发拍摄它们的时机和动作，及其被构成和被协商的方式。通过关注这些，我们可以了解社会关系、行动、事物和人物之间的联系，以及摄影如何参与建立、加强和维护这些联系和情感的过程。

凝视回转：民族志学者作为拍摄对象

在本节中，我将论述，在什么情况下民族志学者会成为研究参与者的拍摄对象，思考我们能从这些反身性的或意料之外的时刻中学到什么。在大多数人都拥有相机或拍照手机的当代情境中，我们被研究参与者拍摄不是什么奇怪的事，我在西班牙和英国的几次研究经历中就遇到过。这些偶然的时刻——我们要与之讨教的人掌握了相机——很少在文献中被论述，但它们可以提供惊人的见解，值得被关注。

90
我对这一时刻的第一次检验是在我读博期间，那是 1993 年，当时著名的女斗牛士克里斯蒂娜·桑切斯访问了我正在考察的西班牙科尔多瓦。博物馆馆长正带她参观这座城市，他邀请我陪同当地的斗牛记者一起参观该镇。我的任务是拍摄他们在科尔多瓦的一天，馆长不时告诉我要拍什么照片。参观期间，当我们坐在一个酒吧时，馆长问我要相机，并拍下了我与克里斯蒂娜坐在桌旁的照片。本质上，根据斗牛摄影的视觉文化标准，他拍的这张照片正是我原本想要拍摄的（参见 Pink 1997a: 102）。我将这张照片与已有知识连接起来。当时我已经研究了斗牛狂热者的个人相册以及斗牛士及其同事的历史照片，知道这是一个反复出现的照片元素。事实上，也许在潜意识里我被这些惯例的知识所引导，这张照片和我之前拍摄的克里斯蒂娜接受当地的斗牛记者采访的照片很相似。关于馆长的照片，重要的一点是，通过将我置于传统的构图中，它从视觉上证实了我已经从其他来源获得的知识。

包含了民族志学者的当地摄影实践和照片可以教给我们其他意想不到的事情。2003—2004 年，约翰·波斯蒂在马来西亚进行民族志研究，他与做研究的一群人被拍到站在一个横幅后。波斯蒂写道：

> 这一切都始于一个网络论坛用户开启的一个话题，他在让市政委员会修理他家后院外面崩塌的下水道时遇到了麻烦。论坛跟帖越来越长，最终一群居民在发起人的带领下决定采取行动，组织示威以吸引媒体来关注这个问题。作为一个尽职的田野工作者，我加入了示威，但试图保持低调。然而，这是一个参与人数不多的示威，当我被要求站在唯一的横幅后面来凑数时，我愚蠢地照做了。结果，第二天我的肖像出现在中文新闻上，我与示威者站在一起。这张照片引发了很多冲突和矛盾，不管是线上还是线下，门户网站创始人指责示威者滥用门户网站。他觉得那条横幅不仅侮辱了市政委员会，而且作者通过展示横幅也玷污了门户网站的域名（USJ.com.my）。他要求我们在网络论坛上公开道歉，同时向市政委员会道歉。（Postill 2005）

既然波斯蒂出现在了这张照片上，虽然他并不打算成为示威群体的一员，但也不得不向市政委员会道歉，并解释他的错误。这个事件可以很好地说明摄影的意义如何在不同层面上产生。首先，这张照片需要将一个小型示威转换成一个可供新闻媒体报道的事实。一旦被发布到网上，照片就会表征另一种含义，因为它

91 会被用来作为门户网站名称被滥用及由谁滥用的证据。通过这次事件，波斯蒂了解到，被照片确认过身份后，他是怎样在无意中被卷入其中的。为了解释他出现在照片中的原因，他需要回顾当时的意图和动机（Postill，私下交流）。

后来我发现，在英国慢城市运动网络的研究工作中，我自己也成了拍摄对象。我跟踪了该运动的成员城镇的几个项目，其中一个项目涉及将城镇居民区的一块废弃土地改造成一个社区花园，当地人可以在前往城镇的路上舒适地穿过，带着他们的孩子玩耍，或坐下来休息。该项目得到了当地的慈善组织艾尔舍姆保健信托基金（Aylsham Care Trust，ACT）的支持，由地块附近街道的邻居组成的委员会进行管理，负责人是大卫·吉布森。为了跟进这个项目的进展，我首先采访了大卫。一个雨天的早上，我来到他和他妻子安妮的家，我被迎进客厅。我们坐在桌旁，喝着咖啡，吃着饼干，谈论了许多关于城镇和社区花园的事情，大卫拿着他关于这个项目的文件与我交谈。作为研究过程的一部分，我需要拍摄和我一起工作的人的照片，我拍摄了大卫和安妮，在照片中他们拿着他们提议修建的花园小路的照片（图0.2）。慢城市及其他项目的记忆是如何在现在和将来被创造出来的，我对这个问题很感兴趣。在我们谈话时，我了解到大卫在他的文件中详细记录

92 了社区花园项目的发展过程，直观地通过照片和花园计划，用书面文件的形式做了每个阶段和活动的笔记。作为研究这一项目的研究者，我也是其记录过程里的一个对象。正如大卫所说的，这是"针锋相对"的。他拍摄我作为他的记录。在开始采访时，我坐在桌边，后来则是在花园里，安妮借给我外套和雨伞，我拍摄了大卫在倾盆大雨中向我展示地块的场景（图4.4）。

将民族志学者放入画面中的另一个实例是克里斯蒂娜·拉莫尔的作品，她所做的是有关颅面复原和整形外科的研究。为了理

© Sarah Pink 2005

图 4.4　在研究社区花园时，我成了大卫记录项目过程的对象，他同样拍摄了我坐在同一张桌子上的照片作为他自己的记录。户外行走便于我拍摄大卫，他向我展示地块并解释社区花园的计划，我自己的视觉制作又一次被他平衡了：上面这张视频截图，展示了大卫正在拍摄我。

解别人的经历，她经常将相机转向自己的身体。这些做法可以被看作学习的过程，有时也会成为艺术实践的一部分，拉莫尔借此展示了她的部分作品。其中一个摄影实例，如图 1.2 所示。

　　总的来说，这些民族志学者的例子提醒我们，作为视觉民族志学者，我们并不是唯一的积极利用摄影来探索、建构和理解他人的经验和世界的人。事实上，我们可以通过关注其他人如何利用摄影将我们纳入他们的类别、项目和议程，或者通过寻求扩展我们自己的经验知识并将我们自己置身于类似的具体的摄影镜头中，来让我们受益匪浅。

观看民族志学者的照片：影像访谈

　　在本节中，我会探讨照片在采访或对话中可能扮演的角色。在第 1 章和第 2 章中，我强调了视觉意义的情境性，以及观看者如何通过生平经历、知识以及情境上和文化上的特定理解来创建照片的意义。意义并不存在于照片中，当我们与研究参与者谈论照片时，我们需要关注意义和价值是怎样通过影像构成的。这并非简单地询问参与者怎样回应影像的信息，而是作为民族志学者，我们应该努力理解人们如何使用影像来生产和表征不易用语言表达的经验和情感的认识方式。

通常用来指代摄影访谈的术语是"照片引谈"，哈珀将它描述为"基于把照片插入研究访谈的简单想法"，但又超越访谈，因为"照片引谈看起来不是简单地引出更多信息的访谈过程"，而是一个唤起多元信息的过程 (Haper 2002：13)。越来越多的文献关注到这种方法以及它在研究中的不同形式 (例如，Lapenta 2011)。在视觉民族志的情境中，"引谈"这个词本身的含义可能是有问题的。从字面上看，它似乎聚焦的是信息可能来自某个参与者，而我更倾向于认为，摄影访谈集合了利用照片邀约、共同创作和生产知识的观念，而不是通过照片从被访者那里获取知识。

93

照片引谈法形成于小约翰·科利尔的研究 (Collier 1986[1967])，这一研究还提供了一些有用的实例，我们现在可以通过科利尔摄影的在线档案来追溯。举例来说，科利尔研究了在城市工厂工作的农民家庭，他在摄影访谈中把工作地点作为参照点，以检验被调查者对城市生活、工厂工作和移居到城市的态度。他的研究工作为了解被调查者是怎样谈论影像，以及摄影研究项目如何随着时间而演变提供了一个很好的实例。然而，从历史上看，科利尔的分析是基于一种假设——"事实在照片中"(Collier and Collier 1986：106；Collier 1986[1967])，以及一种观念——民族志学者可以从被调查者那里得出关于视觉内容的知识。后来，视觉社会学家道格拉斯·哈珀探索出一个方法，他将照片引谈法与 1990 年代反身性和后现代转向后的"新民族志"相结合，将其重新定义为"研究中的合作模式"(Harper 1998a：35)。

对哈珀来说，照片不仅是现实的视觉记录，也是按照对现实的不同理解进行解释的表征。当被调查者观看民族志学者拍摄的照片时，他们实际上是在参与解释民族志学者／摄影师对现实的视觉化过程。因此，在一次摄影访谈中，民族志学者和被调查者会论述他们对影像的不同理解，从而通过合作来确定对方的观点。

通过采取类似的方法，唐娜·施瓦兹展示了如何通过摄影访谈来获得新知识。她将在沃科玛社区拍摄的照片视为自己对物质和社会环境的看法。她在分析"照片提示了由影像内容所产生的个人叙事"这一原则的基础上，描述了她在访谈中如何使用照片的原理，并"从媒介……照片的独特性和矛盾性中得出了多种看法和解释"（Schwartz 1992：13）。

因此，在这些早期的实例中，我们看到了参与者如何对研究者在访谈前产生的一系列特定调查类型的影像做出反应。

在我自己的研究中，为了了解斗牛，我效仿了类似的模式。然而，此处产生和指涉的知识层面是更复杂的，这与斗牛表演摄

94

© Sarah Pink 1993

图 4.5　克里斯蒂娜·桑切斯（上图）和菲尼托·德·科尔多瓦（下图）的这些照片成为我在西班牙的田野调查期间论述斗牛的一部分。被调查者使用这些照片来评论斗牛士的表演技能，以及我本人学会在恰当时机拍摄的技能的发展。在这一过程中，他们能够表达自己在斗牛方面的专业知识。从这些论述中，我能够学到一些如何拍摄合适的斗牛照片的知识，以及被调查者在对影像作出评论时所体现的价值观和知识。

影的风格有关。比如，当我学习拍摄斗牛时，我首先研究了现有的斗牛摄影，然后从观看者的位置拍摄表演——就像一些热情的业余摄影师那样。我把我的照片给当地人看，他们对斗牛很有见解，十分清楚应该怎么拍摄。在评论我的照片时，他们实际上是在评论我头脑里关于斗牛的知识和表现出来的知识，这可以通过以下几个方面体现出来：这些知识是通过我对正确的拍摄阶段的正式了解来表达的，以及我在多大程度上能预测动作的能力，并在准确的时刻按下快门。同时，他们在评论我拍摄的斗牛士的表现时也会运用自己的知识，来判断他们的姿势和技能在那一刻是如何体现的（图 4.5）。

　　因此，摄影访谈可以提供一个供民族志学者和研究参与者讨论影像的情境，这些影像可以让他们连接或比较彼此的现实经历。这样，他们便可以将没有说出的经历、意义和认识维度讲述出来，并为民族志学者提供一种理解参与者观点的新路径。

观看其他人的相册：影像访谈

我们经常在家里、钱包里展示照片，或者将它们存储在我们的拍照手机里，用这种方式来表达我们难以用言语表达的事情。有时，当人们试图描述或说明难以用言语描述的事情时，就会谈论照片或绘画，无论是与个人相关的还是知名的影像。在视频访谈中，这些表达形式也很常见，尤其是当参与者手上有他们所指的影像，并且知道他们正在向研究者和录像机"展示"一幅影像的时候。在我的家庭民族志视频中，参与者经常参照他们所展示或保存在某个地方的照片来讨论人和事。通常，影集或相册的展示既可以帮助参与者描述，又可以帮助研究者理解个人生平的变化、人物之间的关系和人们生活的物质方面。这也在一些民族志电影中得到了很好的证明。大卫·麦克杜格尔和朱迪斯·麦克杜格尔的作品《摄影师》（*Photo Wallahs*，1991）中也有很好的实例，影片中展示的摄影师或相册的所有者会与影片制作人讨论照片的品质、历史和意义。在保罗·亨利的《人群中的脸》（*Faces in Crowd*，1994）中，影片的主角与影片制作人讨论王室照片的场景，以及他在公共活动中把照片展示给王室成员的场景，都向我们展示了这些照片何以成为不能用言语表达的经历的一部分，并让他能够在不同的情境中就它们进行交流。

相册的传记性质意味着它们经常被用来谈论个人历史和记忆。朱迪斯·奥克利描述了她的"被调查者本人的相册如何在她关于'法国农村老年人不断变化的状况和经历'的研究中变得越发重要"（Okely 1994: 45）。当养老院的一个老妇人让她进入自己的房间，拿出一个装有老照片的盒子时，奥克利"发现了通过影像前往她过去的途径"，这代表着"对她过去深刻的重现"（1994: 50）。对奥克利来说，这些照片不仅是她的被调查者的口头叙述的图示，也是被唤起的描述和评论。她认为照片加强了访谈的感官维度："仅仅用录音带记录她在采访中的讲话是不够的，我们在视觉影像的帮助下共同创造了一个更强烈的她过往岁月的感觉"（1994: 50-1）。奥克利指出，与一系列"经过选择的过去的影像"相连的并被加上了口头叙述的历史，不可避免地是主观的、有选择性的和支离破碎的。然而，她也展示了，这将使他们能够共同创建一个超越语言或文本叙事的线性限制的过去版本。

> 我俩把从盒子里拿起的东西所产生的回忆拼凑在一起，并创建了一个合成的整体。在对那些随机储存的视觉影像的回应中，这个妇人的线性生平年表、以往生活中的每一段记忆和纯粹语言化的描述均被释放出来。这些影像为我俩完成了一部分工作，这是用形容词和其他词汇都无法做到的。（Okely 1994: 51）

奥克利强调，有必要反思研究者如何体验人们的照片。她指出，她自己的经验是，她"通过照片去看、去听，并与她生活中的情感和能量产生共鸣"（Okely 1994: 50）。

当人们用照片来讲述他们的经历、身份和实践时，这些影像就嵌入了个人和文化角度的具体叙述之中。实际上，研究者有目的地促使他们去寻找照片，并将这些照片作为他们口头叙述的故事的一部分。在其他情境下，我们可能会有目的地与人们及其相册发生关联。在本节中，我聚焦于早期研究中模拟照片和冲印照片的应用。我们应该记住，在当代的数字环境中，许多传记照片是以这种物质形式被保留下来的（参见 Pink 2011e），然而基于网络的社交媒体和档案改变了这种情境和可能性，正如在第 6 章中，戈麦兹·克鲁斯（Gómez Cruz 2012），佛利斯特（Forrest 2012）和福斯等人（Fors et al. 2013）的研究就表明了这一点。

参与者生产的影像

在参与式研究中，民族志学者要求参与者为他们拍照或者与他们一起拍照已经变得越来越普遍。以前，研究者会为参与者提供一次性相机，待参与者返回相机后再进行处理，当然便宜的数

97

红玫瑰。© Alan Radley and Diane Taylor 2001

雷德利和泰勒在本研究中涉及的作品（上文引用的）和影像可以通过可视化民族志的网站获取。

98

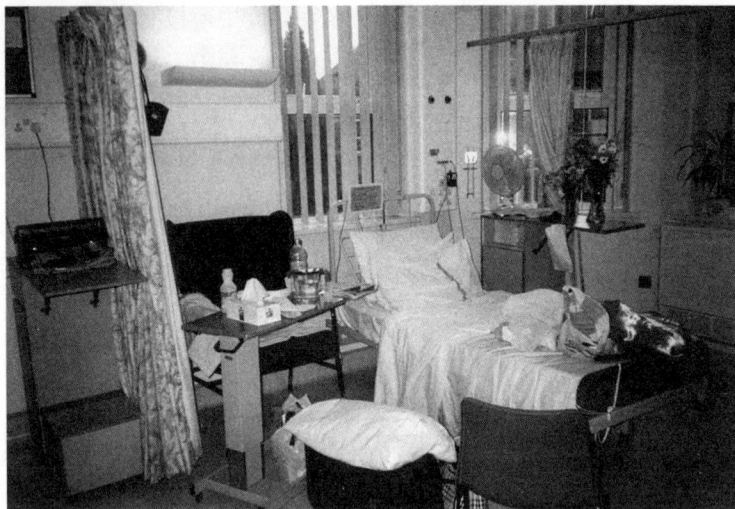

4 张床的病房。© Alan Radley and Diane Taylor 2001

图 4.6　在研究住院治疗和康复的项目时，艾伦·雷德利和戴安·泰勒让患者拍摄他们自己病房的照片。他们认为，为了了解医院的病房——病人长时间所待的空间——"使用一种记录的方式看起来很明智，能展示他们在医院里发生的事情"。通过让病人拍摄"他们认为最重要的 12 种物体、空间和地点"，雷德利和泰勒"旨在捕捉一些术后恢复的最重要的特性"。虽然他们原本没有计划在那里，但研究者必须在他们的被调查者拍照时在场，并在一些情况下协助他们。他们后来采访了每位病人，让他们谈论那些他们在病房期间和回家后拍摄的照片。雷德利和泰勒认为，虽然这些照片不能描述被调查者在医院的实际经历，但它们对其中的病人有重要意义。当参与者谈论他们为什么和怎样拍摄照片，以及照片里讲述了什么时，这个意义（叙述）就产生了。为了了解病人在病房的经历，也为了理解他们拍摄照片的行为意义，雷德利和泰勒解释了为什么当参与者拍摄照片时研究者在现场是重要的。至于由被调查者指导的摄影，正如我在上文所提到的，如果有可能进入并参与到摄影制作的情境中，这将显著增进我们对它们变得有意义的方式的理解。

字相机也很合适。参与者的照片通常允许研究者接触和了解他们自己无法参与的情境。例如，这种方法被用来作为进入孩子世界的途径 (Mizen 2005)。苏珊娜·古皮 (Suzanne Goopy) 和大卫·劳埃德 (David Lloyd) 在研究意大利裔澳大利亚老年人生活质量的项目时，与老年人一起工作，并使用了参与者摄影 (Goopy and Lloyd 2006)。参与者被要求拍摄"赋予他们身份，展现或提高他们生活质量的地方、人、物体和 / 或情境"，可以用来制作一系列代表"地方和自我的空间话语"的快照。他们与参与者谈论这些摄影日记，然后让他们去拍摄下一个摄影日记。第二阶段是至关重要的，因为古皮和劳埃德写道："参与者更加密切地参与到创建一个业余的自我民族志中。"研究的最后阶段就是以这些日记和访谈为基础的：研究者和参与者从研究者拍摄的照片中合作创造复合的摄影影像，旨在反映"他们（参与者）对身份和生活质量的整体感觉"。这些复合影像有助于研究过程的展开，它使参与者有机会选择和强调其家庭环境的各个方面，在最终出版的陈述中，他们对生活质量的理解也是其中的一部分（参见图 8.3）。

在此情境下，参与者的照片使研究者能进入和理解一些自己难以进入的场景。然而即便研究者是在场的，如图 4.6 所示，艾伦·雷德利和戴安·泰勒（Radley and Taylor 2003）与病房里的人一起做的研究却表明，这可以创建一个不同类型的研究会面（research encounter），从反身性角度来看，这或许同样有用。

当参与者为我们拍摄的照片不具有可以从中提取的内在意义时，我们认为他们其实是创建了一些路径，通过这些路径，我们可以在访谈中探索人们如何在自身环境的物质、社会和表征的元素中体验和行动。如果我们理解那些照片对拍摄它们的人来说是有意义的，是在特定环境下对事件和活动的特定经历的叙述中拍摄的，那么我们的任务就是接触照片，探究这些意义。而摄影的意义将在访谈情境中被重新协商和重塑，这种重塑是创建民族志知识的过程的一部分。

陈列、展览和档案：与参与者观看半公开和公开的照片

与参与者一起观看摄影陈列或展览为探索视觉认识方式和口

头认识方式的关系提供了进一步的方法。这可能涉及参观公共展览、观看公开陈列的照片（例如在学校、俱乐部、酒吧、市政厅中），或者只是简单地谈论某个家庭中挂在墙上或壁炉周围的照片。通过关注人们如何把这些照片与口头叙述联系在一起，研究者可以了解这些人如何构建他们的生活和历史。

当我们进入人们的家庭、工作地点或他们拥有的其他地方，我们通常可以看到摄影陈列。对家庭的人类学研究证明了关注家庭物质文化的重要性（例如，Miller 1998, 2001; Pink 2004b）。摄影是家庭中视觉、物质和感官组成的一部分，是人们在家庭中的半公开区域与自己及其他人表达和交流自身身份的媒介。罗斯·吉尔罗伊（Rose Gilroy）和彼得·凯乐特（Peter Kellett）在英格兰北部的研究，证明了摄影陈列对老年人家庭的重要性——当他们进入保障性住房和疗养院时，私人空间就变得越来越有限（Gilroy and Kellett 2005）。同样在法国，奥克利发现老年人"会在与她交谈时展示自己的照片，老年人家里的照片一般在床边或熟悉的餐边柜上，他们选中的照片兼具文化和个人的展示功能"（Okely 1994: 51）。

在西班牙，我讨论了照片的个人收藏和公开展示，以探索人们对"斗牛世界"及其历史的视觉表征，并了解个人如何利用这些视觉表征在斗牛世界中进行自我定位。在摄影陈列中，个人和团体经常使用照片来建立身份、暗示关系。大多数斗牛酒吧和俱乐部都设有反映当地斗牛历史的永久性展览。人们往往会带我去参观他们的斗牛酒吧或俱乐部，并由导游带我游览酒吧的摄影展览。当我被带着参观这些挂在墙上的摄影陈列时，随着人们强调不同斗牛士的家庭关系、他们的历史真实性、他们与当地的联系，历史、地点和亲属关系的叙述就形成了。我在观看照片时听到的历史是多线性的，就像奥克利的被调查者从她们的照片盒子中拿出来的退色照片一样。参与者为我概括的斗牛的编年史与家庭历史是相交的，父亲、儿子、侄子和叔叔之间的联系，形成了展示在我面前的斗牛世界的不同摄影地图的特殊路线。对一个斗牛士来说，通过把照片陈列在展览中而在这个世界拥有一席之地尤为重要，因为将照片陈列其中并进入使其得以实现的社会关系，对斗牛士的职业生涯至关重要。历史的文化建构和斗牛世界的当代型构依赖于策略性地包含和排除某些人的照片 (Pink 1997b: 56)。斗牛狂热者在家庭半公开展览中使用类似的策略。这就包括自己在业余表演中的照片，或者与有名的斗牛士合影的照片，从而描绘出"斗牛世界"的个人版本，展览所有者将自己放在这个世界的中心位置。我在西班牙研究期间，也被邀请参加了许多斗牛照片展的开幕式。在这些活动中，我与被调查者边参观展览，边谈论照片。他们对照片内容和风格的评论使我能更好地理解不同的摄影表达如何契合每个人对当代和历史的斗牛世界的观点，以及他们怎样在那个世界中构建自己的位置和身份 (参见 Pink 1997b)。

在西班牙，斗牛文化摄影展属于一种群体的视觉文化。公 101共摄影档案和展览馆通常也是以地方为中心建造的，这有助于当地人生成城镇或其他定居点的身份和历史。拉斯洛·库尔提 (Làszlò Kürti) 论述了他在其出生的小镇 (匈牙利的洛约什米热 [Lajomizse]) 参与建设的一个社区档案项目。他发现，尽管小镇被认为是一个没有"严肃历史"的地方，但事实上，这"掩饰的是这里没有成文历史的事实"。第一个项目是创建一个数字照片档案库 (Digital Photo Archive, DPA)，旨在"收集、分析和存储家庭照片"。库尔提写道："随着越来越多的照片被提供出来并被扫描进我们的数字照片档案库，小镇的过去开始变得越来越具体可感且丰富多彩。"经过分析，这产生了两个关于过去的知识领域，它们聚焦于"照片拍摄的那一刻，以及照片暗示的后摄影事件" (Kürti 2004: 51)。通过研究社区档案可以获得各种学术知识，而库尔提对数字照片档案库中影像的详细分析则为这些知识提供了一种洞察力。正如他所指出的，"这些单一定居点的明信片记录了过去一个世纪各种各样的实践、文化和政治承诺。它们揭示出一个社区的视觉表征同时受到制作者和使用者的操纵，并可能成为瞬间快照式的描述"（Kürti 2004：65）。

在诺福克的艾尔舍姆所做的有关慢城市运动的研究中，通过展示公共活动中数字社区档案的制作，我也见证了摄影在当地历史构成中的作用。2005 年夏天，镇社区档案和当地人收藏的历史照片作为艾尔舍姆狂欢节的一部分在市政厅里被展出。在其中一个环节，当地人受邀对老照片中的人进行辨认，并写出他们的名字，从而参与到当地历史档案的制作过程中。在市政厅的主房间里，照片被陈列在桌子上，包含了过去的狂欢节和更广泛的地方历史。在这里，当我与镇上的人交谈时，他们指出他们各自的家庭、记忆和历史是怎样与这次展览交织在一起的（也可参见 Pink 2012d）。在社区活动中使用摄影陈列或者数字投影是当地人创建身份、历史和记忆的一个重要方式。这种做法正越来越多地扩展到脸书（Facebook）和其他社交媒体平台，我会在第 6 章进一步论述。

小　结

本章强调了用摄影影像和摄影技术进行民族志研究的两个维度：对民族志学者工作于其中的当地的和学术的视觉文化的评价，以及研究者如何利用摄影和照片来进行知识生产。民族志影像的生产和对影像的讨论都反映并指向当地的和学术的视觉文化。民族志学者应该认识到，无论是当地的还是学术的视觉文化和书写文化，它们都没有高下之分。个人是协调各种语言和摄影文化经验的中介，其需求会影响到他们的民族志作品，对此，摄影师／民族志学者应该努力保持反身性意识。

通常，学习当地的视觉文化和影像制作是同时进行的。然而，在不同的项目中，对影像的拍摄、收集和访谈／谈论将不可避免地以不同的方式展开。上文描述的摄影研究方法并不全面，但呈现了一系列在民族志研究中针对摄影的已有研究及其潜力的观点和实例。不同项目中形成的不同方法不仅取决于研究工作开展地的文化，也取决于民族志学者的个人风格以及与之相关的社会关系。成功的摄影研究的关键在于，了解产生它们的社会关系和个人事项，以及使它们具有意义的话语。

拓展阅读

Harper, D. (2002)'Talking about pictures: a case for photo-elicitation', *Visual Studies*, 17(1): 13-26.

Radley, A., Hodgetts, D. and Cullen, A. (2005)'Visualizing homelessness: a study in photography and estrangement', *Journal of Community and Applied Social Psychology*, 15: 273-295.

Pink, S. (2011e)'Amateur documents? amateur photographic practice, collective representation and the constitution of place in UK slow cities', *Visual Studies*, 26(2): 92-101.

Irving, A. (2010)'Dangerous substances and visible evidence: tears, blood, alcohol, pills', *Visual Studies*, 25(1): 24-35.

5

民族志视频

电影和随后出现的视频广泛存在于电影制作和研究途径，且 103
早已被用于民族志实践之中。在本章中，我将重点介绍视频录像
实践是如何发展成为民族志实践的知识路径的。首先，为了理解
它们的当代用途，为相关的争论奠定基础，并解释它们的出发点，
我将简单勾勒出在民族志中使用视频的学术史和技术史。

视觉人类学家对视频感兴趣始于 1980 年代，他们肯定了视
频技术的发展带来的便利性、经济性、耐用性和实用性。与在
1970 年代广泛应用于人类学研究中的电影相比，视频相对便宜，
可以录制相当长时间（参见 Morphy and Banks 1997：5）。在此期间，
视频的潜力经常被用来服务于科学现实主义取向。科利尔认为，
与胶片的高成本且需要频繁地重新装载摄像头相比，摄像机的优
势在于它可以连续运转数小时。在 1990 年代，摄像机变得越来
越便宜、越来越小巧、越来越便携，操作起来也更容易。到 1990
年代末，来自不同社会科学领域的研究者开始重新接触视频，与
民族志电影不同的是，他们越来越多地使用数字摄像机和数字剪
辑。在此背景下，在研究中使用视频的反身性方法越来越受到重

视。在过去 10 年左右，数字视频技术的可及性不断提高，文件上传到个人计算机设备并对其进行剪辑变得更加容易，这使得民族志研究者可以以相对较低的成本使用视频。民族志视频制作仍然是一种特殊的需要习得的类型和技术实践，特别是在制作成品电影的情况下。然而，数字相机和智能手机的可及性为民族志研究中对视频录像的反身性使用开辟了新的可能性，它们成为创造民族志知识的媒介。

104
在第 4 章中，我讨论了研究者对相机的选择对于他们的工作方式以及他们在民族志田野调查地被其他人归类的重要意义。而对视频技术的设计及其对视频民族志学者的影响也是值得反思的问题。若将这一点放在历史背景中，我们就会发现，在 1990 年代，视频技术发生了一个关键转变，当时克里斯·赖特描述了索尼 PC7 数字摄像机与早期更大、更重的摄像机的区别。作为对取景器的替代，索尼 PC7 数字摄像机有可折叠的迷你监视屏，可以在摄像师的眼睛和摄像机之间建立距离，从而使民族志学者既能看到摄像机屏幕也能看到录制现场。摄像机不再跟着摄像师的眼睛，而是为摄像师创造了一个分离的视觉，可以看到并决定镜头前现场的录制内容（C. Wright 1998：18-19）。虽然我们现在可能理所当然地认为，这是数字摄像机的一个常见功能，但这种转变很重要，因为它不仅有助于确定摄像师的视野，而且有助于确定拍摄主体看到的内容。通过使用视频的开放式屏幕，研究者可以更好地与视频对象有眼神接触，因为摄像机本身没有遮挡住他或她的脸。参与者也可以直接在屏幕上看到录像镜头，并通过外部扬声器听见声音。与早期摄像机用带有听筒的小型取景器观看回放相比，这可以让研究者和参与者在观看影像期间进行讨论。随着技术的发展，我们能够直接通过笔记本电脑实现数字视频的下载，同时也可以在视频制作完成后以更新的方式直接与参与者一起观看视频。当然，视频不是简单的可视化——它是一种视听媒介，声音是视频的一部分。在多数情况下，摄像机的内置麦克风在本章论述的视频方法中是够用的。然而，为了实现良好的音质，尤其是当声源较远时，研究者可能会考虑使用外接麦克风或无线麦克风。一个更新的选择是使用手机来进行民族志视频录像。这样做的好处是，它们可以被用于其他的田野调查方法之中，包括录音、做笔记和摄影，以及用数字形式与参与者和其他研究者分享他们一起制作的影像。

民族志视频的简短历史表明，我们不仅需要反思我们与参与者的关系，还需要考虑这两者与摄像机以及我们在视频技术和录音方面的不同议题的关系。在本章中，我借鉴了过去 20 年左右视频民族志实践的例子。当然，我假设的前提是，大多数当代的视频民族志学者都会使用数字摄像机、智能手机或其他新技术进行视频录像。

民族志视频的定义

对已有的历史和当代民族志电影的回顾构成了对视觉研究评述的一部分，这也成为视觉民族志研究准备工作的一部分。因此，了解民族志电影的历史，以及民族志电影与研究电影（research film）之间关系的争论是很重要的（也可参见都灵顿和鲁比 [Durington and Ruby 2011] 对民族志电影史的评述）。在 1990 年代，民族志视频和电影制作的文献通常会把"客观的"研究电影或视频镜头与民族志电影制作产生的"创造性"镜头进行区分。这种区分是在 1970 年代和 1980 年代关于电影摄影与科学民族志电影这两者之间关系的争论中形成的（参见 Banks 1992）。一些人（例如，Heider 1976）认为，民族志电影应该是客观的、未经剪辑且

105

不被"操纵的"，应当遵循科学的、民族志的原则，而不是遵循电影拍摄的意图。这类影片被作为电影档案存留起来，供人类学研究的观众观看，它们是记录客观现实的项目的一部分。在同一时期，其他人制作了更具创意和表现力的电影，供大众消费。例如，导演罗伯特·加德纳 (Robert Gardner)"让自己与现实主义保持距离"（参见 Loizos 1993：140），他的电影运用了电影摄影技术和象征手法，挑战了海德设定的标准。科利尔在"研究电影"和"民族志电影"之间采用了类似的区分，即"研究电影"是指包含了相对不受干扰的过程和行为，并从中形成信息和概念的电影；而"民族志电影"通常是指，由电影制作人所创造的一个经过他们选择的叙事 (Collier and Collier 1986：152)。他们摒弃了以研究目的使用"民族志"电影的可能性，声称在制作过程中的选择性说明了它并不是观察记录。这些区分仍然存在于 1990 年代的作品中（例如，Barbash and Taylor 1997)，其中研究电影被视为客观数据、"原材料"和研究记录。从这个角度看，创造性并不是研究的一部分，因为民族志学者的意向性必须具有科学性，才能使之成为"民族志的"。

　　视频民族志的观念基于对这种方法的三个主要批评。第一，用视频记录"未受干扰的"人或文化通常是不可能的或不恰当的，视频里的人常常就是"在视频里的人"。此外，像任何民族志表征一样，"研究电影"必然也是被建构的。第二，民族志知识并不一定是作为可观察到的事实而存在。正如我在第 2 章中所论述的，民族志知识最好被理解为来自田野调查的经历。知识是在研究参与者和研究者的协商中产生的，而不是作为一种客观现实记录被保存在笔记本、文字处理文件、录音、照片或视频中。第三，与我关于定义民族志摄影的论述一样（第 4 章），视频镜头的"民族志性"(ethnographicness) 的问题并不完全取决于其内容或视频制作者的意向性，它的"民族志性"是与情境相关的 (contextual)。

在最广泛的意义上，当一个视频被观看者判断为其表征了民族志信息时，它就是"民族志的"。因此，视频绝不可能是纯粹的"民族志"。一个被民族志学者视为表征了某一事件的民族志知识的视频，在参与者眼中可能仅仅是一个生日宴会的视频。或者，举例来说，当我把一次游览花园的视频还给参与其中的参与者时（参见 Pink 2007b），我曾期望他把这些视频当作他回忆过去的方式，并作为他的花园项目所取得进展的记录。相比之下，正如我的论文所展示的，对我来说，这些视频是我自己经历的民族志记录，也是对这个项目的学习和理解过程（Pink 2007b, 2011d）。民族志视频这种宽泛而随机的定义为一系列不同类型的视频成为"民族志"提供了可能性。这不仅包括民族志学者的视频，也包括（例如）参与者为民族志学者拍摄的家庭电影和事件录像（参见 Morgan and Muir 2012）、用于向外界展示的本地视频、研究者和相关参与者合作制作的纪录片（参见 Pink 2004a, 2007a）。视频可用于记录民族志日记（例如，Holliday 2001; Chalfen and Rich 2004; Chalfen and Rich 2007），制作记录以展示给参与者并参与到他们的工作中去（例如，Capstick 2011）或记录某些过程和活动（例如，Dant 2004; Pink 2012d）。这些记录在本质上都不是民族志的，但当它们与民族志项目相关时，就可能变成民族志的。

　　有很多不同的方法来记录参与实践的人们，这其中也有不同的分析技术。例如，社会学家蒂姆·登特（Tim Dant）在回顾他对汽车机械工作实践的视频研究时说："由于能够捕捉人们在日常生活中可见和可听的行为和互动，它似乎为那些对研究当地社会状况感兴趣的社会科学家提供了丰富的数据来源。"登特还表明，"生活的流程和模式被记录下来并被保留在运动的画面中，声音可以被用来进行仔细研究并被多次回放"（Dant 2004: 41）。这些录音，以及与之联合使用的诸如会话分析（conversation analysis）等方法

（参见，例如 Hindmarsh and Tutt 2012）提供了一条知识路径。然而，为了确定这些方法与此处定义的视觉民族志实践之间的区别，在我所践行的视频民族志中，研究者的干预和研究会面的建构性变得更加明晰。因此，当登特写道"生活的流程和模式被记录下来并被保留在运动的画面中"（Dant 2004: 41）时，在视频民族志中，正是我们所经历和表演的生活与做研究这一事件的结合共同生产了知识。所以，当我要求人们像"平常"一样进行日常的清洗或洗衣时，就产生了一种"在实践中"的实践的反身性表演（参见 Pink 2012d）。同样的原则也适用于参与者制作的视频和研究者制作的视频，即使研究者不在场，与该技术的相遇也是由研究事件构成的。实际上，视频民族志实践既可以被看作一个知识生产的场所，也可以被看作制作反身性视频记录的过程，而记录本身就是那个场所的痕迹。

107　　　我感兴趣的是将制作和（重新）观看视频的过程概念化，使之成为正在发生的运动和运动的一部分。根据英戈尔德的研究，我在其他地方也谈到，"边走边拍是一个前进的过程，而不是对环境的映射，它提供了一种非常特殊的方式，可以为我们穿越地面和空中的路线创建永久的轨迹。而且它提供了一种描述这种轨迹的方式以及创造它的经验"（Pink 2011d: 146）。在这之后，我指出，当我们观看录制的视频时，我们不应该将它理解为我们通常所谓的"回放"（至少在英语中），而是将之理解为我们是在向前播放视频（Pink 2011d; Pink and Leder Mackley 2012）。我相信，这是我们作为民族志学者在拍摄视频时要记住的关键点——无论我们是在制作视频、观看别人的视频、回看我们自己的视频，还是要求别人和我们一起观看视频。视频不会将我们或其他人"带回"那个时间点、地点或位置。相反，视频能让我们与它一起向前移动，这样便可以在我们相互接触时产生新的知识。

民族志视频与当地的"视频文化"和实践

参与视频民族志的人通常已经对视频技术和影像有了自己的使用和理解。正如洛马克斯和凯西根据他们录制助产士与顾客互动的视频的经历发现，"摄像机……鉴于其保留互动以重新呈现的能力和参与者对这种能力的意识，使得它具有社会意义"（Lomax and Casey 1998：6）。然而，反身性不只是简单地意识到参与者的互动受其"摄像机意识"所影响，还意味着我们需要坚定地将他们的自我意识置于他们日常生活的文化和媒体情境中，这种自我意识可能是代代相传的，也可能是基于性别的，还可能是由专业兴趣和爱好所决定的。此外，当民族志学者自己记录时，他或她本身会成为拥有摄像机的人，摄像机于是成为使用者身份的一部分，以及与他人沟通的方式的一部分。不仅文化和环境差异会影响视频成为项目组成的方式，而且在任何情况下，摄像机都会对研究人员与其他个人的关系以及他们所扮演的社会角色产生不同的影响。作为一个视频制作者，个人民族志工作者没有一个单一的固定身份，但这在不同的背景下可以进行协商和重新定义。为了具有反身性，民族志视频制作者需要了解摄像机和视频（不管是谁掌镜）如何成为他们与参与者之间关系的要素，以及这些内容如何交织在研究背景下的讨论和实践中。

在当代民族志研究的大多数情境中，电视、电影和视频已成为参与者自身消费和生产的一部分。认识当地或多地点的媒体和视频文化，了解人们对媒体叙事的解释，以及这些解释怎样启发他们对视频影像的理解，也可以启发我们将视频使用作为一种研究方法的方式。在这个意义上，媒体和网络民族志的现有文献为视频民族志学者提供了一个有力的出发点，可作为后者试图理解参与者可能对民族志媒体实践产生意义的背景（参见，例

108

如 Hughes-Freeland 1997; Ginsburg et al. 2002; Askew and Wilk 2002;
Rothenbuhler and Coman 2005; Bräuchler and Postill 2010)。早期的
媒体民族志是在媒体分析中脱离"观者研究"和"接受研究"而被
制定的，其目的是提出一种反身性的媒体接受的民族志，这种
民族志的重点在于"观者创造性"如何与"媒体力量"相交（参见
Morley 1996：14）。在其当代表现形式中，它提供了一种民族志方
法来研究特定文化背景、个人叙述和社会关系中的媒体形式、做
法及其意义。这不仅仅包括通过对电视、视频或电影的观众和互
联网用户进行参与者观察而进一步了解观众／用户对媒体表征的
个人和文化理解的可能性。当代媒体民族志还延伸到媒体实践，
比如商业、公共和家庭媒体的制作。研究参与者对摄影机和民族
志视频的理解是如何受到生活中广泛存在的媒体实践和表征的影
响的——如果研究者理解了这一点将有助于其民族志研究。例如，
视觉人类学家曼努埃尔·塞雷索（Manuel Cerezo）、安娜·马丁内
兹（Ana Martinez）和佩内洛普·雷娜拉（Penelope Ranera）的研究
表明，对媒体叙事的敏感度和人们赋予自身视觉表征的意义十分
重要。在西班牙，研究者与非洲移民工人一起工作。他们在项目
中广泛使用摄影，他们希望被调查者能够满意这些视频，所以，
当视频出现了难以处理的紧张时刻时，他们感到很意外（Cerezo
et al. 1996：142）。被调查者不喜欢他们自己在视频中的形象，虽
然他们喜欢其中的风景，但他们发现了自己的"丑陋"和"贫穷"
（1996：143）。研究者将这些反应与流行文化联系起来，并指出工
作时间长、经济水平较低的外来工人每天晚上回家看电视或视频，
因此对他们来说，他们自己在电视屏幕上的形象是贫穷的（1996：
143）。研究者的反身性以及与被调查者就视频表征的讨论，反映
了他们每一个人对视频的不同看法。通过探究这一点，他们知道
了为什么视频形象都是有问题的，以及被调查者怎样参照现代大

众媒体的文化来解释自己的形象。

第二个关于文化上的具体叙述如何影响参与者与视频之间关系的实例是，我拍摄于家中的民族志研究视频。从 1999 年到 2000 年，我在英国和西班牙做了两个视频民族志项目，探究了自我认同和家庭关系的方方面面。这项研究包括与每一位参与者的一小时深度访谈，之后是对他们家的一个"视频游览"。视频游览需要每个参与者向我展示她或他的家，同时我用视频将她或他拍下来。在提示的引导下，每个人在游览中与我谈论家的视觉和物质方面，他们对家的情感和对待方式（针对这一方法的进一步阅读，参见 Pink 2004b，Pink 2004c）。随着视频游览法在我的田野调查的不同场合和情境中展开——在不同人的家庭和个人叙述中——我意识到它是以特定的方法嵌入文化中的。首先，通过使用一台小型家用摄像机（如上所述），我介绍了一种已经家用化的研究技术。然而，因为这是当时"最新"和最小的家用数字摄像机，所以它引起了人们持拿并细究它的好奇心。其次，研究中所有的参与者都很精通视频的使用。对于期望拍摄出什么以及怎样使用摄像机，他们有先入为主的看法。虽然没有参与者曾经历过类似的研究实践，但每个视频记录都可以被视为一次表演，它是从现有的文化和个人知识和经验中形成的，这些知识和经验是关于如何在摄像机面前表演和交流。最终的结果很有趣，因为视频游览与某个（通常是下意识地）选定的现有文化叙述结合起来，显示出参与者如何参与视频游览的过程。例如，有些人会虚拟买家的视角来展示整个家；有些人会采用"你好杂志"（hello magazine）的叙述风格，通过呈现生活方式来展示家庭；还有一些人是以咨询叙事的口吻展现个人的生活轨迹，这也是视频游览所鼓励的方式。因此，当我们参观时，他们得以对家庭的物质方面、具体体验以及自我身份进行评论。这些表现和叙述可被视为参与者与我协商的一个因素，因为他们还会以此为机制，选择他们愿意和不愿意向我展示的私人空间里的东西。他们从来没有要求我不录像，但同时也控制了那些我用视频不能访问的内容（关于制定这些叙述的详细讨论，参见 Pink 2004c）。

与在家庭情境中进行研究相比，当我研究英国的慢城市运动时，我开始关注公共媒体的叙述，试图通过媒体文化来了解城镇。我发现，迪斯 (Diss) 镇有一种有趣的视频文化，这直接引发了我对步行游览这座小镇的兴趣。我在其他地方写过关于这些经历和视频叙述的文章。在其中一篇文章 (Pink 2008b) 中，我论述了"路线和移动性的投入产生了当地的视觉文化，因此通过使用（音频）视频媒体和技术对路线和移动性的表征来考察研究地点是如何被构建出来的"(Pink 2008b: 1)。为了实现这一点，我考察了这个小镇是如何在一系列的地方史和当代电影、视频影像、摄影和绘画叙事中形成的，所有这些都涉及在该小镇的步行游览。实际上，当我让一位研究参与者巴斯 (Bas) 带我徒步游览这座小镇，以此尝试了解其慢城市的特征时，他建议我先看这些电影。当我们最终带着摄像机走在小镇中时，我能够了解我们遵循的路线和叙述，因为我们正在与这些现存的关于该镇的当代和历史视频进行直接对话。然而，故事到此并没有结束，正如我在后来的一本出版物 (Pink 2012c) 中讨论的那样，视频研究继续进行，我后来在YouTube 上发现了一段关于该小镇的视频，正是该小镇领导人在慢城市运动会议上播放的。再一次，我认识到这个数字视频与我已经研究过的这座小镇的历史视频以及我和巴斯走过的视频游览联系在一起。这个实例也表明，知识不仅产生于制作视频的民族志学者，在某些情况下，它也产生于民族志与当地和网络视觉文化的交织中。然而，在其他项目中，参与者和研究者的视觉构架以不同的方式结合在一起。下面我将论述其中与参与者制作视频有特殊关系的一些例子（例如，Chalfen and Rich 2007；Mason and Muir 2012）。

关注研究参与者的视频实践和文化还需要学习他们的技术实践，了解这些实践如何启发我们用视频进行研究，并同时促进合作研究实践。这可能包括使用技术同参与者共享视频记录、他们的数字化注释和评论，或进行共同剪辑。

开　始

从来没有所谓的开机的"合适时机"。在某些情况下，视频记录可能从第一次会面开始就成为研究者与参与者关系的一个要素。例如，我在英国和西班牙的家庭中进行的视频民族志，视频记录是田野调查的必然因素，从一开始就须征得每一位参与者的同意。我将视频变成我们访谈过程中理所当然的一部分。然而在其他项目中，视频的使用需要从不同的角度进行协商。到民族志学者认为是"恰当的拍摄时机"之前，可能要经历几个月。弗朗西斯科·费兰迪斯（Francisco Ferrándiz）（其作品将在下文论述）在委内瑞拉的研究一开始没有使用视频，直到田野调查的第六个月。正如他指出的，"最复杂的视觉项目不得不等几个月或者更久"（Ferrándiz 1998：26）。同样，在一个项目中，与不同参与者的视频工作可能会在不同的时间开始，因为民族志学者、技术、影像和不同的人之间的关系会以不同的速度和不同的方式发展。

准备开始不仅是找到合适的时刻，也涉及一系列可能的技术问题。这取决于使用的设备，过去因为没有拍照手机或小型手持相机，情况要比今天复杂。然而，在一些当代的视频民族志项目中，这可能包括安装三脚架、组织外部录音、完善照明。这些不仅为视频拍摄过程服务，而且也为研究过程提供框架，成为研究

111

过程的一部分。例如，即使他们使用旧技术，洛马克斯和凯西研究助产士和顾客互动的经历也说明了这在实践中的动作过程。他们发现，即便是进入家庭并安装设备都是与研究过程相关的，因为"在没有互动的情况下是不可能进入一个人的家里或安装摄像机的"（Lomax and Casey 1998：7）。同样，当我与人们一起参观他们的家庭，或在他们表演和论述家庭实践时给他们拍摄，我也经常与研究参与者一起布置。在我们进行移动录像时，灯光是有策略地放置和开启的。在此，视频记录的技术需求成为一个合作的议题，访谈者和被访谈者都寻求室内照明的额外来源，并真正地承担起在家庭中具体的和物质性的任务，试图将其现有资源作为塑造研究会面的一种方式。这再次证明，这些行为不应被视为损害了研究的客观性，而是应将之作为了解家庭的潜力和参与者相关知识的一种合作途径。

学会用视频观看

通过用摄像机进行长期的参与式观察，我们可以学习的不仅是其他人怎样做事情，还有我们自己如何能够从事类似的实践。如果人们正在学习的实践涉及视觉评估，那么摄像机可能是一个重要工具。在第 3 章中，我论述了如何按照现有的斗牛摄影惯例和当地人的指示拍摄斗牛表演。然后通过向他们展示这些影像，采纳他们对我看（拍摄）表演的批评，并讨论他们从我的照片里看见了什么，进一步了解他们关于评估表演、表演者和公牛的标准的视觉知识（参见 Pink 1997）。通过论述她在意大利北部所进行的牛饲养的视频研究，克里斯蒂娜·格拉斯尼表明，视觉民族志学者通过给被调查者当学徒的经历，发展了她所谓的"熟练的视觉"：像与研究者一起工作的人一样去观察，从而了解当地的现象。格拉斯尼提出"视觉民族志学者所经历的学徒期过程，与任何参与社区实践的人都需要经历的教育过程是平行的"。这样，民族志学者可能学会与她或他的被调查者分享一个"审美代码"（Grasseni 2004: 28）。在她自己与饲养专家合作进行的研究中，格拉斯尼试图"在学徒期"发展出一种对牛的"观察之眼"。作为这个过程的一部分，她用摄像机来记录视频日记，并把视频给主人们观看，让他们评论，并将她自己的观看方式与他们的（观看方式）进行比较（2004: 17）。格拉斯尼描述了当她第一次与一个饲养检查员一起开始参观农场时，她"不知道把摄像机对着哪里，因为我对发生的一切都不了解"。她意识到，为了把她所看到的一切变得有意义，她需要学习"分享饲养员的视角"（2004: 20）。在专家的指导下——专家向她解释如何评估一头牛——格拉斯尼用她的摄像机作为研究工具。她描述道："在他的指导下，我开始从下面看牛的乳房，把摄像机放到与膝盖同高的位置。我关注乳房的体积，试图从牛的尾巴下方将它的乳头拍摄成一排。我开始主要从后面拍摄牛，让摄像机比它的后背高，以展示它的脊柱线和肩膀的宽度。"因为不是简单地按照指导盯着牛看，所以摄像机在这一实践中很重要，格拉斯尼记录了这个视角，正如她所说的："摄像机是我注意力的催化剂，优化了我眼睛所看到的视角和用检查员的眼睛观看牛的方法"（2004: 21）。正如这个实例所示，视频可以像其他人所做的那样，作为学习过程的一部分以定向的方式被观看。此外，它所产生的视听材料，可供被调查者事后评论，然后生成深层知识。格拉斯尼将视频的这些用途与对视觉的理论理解联系在一起。她认为，参与式观察的观点应该被重新制定，它不仅是模仿其他人的行为，而且是（来自生态学的观点）作为一种学习人们的共同看法（或理解）如何"共同进化"的方式（2004: 28-9）。

用视频合作探索日常经验

在其他项目中，由于研究的时间尺度或研究对象的性质，长期的田野调查也许没有可能性。我自己的"清洁、家庭和生活方式"项目（1999 年与联合利华公司开发）是一个探索性的应用视频民族志。这个项目探究了人们的自我认同、价值观、道德、家务知识等的关系，以及他们实际从事的家务实践、使用的产品和使用方式。我们希望了解在生活方式、家庭和自我认同这一广泛的情境中，家庭清洁和使用的产品对人们来说意味着什么。从开始到最后的报告和演示，我有六个月的时间来完成研究。我没有时间深入参与者的生活来形成长期的参与式观察。原因有二：第一，我需要在 3 个月内完成田野调查；第二，我计划研究 40 个人、他们的生活方式、家庭和清洁之间的关系，而且田野调查发生在家里。如果没有与他们每个人一起生活几个月的时间，我就无法长期参与到他们的日常生活中。在这项研究中，我探索出上文提到过的合作视频游览的方法，以实现对人们所生活的社会和物质世界的深入了解（参见 Pink 2004b）。因此，我与每个参与者只见过一面，在这次会面中，我们共同使用摄像机探究他的家。格拉斯尼试图学习育牛专家"观看的方式"，进而能够自己使用摄像机来模仿他们的做法，而我的方法是让参与者在镜头中向我展示他们的家，描述他们的行为，既通过口头的方式也通过视觉的方式来呈现（参见 Pink 2004b）。我与每个研究参与者的会面持续 2~4 个小时，其中包含两个任务。第一个任务是，用视频记录访谈，包括他们的自我认同、日常生活、平时的清洁实践、关于污垢和清洁的道德和价值观、清洁的知识、干净和脏的定义等。访谈按照我的清单展开，但是专注于让研究参与者自己谈论和解释这些方面。这是一项合作活动，涉及每个与我工作的研究参与者，以代表她或他在家中经历的日常生活和参与的日常实践。第二个任务是，接下来的视频游览。这同样也是一项合作活动，每一个研究参与者与我一起来呈现她或他家里的日常生活和实践。在长期的田野调查中，我们需要等待事件在一段时间内发生，而在这里，我们没有这么多时间。我们只有1小时的录像时间，可以在研究参与者的家里录制她或他的生活。因此，我们必须非常有意识地在限定时间内探究和表现一个家庭，并讨论与研究参与者生活相关的人和物的关系、感觉、身份、情感、记忆、创造力和活动。他们使用整个肢体和言语向我展示他们在家里的生活和经验，包括演示如何开展日常家庭活动。通过这项研究，我旨在与每个参与者分享对他们过去的经验和当前做法的理解。要做到这一点，我必须依靠我们的合作，并与他们一同工作，以一种对他们和我都有意义的方式，帮助他们绘制、重建和表达相关的经验。这就产生了一组访谈记录、录音和录像带。其内容在某种程度上是我的研究经验的视听表达，包括对人们过去经历的描述和论述，对事情如何进行的说明，对过去所发生之事的阐述，对关于知识、意义、价值观和道德的解释。另一层知识是基于我自己对一些情境的亲身经验，在这些情境中，研究参与者经历着我通过视频游览可以获得的日常生活。参与者使用自己的身体来表现和展示视频中的认知方式，我也用自己的身体试图理解这些认知方式。这类视频民族志无法获得更多、更深的经验和共享知识的层次，后者需要在长期的田野调查中通过参与人们的生活才能产生。但它确实能使我们共同地、集中地探究构成人们日常生活的视觉和其他感官的知识和经验。

这种视频民族志游览的方法已经被扩展到低努力减少能源需求项目的民族志分支中，这个项目于2010—2014年在拉夫堡大学进行。我与克斯廷·莱德尔·麦克利一起，已经完成了相关文章，

114

并通过在线视频展示了我们如何将该方法作为一种途径，与参与者共同探究其家庭感官审美方式的形成和维持。正如我们所说的："视频游览的目的是在家中移动……跟随参与者，与他们一起论述，在这一过程中，了解家庭审美的创建方式。它尤其关注家里的构造、声音和视觉维度、参与者如何营造家里的气氛——同样地，他们如何使家感觉起来'正确'，当某人或某事把家里弄乱时他们会怎么做"（Pink and Leder Mackley 2012：1.2）。就像在早期的视频游览研究中所做的那样，摄像机使参与者能回忆、表达和再现他们家中日常经历的因素。家庭的物质和感官元素本身就是一个提示，同时也是我们想要理解的环境。例如，我们回顾了记录房屋门旁边的一段视频剪辑，并指出"视频情境如何吸引罗兹（带领参观的参与者）视觉性地进入并触摸家中的环境，从而让我们得以欣赏前门和隔热帘的美感，并透过她的手指想象冰冷的感觉，理解门口和恒温器之间的空间距离"（Pink and Leder Mackley 2012：5.10）。因此，视频游览法能使参与者向身为研究者的我们呈现他们的经历，并提供理解这些经历的方式。

移交相机

让参与者拍摄自己的生活的做法已经有很长一段历史，它始自索尔·沃思（Sol Worth）和约翰·亚岱尔（John Adair）的"纳瓦霍人拍摄自己"项目（1966），这个项目的主要目标是，"让纳瓦霍人向'我们'（研究者）展示他们怎样看待自己和环境，或者甚至是他们想要怎样向外界展示自己和自我"（Chalfen and Rich 2004：19）。理查德·沙尔芬（视觉人类学家）和迈克尔·里奇（医学研究者）评论到，将相机（现在是摄像机）移交给研究参与者已经被应用到很多学科的诸多研究中（参见 Chalfen and Rich 2004：19-

115

20；Chalfen and Rich 2007）。现在这一方面的文献越来越多（例如，Holliday 2001; Chalfen and Rich 2004, 2007; Mason and Muir 2012）。沙尔芬和里奇的研究背景是应用医学人类学。他们设计了一个名为视频干预／预防评估（Video Intervention/Prevention Assessment, VIA）的方法，通过这个方法，"年轻的病人被要求遵循指定的规则，通过使用家庭、社区、学校、工作单位、教会和自己选择的事件中的消费级摄像机，'把疾病告诉你的临床医生'。他们也可以进行一系列日记式的'个人独白'"（Chalfen and Rich 2004: 17; Chalfen and Rich 2007）。这意味着"视频干预／预防评估要求患有同种疾病（例如，哮喘、肥胖……）的年轻人创建一个视觉的疾病叙述，在镜头中记录他们的经历、感知、问题和需求"。这些记录以视频日记的形式，从病人的角度呈现疾病的经验。这些记录加上研究团队的专业分析，为临床医生获取病人对疾病的知识和理解提供了一条路径（Chalfen and Rich 2004: 18; Chalfen and Rich 2007）。这被视为一种在临床医生和病人之间建立更好的理解和沟通的方式，在这样的背景下，每个人都可能以不同的方式理解疾病。因此，沙尔芬和里奇认为这个方法提供了一种文化中介形式（Chalfen and Rich 2004: 20-22; Chalfen and Rich 2007）（这是应用视觉人类学工作的普遍特征）。正如这一工作中应用视觉人类学研究里的情况一样，不仅研究的结果对参与者的生活产生了影响，而且这一过程也变得具有授权作用（参见下文）。沙尔芬和里奇（在一个对哮喘的研究中）指出，"自省的过程使病人的哮喘状况明显改善，这可能是因为他们觉得自己会做什么与他们知道自己应该做什么之间的认知失调"（Chalfen and Rich 2004: 23; Chalfen and Rich 2007）。视频干预／预防评估的研究者也在网上展示和讨论他们的工作（也可参见 Pink 2011b），这提供了该工作的重要介绍和文档，包括视频剪辑。我将在第 10 章进一步论述这一问题。

另一个例子是参与者制作的视频，其中包括在线文章中的视频剪辑，这个例子讨论了詹妮弗·梅森 (Jennifer Mason) 和斯图尔特·缪尔 (Stewart Muir) 对家庭生活的社会学研究。梅森和缪尔通过一种与家庭电影相关的体裁拓展了他们的工作，参与者制作了视频，以此来加深对家庭庆祝活动的了解。他们描述了"邀请几位参与者使用小型手持摄像机来记录他们的圣诞节"，其目的是（与上文论述的"视频干预 / 预防评估"的成果类似）"参与者能够让我们了解他们的私人生活，这些是我们在其他情况下很难看到的"（Mason and Muir 2012: 2.3）。梅森和缪尔认为这样的材料使研究者得以"感受和洞察个人生活的多维度、多感官和具体化的方式"，而且视频资料"可以帮助我们真正地看到人们房屋的内部，他们消费和关系实践中的情境、感官和物质方面，互动，以及研究者由于各种原因不能参与的互动和场合"。他们认为，在社会科学家通常处理诸如代际关系、社会阶层、性别关系的抽象分类（有时甚至是传统本身）的情境下，这种现实的"生命力"会重新被人们认识（Mason and Muir 2012: 4.8）。通过将视频与访谈（一个在社会学中占主导地位但有限的研究方法）相比，他们的论述表明，使用参与者制作的视频，可以让研究人员了解日常生活或庆祝活动中发生的事情。他们强调了视频的能力，以展示"共识或矛盾和异议的情境动力学"，以及"所发生之事可能是一堆实践、意义、讽刺、误解和误听、轻微的破坏因素和矛盾的混合物"（Mason and Muir 2012: 4.6）。实际上，正如我在其他地方提出的（Pink and Leder Mackley 2012），无论是参与者还是研究者进行记录，视频都可以把我们带到生活的中心。这是一种从作为环境一部分的角度进行研究的方式，而不是让别人用口头表达的方式告诉你。

开展民族志并不总是涉及创建和构造相对受控的研究会面，

而是意味着我们应该期望出乎意料的东西。这方面的一个实例出现在弗朗西斯科·费兰迪斯与委内瑞拉精神信徒一起完成的作品中 (Ferrándiz 1996, 1998)，尽管它来自模拟视频时代，但是在今天仍然具有意义。在这个例子中，我们看到了视频如何为我们提供了获取视觉和感官知识的一个途径，而且更有意思的是，摄像本身是如何在特定文化活动中被利用的。费兰迪斯将视频在他的田野调查中所扮演的角色与宗教信仰和媒体表征的现有关系和经验联系起来，他特别关注视频是如何通过他自己与被调查者之间的主体间性的发展而发展的。在某些情况下，视频成为帮助创建其使用情境的催化剂，比如，他的被调查者组织了一个仪式，作为录像活动的一部分。然而，特别有趣的是，在他田野调查的 6 个月期间，当费兰迪斯开始拍摄视频时，与他密切合作的被调查者也拿起摄像机拍摄，他们每一个人都创建了"同一个地方的完全不同的视觉记录"(Ferrándiz 1998: 27)。费兰迪斯做了进一步的分析，不只是关于不同的人是如何创建同一情境的不同视频叙述的问题。他形成了视频制作与其参与者参加的仪式活动之间的连续性，视频的视觉实践和仪式实践同时发生，随着仪式的进行，人们在镜头中进进出出，前后移动着。在这个研究中，摄像机成为仪式的物质文化的一部分，其记录功能成为仪式活动的一个方面。因此，费兰迪斯既可以通过观察摄像机本身在仪式中的使用，也可以通过分析和论述这些使用所产生的视频来了解仪式活动。

合作 / 参与式视频与参与者的授权

上文论述的实例表明，民族志视频制作可能会与当地的视频文化交织在一起。在知识生产的过程中，它涉及与研究参与者的积极合作。就此意义而言，这种工作在本质上是合作的。正如班克斯（Banks 2001）指出的，很难想象视觉研究不是合作的，但是，当然也有一些不同的情况是视频民族志学者和参与者出于不同目的的合作。关于参与式视频（例如，White 2003）和参与式视觉方法（Mitchell 2011）的文献已经越来越多、越来越广泛。这些文献与视觉人类学相重叠，因为它们在某些类型的视频实践和／或启发彼此的想法上可能是相同的。然而，在这里我的兴趣不是回顾参与式视频方法的发展，而是探讨视频、参与和授权是如何与在理论上形成的视频民族志方法论相重叠的。

正如我在第 1 章和第 2 章所提出的，视觉民族志不只是一套方法，还是在理论上形成的各种方法，它作为学术性学科的一部分，在本节所讨论的例子中，也涉及对权力和不平等的理解。事实上，不仅是这些项目扮演了这样一个角色，前一节论述的沙尔芬和里奇的工作，也可以被描述为寻找一种授予病人权力的途径。当然，视频民族志的项目不能都归属于单独的或单纯的类别。应用视觉民族志的研究领域正在快速发展，它也向公共视觉人类学迈进了一步（也可参见 Pink 2006）。实际上，这两者往往是相结合的，例如，我主编的论文集《视觉干预》（Pink 2007）表明，视觉民族志学者试图通过自己的作品带来改变，他们倾向于让参与者参与到视频项目之中，使他们能够用有效的方式思考他们的环境，同时试图为公众或权威组织或有能力做出改变的组织带来具有批判性或启迪作用的观点。21 世纪的最初几年，应用视觉人类学有了进一步发展，特别是在关注视觉实践的感官和数字元素方面（参见 Pink 2011b）。因此，有一些很好的实例可以帮助我们了解视频民族志应该以及事实上如何参与到授权和改变的项目中。实际上，虽然制度框架迥异，但是从方法论的角度来看，这些项目与组织和公司研究背景下发展起来的应用视频民族志之间有许多对应关系（例如，Sunderland and Denny 2007）。下面我将论述两个实例：

人类学家卡洛斯·弗洛雷斯的工作（Flores 2004；以及参见 Flores 2007），他借鉴了人类学制片人让·鲁什的传统作品，以发展一种"共享"的人类学；社会学家克里斯蒂娜·拉莫尔的跨学科项目也很有趣，因为它们向我们展示了如何在医学情境中利用视频来探索并真正构建不同的情境和权力关系的维度。

当代视觉民族志学者正在权力关系复杂的情境下工作。这不仅涉及研究者和参与者的关系，也涉及他们与其他机构和个人的关系。在一些项目中，民族志学者已经在合作研究中使用过视频来创建学术知识，并帮助那些经历过政治冲突的人。视觉人类学家卡洛斯·弗洛雷斯借鉴了让·鲁什"共享人类学"的概念，论述了他在战后的危地马拉与凯克奇的电影制作人合作进行的基于社区的视频工作。这项工作"提供了关于土著群体及其演变的重要的民族志见解"，并"在经历了严重的内战和暴力时期后，为社区提供了社会文化重建的新机制和意识"（Flores 2004: 31）。弗洛雷斯加入了一个非政府组织的视频项目，他最初采取了一种参与者—观察员的立场，并开始认识到已有的做法与他自己对土著视频的期待之间产生了冲突：它们似乎表现的是某种发展议程，而不是去关注传统的土著实践或最近的冲突历史，并且是使用西班牙语而非当地语言制作的（2004: 35）。在参与式研究的下一阶段，他开始利用自己的电影制作技能和观念，并鼓励项目组成员采用其他主题，其重点在于其中一个视频中的种植仪式和另一个视频中的冲突。正如弗洛雷斯的作品所显示的，这样的合作工作既开辟了可能性，又限制了它所能实现的目标（2004: 39）。他的工作还表明（像应用视觉人类学的其他作品一样，参见 Pink 2004a，Pink 2006[第 5 章]，Pink 2007b），重要的不仅是最终完成一部纪录片，而且是制作它的合作过程，正是通过这一过程，参与者实现了对主题性议题和自我意识的新层次的介入，并得到了民族志知识。

118

关于参与者在一个研究过程中的定位，克里斯蒂娜·拉莫尔的作品提供了更多有趣的视角。拉莫尔的工作使用了一系列包括视频在内的媒体。她的视频工作很有趣，我们把它作为一系列项目中的工作主干的一部分，思考她如何以不同的方式使用视频，以及如何去适应她与不同参与者所建立的合作。我从三个项目探讨拉莫尔的工作，它们分别关注介入放射学（例如，Lammer 2007）、乳腺癌和整容手术（例如，Lammer 2009, Pink 2011b），以及面部重建（例如，Lammer 2012）。拉莫尔经常寻求在病人和治疗他们的临床工作人员之间建立新的接触点和理解点，并使用一些具有创造性的技术。这包括在医疗咨询、治疗和干预背景下，开发与其他视觉、艺术和民族志研究方法相关的基于视频的民族志技术。在这一情境下，她没有按部就班地重复使用相同的方法，而是因地制宜。例如，拉莫尔在介入放射学手术室的工作中，使用摄像机研究诊断过程中的“非言语和感官的相互作用”（Lammer 2007: 97），使用摄像机追踪病人的故事，通过这些（以及其他事情）关注患者和临床医生的关系。在之后有关面部重建的工作中，拉莫尔开发了一系列相关的人体艺术项目，比如，“疗愈镜”项目，拉莫尔记录了许多参加该项目的病人，他们正在进行一系列面部理疗练习，并录制了她自己的内窥镜录像（Lammer 2012）。不同类型的素材给拉莫尔带来了看待和认识临床情境的不同位置和方法，她将它们交织在一起。然而，正是这些并置使得通过镜头所看到的任何一种观点的偏颇得以降低。

与参与者一起观看视频

另一种与参与者一起形成生产知识的合作路径就是与他们一起观看视频素材。与被调查者一起剪辑、发布和观看视频画面是费兰迪斯在委内瑞拉进行的项目的一个环节（如上所述）。费兰迪斯在被调查者要求观看视频副本时制作了一盘磁带。他对这段视频进行了剪辑，包括用慢动作来呈现一些模糊的顺序。视频在费兰迪斯工作的棚户区被广泛观看，深受欢迎。被调查者对慢动作

120

"为什么问约瑟芬？" © Zemirah Moffat 2006

"你喜欢你的生殖器吗？" © Zemirah Moffat 2006

图5.1 泽米拉·莫法特的电影《魔镜，魔镜》探讨了伦敦的同性恋者的身份问题。在研究和电影制作过程中，她采用了一种合作性和反身性的方式，这既解释了她自己的身份，也解释了她在电影中的角色，以及电影主角们希望如何表现自己。在电影里，她在不同的情境下向参与者播放镜头片段，并将他们的反应剪辑到电影中。

的部分很满意："重要的是强调使用慢动作的成功，在某种恍惚的范围内，在非实时的时间里，慢动作似乎更准确地体现了仪式期间所经历的时间的情感性和模糊性"(Ferrándiz 1998: 30)。观看与被调查者一起制作的视频可以帮助研究者弄清楚，对于被调查者个体、个体所属文化和经历来说，哪些表征是合适的，哪些是不合适的。事实上，我们可以通过不同类型的研究项目来探索这种类型的实践。关于参与者参与评论视频表征的另一个实例是泽米拉·莫法特 (Zemirah Moffat) 的反身性民族志电影《魔镜，魔镜》(Mirror Mirror)。作为电影研究和制作过程的一部分，莫法特让参与者在不同的情境下参加了一系列反馈会议：在个人笔记本电脑上观看自己的影像；在酒吧舞台上观看放映的粗剪片段；在大学会议室里观看粗剪投影。在这种情况下，参与者已熟悉自己的身份，他们积极讨论电影的表征过程，以及电影在多大程度上达到了目的，并就自己在整个视觉民族志和电影制作过程中的表现继续进行协商。

121　　正如我在第 3 章中所论述的，在低努力减少能源需求项目中使用后续会议的视频画面的行为 (参见图 3.3)，并不只是确保研究具有强烈的反身意识，而且也可能是研究知识生产的伦理过程的一部分。这个特定项目的后续会议也提供了一些进一步思考和讨论视频研究会面的诸多因素的机会 (Pink and Leder Mackley 2012)。

小　结

在本章中，我提出了一种在民族志研究中针对视频的反身性方法，该方法侧重于这一问题：知识如何通过研究者与民族志视频的主题之间的关系，以及所使用的技术与当地的和学术的视觉文化之间的关系而被生产出来。同时，我建议将视频理解为它是在运动中产生的，是人与事物独特和不断变化的结构的结果，也是运动的结果。

随着新技术、新发明和理论观点的发展，视频在民族志研究中的新用途已经发展起来。在学术研究、干预项目和纪录片中，人们对一系列民族志视频的合作方法越来越感兴趣，这一实践领域继续随着跨越线上和线下的新技术和实践而发展，我将在下一章介绍这一背景。

拓展阅读

Grasseni, C. (2004) 'Video and ethnographic knowledge: skilled vision in the practice of breeding', in S. Pink, L. Kürti, and A. Afonso (eds), *Working Images*. London: Routledge. （该文提供了关于民族志中视象与观看的有益的方法论视角，以及在研究中使用视频的一个例子。）

Pink, S. (2007a) *Visual Interventions*. Oxford: Berghahn. （应用人类学研究论文集，其中包含了一系列视频运用的案例研究。本章所讨论的沙尔芬、弗洛雷斯和拉莫尔的研究工作可以在该文本中被找到。）

Pink, S. (2011b) 'Images, senses and applications: engaging visual anthropology', *Visual Anhropology*, 24(5): 437–454.

Pink, S. (2011d) 'Drawing with our feet (and trampling the maps): walking with video as a graphic anthropology', in T. Ingold (ed.) *Redrawing Anthropology*. Farnham: Ashgate.

Pink, S. and Leder Mackley, K. (2012) 'Video as a route to sensing invisible energy', *Sociological Research Online*, February 2012.

6

网络视觉民族志

一些读者会发现，他们很难想象：一个在日常生活中没有互　123
联网的世界；一个在数字视频和照片被拍摄出来后无法马上无线
共享，以及社交网站不是一个共同参照点的时代。其他人则见证
了自本书第 1 版在 1990 年代末出版后所发生的巨大改变。同样，
再过几年，我们在当代接触互联网的一些方式可能会显得荒谬。
在本章中，我不奢望去证明互联网在视觉民族志中的位置，原因
很简单，这一章在它被出版之前就会过时。相反，我会使用我应
用于数字视觉民族志写作中的一种方法 (Pink 2011f)，意图描绘
互联网的潜力被纳入已有研究工作的方式。我将互联网定义为视
觉民族志的当代场所的出发点是 Web 2.0 的背景，下面我将进一
步详细说明。

在本章中，我将重点介绍视觉民族志学者如何通过参与新的
数字视觉互联网实践而已在发掘并可能继续发掘互联网的潜力，
因为这些实践是围绕新的软件和硬件发展而成的。因此，虽然我
可能会讨论一些研究人员在研究中使用特定网络平台和媒体的例
子，但我的观点并不是简单地展示或规定这个或那个特定平台或
技术如何成为数字视觉民族志的一部分。相反，我的意图是邀请

读者以同样的方式参与新的机遇的发展。我关注的是，在线上／线下密不可分的背景下，我们如何通过数字和可视化网络实践与他人互动，如何实施这些实践，以及如何体验这些实践来创造学习的切入点。在此过程中，我会为理解第 4 章和第 5 章的摄影和视频实践奠定基础：本章的重点是我们如何将这些技术与不断涌现的数字环境连接起来。

那么，我们如何想象一个将互联网的可视性作为研究过程一部分的民族志研究项目呢？事实上，尽管我在下文讨论的几个实例都是专门探讨互联网作为研究问题一部分的视觉民族志项目，但是正如我在前面几章所强调的，我将视觉民族志概念化为关注数字视觉方法和媒体（视情况而定）研究的一种方式，并将其作为研究过程的一部分——而不是简单地为了它而使用视觉方法。这同样适用于将互联网的使用作为运用视觉方法和媒体的民族志的一部分。我们应该接触互联网，因为它是视觉文化、日常生活和特定实践的一部分，而在很多文化、社会和地区研究情境下，互联网已经成为与我们一起参与项目的人的生活的一部分，并与我们使用的技术密切相关，从这层意义上来说，它已经不可避免地是我们工作的一部分。然而，人们在多大程度上，以什么方式连接到互联网，以及这些连接方式的可视性，在涉及使用不同的技术、使用互联网实践的特殊性、经济和政治制度等方面有着极大的差异。认识到（而不是简单地认为理所当然）现代新兴技术在研究过程中所扮演的角色是很重要的。同样重要的是，认识到我们不应该理所当然地认为，仅仅因为现在拥有一系列基于网络的技术可被用于制作、处理、存储和共享影像，所以对它们的使用始终构成了在文化上或伦理上最适当的从事视觉民族志的方法。在这个意义上来说，我建议，前面几章论述的视觉民族志的原则应成为思考网络实践的出发点，它们展示了从事视觉民族志的尝试和检验方法，这些方法正在扩展到基于网络的环境中。因此，在本章中我将在讨论的例子里探讨同样的主题，即适当性、反身性、合作和参与。

正如南希·贝姆（Nancy Baym）所展示的，通过对媒体的比较，我们可以了解它们的能力和后果（Baym 2010: 6-7）。她表明，"有7个概念可被有效地用于比较不同的媒体以及面对面交流，即互动性、时间结构、社会线索、存储、可复制性、范围和移动性"（Baym 2010: 7）。在前面几章中，我讨论了我在读博期间研究西班牙妇女和斗牛时摄影的一些经验。与人合作和摄影的许多原则仍然有效，但在其他方面，情况已发生很大变化。虽然贝姆的7个概念不能直接映射到这两个历史背景的叙述差异上，但我们可以看到，它们显然是相关的结构类型，可以帮助我们反身性地思考数字媒体如何成为视觉民族志实践的一部分。实现这类反身性的一种方法是通过历史性比较：当我20年前去西班牙做田野调查时，我没有电脑或手机。我买了一台打字机，去了位于当地主广场的电话中心，在其中的一间小屋里打电话回家。为了见科尔多瓦当地大学的学者，我亲自去了美丽古老的石砌教学楼，沿着古老的走廊寻找标志，敲开了英语系的门。我通过在电影资料馆观看电影或视频来研究和体验当地的斗牛视觉文化，我在当地商店和报刊亭购买书籍和杂志阅读，并观看在酒吧墙壁上的照片。我用一台模拟相机拍照，等待照片冲洗出来，然后取回。如果我现在要开始一个类似的项目，我将以非常不同的途径去了解人和影像。在到达西班牙之前，我就可以在网上与相关的人认识、接触和互动，并能形成斗牛的网络视觉文化研究。让我们想象一下我将如何处理这个问题。它可能包括在 YouTube 上搜索和观看关于斗牛的视频——由斗牛狂热者、斗牛反对者、专业制作人或其他人制作而成。这些不同的类型将为我提供路径，用于解释我可能遇到的不

125

同的观看和拍摄斗牛的方式，并开始想象自己置身其中的情境。为了合乎伦理地以民族志的方式完成这项在线研究，我会联系那些了解这些视频的人，恳请他们再次通过在线上讨论他们的文章来参与我的研究，或者在我到达西班牙之后与我面对面进行讨论。同样，我也可以通过 Flickr 或 Facebook 小组联系斗牛摄影师。这将使我进一步学到观看、制作并创造对斗牛的理解的方式，以及贯穿其生产的网络、材料、技术和社会环境。然而，所有的在线研究都是与面对面呈现的材料相关的。如果我想知道斗牛的视觉文化是如何产生的，我应该询问这些业余的或专业的视频制作者是否乐意与我分享他们在面对面的情况下拍摄视频的经验。就像埃里克·劳里（Eric Laurier）所说，这可能意味着研究数字视频制作的过程（例如，Laurier et al. 2011）。参照阿德沃尔和萨恩·科内利奥（Ardévol and San Cornellio 2007，在下文论述）的例子，我可能一到西班牙就开始制作、上传并分享自己的视频，学会作为一个参与者参与到我所研究的这个世界中，这实际上是创建与 1990年代的研究实践之间的连续性，正如我在第 4 章所论述的，我作为一个业余的斗牛摄影师参与其中，将之作为了解其他人态度和认识的一个途径。

因此，正如贝姆和马卡姆恰当地提醒我们的，"互联网改变了我们理解和进行质性研究的方式"（Baym and Markham 2009: viii)，而且这同样是我们进行视觉民族志的方式。然而，正如上文所示，这些变化可能不是对以往方法的绝对背离，而是延续。正如艾莉森达·阿德沃尔告诉我们的那样，这确实是一个令人激动的时刻，其中一些不同之处在于：

……扩大视觉方法的领域将互联网实践包括在内，

126

这意味着重新制定视觉研究的维度，将田野调查的范围从面对面的接触扩大到虚拟的社会情境。此外，互联网技术提供了新的方法和工具，可被用于可视化数据的收集和分析。（Ardévol 2012：86）

正如上文的历史比较所表明的，Web 2.0 为学做视觉民族志提供了一个新的情境，然而，研究参与者和民族志学者在日常生活与研究实践中使用视频和摄影的方式上也存在着很强的连续性。我们与互联网的互动也影响着我们如何对其所处的世界建立理论（也可参见 Pink 2011a, 2011c）。在下文中，我描述了用互联网做视觉民族志的一些理论上和实践上的影响，并探究了互联网如何成为视觉民族志实践的一部分。

民族志与互联网

关于网络民族志的文献已经越来越多。我并不想在这里回顾这些文献，而是关注视觉民族志学者如何理解和发展在线研究工作的维度。我要强调的是，本章不会对新兴的网络民族志文献有所贡献。继第 4 章和第 5 章之后，我的兴趣主要集中在，互联网、计算机和网络技术对视觉民族志中镜头媒体使用的影响。对视觉民族志和互联网研究之间关系的全面探究和论述感兴趣的读者可以参考艾莉森达·阿德沃尔最近的作品 (参见 Ardévol 2012)。阿德沃尔作品的几个章节展示了视觉民族志和虚拟民族志之间的对应关系，展示了在这两种情况下我们需要如何超越民族志的反身性而集中书写她所谓的"'中介转向'(mediation turn)——我们如何在日常田野调查实践和知识生产中纳入其他表达工具和数字技术"(Ardévol 2012: 75)。正如我在接下来的段落中所表明的，由于数字技术的不断创新，这一点变得更为复杂。事实上，数字媒体既没有以一种单一的方式被纳入民族志实践，对于数字民族志在跨学科和主次排序时可能产生的后果，也没有一种单一的定义。

因为数字技术在不断发展，所以根据人们可能参与的媒体来展开数字视觉民族志的媒体讨论是不明智的。将移动拍照手机和互联网分而述之似乎是安全的——但其实它们也并不完全是独立的媒体，很难将其他媒体的功能从这两者中剥离出来，尤其是从影像生产、编辑、存储和共享功能的角度，因为通常单个技术包含不止一个主要功能和辅助功能。基于这个原因，我在下文中不是通过技术去讨论数字视觉民族志，而是将讨论分为两个部分，接着第 4 章和第 5 章继续讨论摄影和视频。虽然这两个类别或许从创建历史上看有点讽刺，毕竟它们涉及两个单独的技术。但是，我有充足的理由延续目前的这种区分，因为虽然在数字时代，技术本身并不那么明显，但视频制作和摄影的实践、技能和风格在日常的、专业的和民族志实践中有很多文化上和实践上的区别。然而，在强调连续性的同时，我们也需要认识到间断性。因此，当我们使用专门的数字视频和静态相机时，我们也可以用兼具这些功能或者更多功能的智能手机从事数字视觉民族志研究。

正如我在第 1 章所概述的，视觉民族志的实践方式是由学科议程和理论所构造的。同样，每一部侧重于互联网民族志的文献，在民族志方面也往往忠实于其学科传统。因此，人类学家倾向于以参与者、观察者和实践者的身份参与其他人的数字视觉和网络实践。例如，迈克尔·韦施（Micheal Wesch）在 YouTube 上的视频作品就涉及这类参与活动（Wesch 2009，在下文论述），汤姆·波尔斯托夫（Tom Boellstorf）曾作为观察者的角色参与到"第二人生"的实践中（Boellstorf 2008）。相比之下，《社会学》期刊上的一篇文章介绍了社会学家代赖季·穆尔蒂（Dhiraj Murthy）的相关研究实践，包括作为观察性和隐蔽性实践的数字民族志、调查问卷、电子邮件访谈、视频日记等 (Murthy 2008)。这些学科的差异远远超出了主要的人类学和社会学传统之间的区别：由于民族志是一种日益流行的跨越多学科和交叉学科的方法，因此必须了解其议程如何影响其实践。此外，关于数字研究情境的当代文献是在快速发展的技术环境 (如本章所述) 中产生的，这些文献经常会举例说明我们将采用何种方式进行在线研究，而它们所应用的网络平台往往在短时间内就过时了。这为讨论互联网对数字视觉民族志的影响和可能性提供了广泛的背景。

　　在关于数字民族志的文献中，一些新的术语出现了：海恩 (Hine 2000) 早期的 "虚拟民族志" 概念、科兹尼茨 (Kozinets 2010) 的 "网络志"，以及穆尔蒂 (Murthy 2008) 对 "数字民族志" 的定义。在本章中，我在某种程度上偏离了这些标签。我在第1章中指出，事实上，民族志可以是 "视觉的" 这一观念与我们实际上进行民族志的方式是不同的。我也认为，许多当代的视觉人类学应定义为 "数字的"，因为它通常涉及数字技术的使用，采取数字相机和／或拍照手机、网络媒体、扫描等形式。此处我关心的是与互联网有关的数字和视觉技术的民族志用途。在这层意义上，我要强调，我对数字、视觉和网络民族志的定义可能与读者在其他文献中读到的不同。因为我定义这些实践的方法是基于这样一个前提：它们不是纯粹的、排他的或界限分明的类别。举例来说，穆尔蒂通过与海恩的 "虚拟民族志" 进行对比来定义数字民族志，他认为在他的定义中，数字民族志不同于虚拟民族志 (不涉及面对面研究的事物)。相反，他将数字民族志看作 "由数字技术所中介的民族志"。他将这解释为包括 "由数字技术所中介的现场日志、线上参与式观察、被调查者投稿的博客／维基百科、线上焦点小组"，并写道，"它还可以包括对线下群组的描述" (Murthy

128

2011：159）。因此，对穆尔蒂来说，数字民族志的"数据采集方法是以计算机为中介的"（2011：159）。虽然我认为以计算机为中介是用互联网进行民族志的关键，但是这里我的目标是进一步推进对其的界定，以思考由数字摄像机和录音机、拍照手机和其他技术所组成的线上网络终端及配置的集合体。有人可能会认为，有一种情况是将这些技术全部当作某种意义上的"电脑"——智能手机在这一点上尤其突出。然而，正如海恩（Hine 2000）所指出的，正是这些技术的性能——如何在实践中被使用——有助于它们成为什么。因此，在数字视觉民族志的情境下，我们应该以每一种技术及技术与其他人和事的关联性被定义的方式来理解计算和计算机，因为它提供了一个清晰的方式，即把视听媒体合并为研究背景、过程和主题的一部分。利用数字和网络技术进行民族志研究时，我们需要考量技术的相互关系，而这一定义对我们理解这种相互关系的方式也会产生影响。我们不仅要关注一系列不同的技术，每种技术都与视频或摄影等不同媒体相关联，而且我们可以将数字视觉民族志看作这些技术潜力的一种体现，并将其视为曾经各不相同的媒介（例如，思考模拟摄影和视频之间的技术差异）如今在不同设备（例如，从摄像机到便携式电脑再到移动手机）和网络平台之间移动的方式。

将互联网理论化为视觉民族志的背景

阿德沃尔指出，视觉和互联网研究者通常倾向于分享一系列共同的关注点，阿德沃尔认为，这与他们均以多种方式利用技术作为获取知识的途径这一事实有关。本书第1版（2001）所形成的视觉民族志与海恩的虚拟民族志（2000）有着共同的根源，我们能够发现其中的共性。这两本书出版年份相继，都受到类似的理论上和方法论上的影响，这些理论和方法论出现于 1990 年代民族志实践向反身性和多地点性（multisitedness）的转向时期，它们脱离了民族志的整体研究方法（也可参见 Pink 2009）。正如我在前面几章中强调的，1980 年代和 1990 年代的反身性转向对视觉民族志的发展方式产生了深远影响，这一影响的后续范围还包括视觉民族志实践、当代视觉伦理的表现方式，以及我在第 8 章和第 9 章所讨论的表征实践。此外，与视觉民族志一样，海恩的虚拟民族志使她介入了对技术的理论和文化理解。她的方法既借鉴了媒体社会学，也借鉴了技术社会学，将互联网理解为既是一种通过使用和用户来运行和构建的事物（2000: 38），同时也是一门技术（2000: 9）。她强调意义是如何在情境中产生的，这意味着"互联网使用的环境（线下）和通过对其的使用而出现的社会空间（线上）"（2000: 39）挑战了民族志中的整体主义神话。

社会科学和媒体取向的互联网研究文献的数量正在迅速增多。学术领域的每种取向都有其擅长的优势学科和分析的尺度及单位，互联网也不例外。正如最近的论述已经指出的（例如，Baym 2010; Postill 2011），这包括基于网络理论的互联网主导理论（例如，Castells 1996）或基于对线上社区的理解的互联网主导理论（例如，Kozinets 2010）。这些已经在某些社会科学文献中引起激烈争论的概念，也激发了互联网研究中的批判性反应，尤其是那些将互联网工作植根于人类学民族志的学者（例如，Miller 2011; Postill 2011）。他们已经证明，这些宏大的理论无法完全解释日常互联网使用的经验和实践的现实，而且有时甚至直接与他们的逻辑相矛盾。这并不是说关于网络和社区的社会学理论不能为理解互联网及其与日常媒体技术的关系提供有用的理论框架（参见 Pink 2012d）。事实上，这些概念引导我们通往知识之路，使我们能够将互联网的使用、经验、实践和共同创造的方式置于更广泛的社会、经济、企业和与其他过程相关的日常生活之中，并以特定的学科轨迹和优先次序为条件。然而，数字视觉民族志的部分任务是关注这些理论不能达到的细节，并以等待那些意想不到的、不可预见和无形的细节的方式进行。接下来我要问的是，什么样的理论框架可以为我们提供这样做的自由，并给予我们使用数字媒体来构建民族志知识、做出理论贡献的机会。

130　　另一套为视觉民族志学者提供洞察的理论解释是，探究我们在其中进行研究的新兴数字环境的性质和关系。媒体历史学家威廉·乌里奇诺（William Uricchio）在论述他所说的算法转向时，考虑了环境中无形的数学框架，他指出，"尽管很难'看见'（毕竟，我们注意的是我们面前的影像，而不是潜在的选择和组织过程），但是算法领域最终决定了我们能看到什么，甚至决定了我们如何看待它"（Uricchio 2011: 33）。根据乌里奇诺的观点，"过去 10 年左右，我们已经增加了表征和看待世界的新方法，这些方法依赖于在观看主体与被观看的对象之间的算法干预"（2011: 25）。他告诉我们，这一点在参与性媒体中得到了体现，比如维基百科和"我们在苹果手机及 TomToms 网站上所找到的动态和位置感知制图系统"（2011: 26）。乌里奇诺通过查看 Photo-synth 软件上的实例探讨了这意味着什么，该软件可合成多张照片，从而在"整体"上创建一个新的视角。他的观点是，"像 Photo-synth 和现实增强这样的应用软件有一个共同的特点，就是通过算法加工层而从根本上调整主客体的关系"，它们重新定义了"人类的能动性"和"被观看的世界的顽强的固定性"（2011: 33）。因此，"在算法所支持的物理世界中，观看者的位置和这个虚拟信息层之间的相互作用是变革性的，它能创造有意义的方位并促进行动的产生"（2011: 33）。对基于网络的视觉民族志来说，这意味着在处理数字影像时，我们需要对所观看的对象具有反身性意识，意识到无形的架构的存在，这些架构建构了我们成为观者的方式。

在方法论讨论的背景下，弗朗西斯科·拉彭塔 (Lapenta 2012) 借鉴了乌里奇诺的工作以及列夫·曼诺维奇 (Lev Manovich) 在信息可视化技术方面的成果 (Manovich 2011)，拉彭塔专注于数字地图及其相关技术如何同样地创造出新的无形架构，为视觉研究方法的出现奠定了基础。拉彭塔强调了与这些技术相关的"交流和社会互动的新表征和可视化形式" (2012: 134)，并认为它们对社会学和民族志研究的影响超出了上文讨论的在线民族志研究的范围。他以 Web 2.0 环境的可视化为重点，认为网络应用程序(例如，"Wikimapia、OpenStreetMap、Google Earth、Google Maps、Google Places、Google Latitude、Foursquare、Gowalla、Flickr、Facebook Places、MyMaps 等") 可以被描述为"定义了网络的一个新的地理空间转向和新的视觉轨迹"，在这样的背景下，"个人的 Web 2.0 在线交互、身份和通信的虚拟方面被本地化，并在虚拟地图上与用户存在的真实空间进行可视化合并" (Lapenta 2012: 134)。在实践上，这对视觉研究者意味着，"这些新技术……成为有意义的元素，可以用于计划、组织、可视化并研究社会表现、个人身份、媒介互动以及媒体用户的'想象'的共同体" (Lapenta 2012: 147)。到目前为止，虽然视觉民族志实践中互联网的这些无形的技术架构很少得到关注 (一个例外是 Pink and Hjorth 2012)，但这些考察使数字视觉民族志学者得以承认他们的实践方式和他们生产的知识类型，不可避免地受到了网络及其应用的存在和架构的影响。乌里奇诺和拉彭塔的评论很好地与移动网络的概念产生了联系，因为它们解释了移动和基于定位的技术与数字环境的可视性之间产生关联的方式是如何被建构并被体验的。正如我在前几章所强调的，影像是在运动中被生产并被体验的，这一点也适用于上述段落论述的内容。尤其是 (正如在其他地方论

131

述的），举例来说，在视觉民族志学者如何穿过基于网络的环境（如谷歌街景）的实例中（Pink 2011），以及我和拉里萨·约尔特（Larissa Hjorth）在其他地方呈现的分析中，这些研究使我们可以理解拍照手机摄影被实践并被体验的数字环境（Pink and Hjorth 2012）。

这些理论观点为我们提供了将互联网作为一个环境或无形架构的方式。然而，为了理解视觉网络民族志的潜力，我们需要考察互联网是如何从民族志的角度被研究并被理解的。这不是一个简单的任务，因为互联网不仅是一件事物，而且单一的网络平台往往并非只有一个用途或定义。然而，日益丰富的一系列民族志解释和分析不约而同地说明了作为民族志场所的互联网是什么，它如何与非数字的现实和物质性交织在一起，以及我们如何使用这些视觉民族志的方法。互联网或基于网络的民族志还有另外一个有趣的视觉效果，它将影像制作、操作、浏览和发布交织在一起，为视觉民族志实践提供了令人兴奋的实践机会。

面对 Web 2.0（进一步转变成 Web 3.0 等）的定义所引起的争议，南希·贝姆的评价提供了一个坚实的起点。贝姆指出，虽然 Web 1.0 的许多内容也是由用户生成的，但"Web 2.0 的特点通常被认为是用户生成内容"（Baym 2010: 16），以维基百科和社交网站（2010: 16-17）为典型。然而 Web 2.0 也与数字视觉技术的发展相吻合，正如我们将在下面论述的实例中看到，这意味着用户生成的内容包括摄影、视频和其他视觉形式。此外，Web 2.0 不是一个静态的形式，而是我们生活的一部分，而且它也不只是一种技术，因为它是用户生成的一部分，所以它通过使用一系列差异化的数字技术以不断涌现的方式形成。然而，与此同时，我们对 Web 2.0 成为日常生活一部分的方式和程度的理解，以及对它的访问，都必须避免以某些账户名为特征的不易记住的"我们"。这对我们理解用户在生成内容中的角色有影响。拉里萨·约尔特指出，Web 2.0 的大部分论述是以"多元决定的用户授权的言论"为特征的 (Hjorth 2010: 74)。正如约尔特所说，我们需要对这种倾向持批评态度并解释，随着互联网被 Web 2.0 的创造性社交网络潜力所改变，技术社会不平等的事实和权力的作用将一个"自下而上"的平等模式整体性地变成了参与性网络流行文化所宣称的平等模式 (2010: 74)。或许不足为奇的是，数字视觉民族志实践的意涵是，作为民族志工作者，我们的作用不是期望理论和技术将参与者的可能性变成现实，而是探索用户生成的内容和参与性在线实践是如何以及在何处出现的。这意味着我们应该考虑如何通过参与式视觉民族志实践来研究这些问题，以及参与的形式及相关的用户创造性如何能让数字视觉民族志学者通过分享这些实践而进行学习。

摄影、网络和视觉民族志实践

关于数字摄影及其实践的文献越来越多，并跨越了多门学科，包括民族志、文化研究、社会学和人机交互。这其中包括对数字和模拟摄影（例如，Pink 2011e）、数字制图和拍照手机（Pink and Hjorth 2012）的关系、人们如何使用数字摄影的实践（Shove et al. 2007），或者数字和个人摄影等的关注（例如，van House 2011）。

数字视觉民族志将摄影作为一种研究方法，也产生了（至少部分）关于数字摄影实践的研究。例如，瓦伊克·福斯（Vaike Fors）研究了瑞典青少年使用的照片日记社交媒体网络平台 Bilddagboken（BDB），在这个平台中，用户可以用照片发微型博客，并通过链接至朋友的网页或具体日期来评论照片，与朋友进行联系。为了解网络平台的含义和它的用途，福斯聚焦于"网站是易逝的、暂时的和短暂的地点 - 事件"这一观点，并强调运动以及当用户在这个网络环境中移动时产生的意义的潜力（参见 Fors et al. 2013）。在这项工作中，福斯对视觉的关注使其能够创建一种分析性的路径，用以理解研究参与者所创造并实践的某种特殊形式的互动，这种网络环境与研究参与者的日常生活、数字摄影和社会关系交织在一起。因此，她将数字摄影实践的研究作为方法

图片 © Vaike Fors

图 6.1 瓦伊克·福斯展示了她研究中的一位青少年参与者怎样在照片日记网络平台上描述和展示她的照片。

论的一部分，并与项目的另一部分联系起来，在该项目中，她使用视频民族志方法来探索同一批青少年如何参与到交互式博物馆的展览中并作出批判性反应 (Fors et al. 2013)。当我们观看这个作品时，青少年介入交互式博物馆的展览与使用 Bilddagboken 平台之间的视觉对比令人印象深刻。通过使用不同的媒体，研究设计创建了不同的间接途径来了解青少年如何以及为什么积极介入交互式展览中的某种形式，而对另一种形式似乎不太关心 (Fors et al. 2013)。这样的照片日记网站确实提供了丰富的情境，以了解什么对那些参与青年文化的人来说是有意义的，而这些文化本来是老一辈人无法接触到的。例如，人类学家弗朗辛·巴罗内 (Barone 2010) 也分析了西班牙照片微博网站 Fotolog，这个网站被年轻人当作一种了解变化元素的途径。

134

这些数字摄影实践的初步研究逐渐揭示了人们使用数字摄影的日常方式的范围和性质，这些方式与家庭和网络平台以及计算机设备的使用环境的物质性有关。这不是研究文献的一个静态主题，我预测，在未来几年，随着新的研究、新的网络平台、新的移动视觉技术和新的实践的出现，它将继续增长，从而成为一个持续更新的关键领域。这些研究表明，通过接触在日常生活中使用视觉技术和数字媒体的人，我们可以创建一些途径来理解这些媒体之外的世界。鉴于移动和视觉计算机技术的逐渐普及，并成为一些群体的日常社交的核心，对视觉民族志方法和媒体的关注提供了理解现代科技和社会世界的重要途径。

我们通过瓦伊克·福斯的论述看到，关注线上和线下的实践和环境之间的关系非常重要，采用直接和间接的方式以及视觉民族志方法为我们提供了实现这一点的有趣途径。福斯的作品表明，这可以帮助我们看到线上实践和线下机会之间的间断或者不一致以及连续性。相反，埃德加·戈麦兹·克鲁斯对他称作"网络相册文化"的研究为我们提供了一个示例，线上／线下的关系在数字摄影实践中是一体两面的。戈麦兹·克鲁斯的作品主要关注西班牙的巴塞罗那（进一步的研究是在英国的牛津和西班牙的格拉纳达），特别有趣的是，他是以 Flickr 摄影师的身份参与其中，将其作为他的长期民族志研究的一部分。他是一个反身性的数字视觉民族志学者，曾像参与他工作的人们一样积极地参与同样的实践，与他们一起参与共享和共同的活动。因此，我们通过他的项目的例子，不仅看到了参与者的数字摄影实践是线上和线下环境或地点的一部分，而且还看到民族志研究过程涉及研究者如何分享这个世界，并以摄影师或民族志学者的身份进行类似的引导（Gómez Cruz 2011）。同样，伊夫·佛利斯特（Forrest 2012）的民族志研究是在英国的桑德兰和纽卡斯尔与 Flickr 摄影师一起进行的，在这里，他不是作为一个摄影师参与其中，而是使用不同的走访方法，并在参与者上网探索线上环境时与他们互动。总的来说，我们开始看到不同的摄影技术和网络平台如何将线上和线下结合在一起，以新的方式将影像的制作和传播联系起来，而且，重新将摄影师置于社会、数字和他们所处的位置和环境之中。另一个例子是定位媒体或拍照手机摄影（Pink and Hjorth 2011），在这种摄影中，我们同样可以看到，随着人们的移动和体验，物质和数字环境中的影像也被创造并被发布出来。

　　本节论述的每个项目都通过不同组别的数字摄影并运用不同的视觉方法与研究参与者进行了接触。相同的是，在每个项目中我们都认识到，如果我们要理解人们用数字摄影和网络平台所做的事情，那么我们就需要跟随他们在物理区域和数字环境中移动和／或同时参与其中。有时候他们使用拍照手机，并在拍摄时明显地在移动，我们希望追踪他们的线上和线下活动；有时候我们感兴趣的是他们的线上移动轨迹——或者所有这些东西。但不管何种实践，原则都是一样的。

做网络视频民族志

视频可以在多个平台上在线共享，最著名的视频共享网站是YouTube。这类网站在相应的技术和软件支持下由上传视频的人而形成数字档案。它们可以被视为新兴的视觉文化形式的丰富类别，与其他视频有着新的联系，并可能以多种方式被分类。媒体学者提出了有趣的方法来分析现有的在线视频，这些可能也让分析或调查基于网络的视觉文化的视觉民族志学者感兴趣，尤其是在制订视觉人类学研究计划的背景下。然而，在本章中，我的兴趣在其他地方，我的重点是我们如何开发与网络相关的数字视频民族志方法。虽然这一领域似乎充满了潜力，但在介绍《视觉研究》期刊的具体问题时，康纳·格拉汉姆（Connor Graham）、埃里克·劳里（Eric Laurier）、文森特·奥布莱恩（Vincent O'Brien）和马克·朗斯菲尔德（Mark Rouncefield）评论到，虽然这一问题在支持数字摄影的工作中是主要的，但"数字摄影明显的主导地位背后隐藏着一个更复杂的情况，涉及不同的机动性、服务和社会技术的集合"（Graham et al. 2011：87）。同样，综观这一领域，我还发现关于网络摄影应用的研究报告比关于视频的要多。然而，任何简单的对诸如YouTube这样的视频发布网络平台的调查都会提醒读者，数字视频的制作和上传是普遍的日常实践，也是许多人以多种方式在进行的事件。民族志电影制作人也越来越多地使用网络来传播他们的作品，如泽姆·莫法特（Zem Moffatt）发布其《酷儿礼物》（*Queer Giving*）的网站，该网站也发布了我在第 5 章讨论的电影《魔镜，魔镜》，我将在第 10 章讨论传播的背景下对此做进一步评论。然而，在本节中，我感兴趣的不是民族志电影制作者如何在网上

创造和传播他们的作品，而是我们如何真正在研究过程中同时使用视频和网络媒体。然而，正如这里论述的和第 10 章将论述的，

136 这种区别常常模糊不清，因为在参与式和合作式的数字视频研究中，网上制作、共同创作和传播作品可能彼此交织在一起。

在本节中，我回顾了两个截然不同的民族志视频研究及其在线形态。我这样做的目的是向读者概述一些可能性和切入点，通过它们，我们可以开始研究这种现象。但同时，我的目标是表明在对基于网络的视频实践的理解中，我们如何进一步想象这些既是我们可能会研究的视觉文化和实践，也是基于网络的视觉民族志实践可能的方法论。

艾莉森达·阿德沃尔和吉玛·萨恩·科内利奥的工作展示了一个很好的例子，说明了在线视频共享的不同维度可能成为视觉民族志研究项目的一部分。她们的研究关注的是上传到互联网的短视频的制作，这些短视频将视觉民族志传统方法的电影制作技巧与网络技术和媒体分析相结合，从而很好地展示了为何在网络上发布视觉民族志实践可以扩大研究范围，包括扩大对研究成果和产生该成果的媒体的关注。阿德沃尔和萨恩·科内利奥认为，重要的不仅是学习 YouTube 上优秀的和"成功"的视频，也要理解影像被共享的实践的文化意义，更重要的是形成一个视频研究实践，"虽然它们不太成功，但可以指引我们关注用户的制作经验和他们对产品受众的预期"（Ardévol and San Cornelio 2007：viii）。她们也提出了问题：这样的视频如何在创造城市空间的过程中起作用——这反映了我在上文谈到的更广泛的理论上和方法论上的需要——了解在线视觉文档与我们定义线下地点的方式密不可分，不仅如此，实际上这些视觉文档还是它们的一部分，只不过是以超越其直接物理地点的方式存在的。她们的民族志研究以马德里地铁视频为中心，就像许多其他民族志会面一样，这是

以一种偶然的方式开始的。正如她们所强调的,这也使它成为参与式观察法的一部分(Ardévol and San Cornelio 2007: viii)。她们写道:"……这个想法是在我们其中一人上传了一个关于马德里地铁的视频到 YouTube 时而产生的,我们意识到,其他人也是这样做的"(Ardévol and San Cornelio 2007: viii)。

阿德沃尔和萨恩·科内利奥的研究将已有的视觉文化作为第二个出发点。她们首先分析了通过检索词所确认的基于网络的视频的更广泛样本(2007: x),然后缩小范围,详细研究了两个视频的制作和意义。这时,她们利用在媒体研究和民族志中得出的方法,展开了一次正式的分析,"针对视频的叙述结构、拍摄的情境(材料是如何被记录并被剪辑的)和展示的情境(网站的资源是什么、为谁及其用途)进行了作者在线访谈"(2007: xi)。她们的项目很好地说明了在线情境提供给视觉民族志的一些可能性,以及我们可能会采用的不同方法,例如:参与者身份的视频制作者;视频叙述的分析;在线采访者等。不仅如此,正如作者所说,它还让我们深入地了解了 YouTube 观看者中的预期受众如何成为视频制作的组成部分。此外,正如我在上文所强调的,这一实例需要从两个角度进行理解,一是参与者和研究者在实践中使用的不同数字/视觉技术的关联性;二是这些技术在跨越物理和互联网环境的地点构成中是不可或缺的。

伴随着新的网络技术的发展,出现了介入摄像机的新方式,以及摄像机和运算技术之间的新关系。尽管到目前为止,很少有这方面的文献论述,但网络摄像机在当代新兴数字视觉民族志中扮演了一个有趣的角色,尤其是当计算机越来越具有移动性的时候。因此,网络摄像机也随着民族志项目中研究者和参与者使用的智能手机和平板电脑而变得越来越具有移动性。移动网络摄像机的这些潜力为未来的民族志研究提供了令人兴奋的思维方式,

137

并且可以通过思考网络摄像机在民族志实践中的一些现有方法来了解这些潜力。文化人类学家迈克尔·韦施曾通过关注网络摄像机及其在视频博客中的使用而研究过 YouTube 视频。他写道：

> 这些视频是人们独自坐在他们的网络摄像机前，与任何想点击他们视频的人交谈的视频。这些博主谈论他们的一天、他们的问题、他们的技能、他们的希望、梦想、恐惧。YouTube上每天有超过20万个新视频被上传，它们在这些视频中所占的比例虽不到5%，但其数量并非微不足道，因为每天都有上千个视频产生。（2009: 21）

在15个学生助理的协助下，韦施于2007年开始这项研究，他采用的民族志方法是将网络摄像机和YouTube作为研究地点。他们的方法与上文提到的阿德沃尔和萨恩·科内利奥（2007）的作品类似，是分析性和参与式的，他认为他们长达18个月的参与式观察充分展示了Web 2.0的潜力，它既能成为一种公共档案，也能成为民族志学者参与、创造和互动的领域。"我们观看了与这个项目有关的超过20 000个视频，并仔细查看了超过500个匿名的个人视频博客。我们通过YouTube私信服务、电子邮件，有时通过视频反馈系统，采访了几个视频博主。2007年2月，当我们的注意力越来越多地移向个人的、匿名的视频博客时，我们也开始创建自己的博客"（2009:21）。他的分析借鉴了美拉尼西亚摄影的比较历史研究，具有明显的人类学意义。如何阐释博客与当代社会不断变化的技术和自我意识形式的关系——韦施对此进行的思考表明，YouTube的参与式数字民族志可以让我们更广泛地思考有关媒体和社会变革的问题。然而，他也谨慎地强调，将研究成果与其他线上平台和线下环境中自我意识体验的研究实例相联系的重要性 (2009: 32)。韦施和他学生的作品也是视觉的，我们可以通过他的数字民族志网站查看更多有趣的实例。因此，韦施的讨论向我们展示了，网络摄像机如何成为一种既属于传统视觉民族志实践又扩展了这种实践的技术：它使我们能够以新的方式开展一系列传统的研究实践，包括访谈和视觉材料的分析。然而，它也吸引了参与式的视觉民族志实践，这与通过 YouTube 和网络摄像机技术相融合而形成的新媒体形式是并行的。

这些实例表明，我们可以开始从多方面了解基于网络的视频在视觉民族志中的地位。首先，它涉及一个多地点的"民族志空间"(Pink 2009)，因为它跨越了物理地点和网络平台。视频的生产和观看可能发生在不同的物理地点，却构成了人和技术集群的一部分，这些人和技术与研究人员的参与一起构成了民族志研究的背景。其次，它包含多个方法，包括参与式方法、视觉文本分析和访谈（包括视频引谈法的各种形式）。此外，视频分享平台本身和其他网络平台提供了在线分类和存储的方法（也可参见 Postill and Pink 2012）。

小 结

当下，用任何硬性和快捷的方式对数字或在线视觉民族志进行定义都是不恰当的，也许永远都不会有这么一个恰当的时间。我们正处于一个新兴的实践领域，这其中已经有很多好的标签，以及一系列不同的真实实践，涉及不同类型的（新兴）技术、物质形式和视觉形式。这种情境也充满了令人兴奋的未来前景和可能性，能使我们预测什么是可能的以及这种可能会产生什么影响：例如，数字视觉民族志衍生的制造技术，如 3D 打印的影响和可能性是什么？进行数字在线的共同创造和合作能为视觉民族志实践带来什么可能性？这些在未来将如何发展？我的观点不是试图推测这些问题的未来答案，而是在一个快速变化的和新兴的技术环境下，数字视觉民族志需要用兼具创新性和反身性的方式发展。本章所论述的实例表明，视觉民族志学者如何各自开始介入 Web 2.0 的可能性和与之相关的新兴实践。他们这样做的方式与媒体、技术和网络平台所提供的可能性是一致的，而这些都是他们的研究方法和研究场所的一部分，并且这样做极具创新性，对这些可能性也体现出适应性。他们的工作不一定被视为一系列可以被复

139

制的方法，尽管它们确实代表了其他人想尝试的成功的研究实践。我更想把这些实践看作一种新媒体吸引我们进行实践的典型方式，遵循他们正在做的事情并跟随参与者，利用他们通过网络和现实世界中采用的途径，创造我们自己的获得民族志知识的途径。还有许多我没有论述的其他可能性，例如在基于网络的视觉民族志实践中开发数字叙述的可能性或影像发声法 (photo-voice method) 的潜力。Web 2.0 的可视性为研究者提供了一套越来越多的创新和挪用方法的机会，这些方法与视觉民族志实践的反身性、参与性、合作性和伦理性原则相一致。

　　最后我想强调，我们不应该将数字视觉民族志视为与在研究中使用的视觉方法和媒体的广泛实践不同或不相关的东西。首先，数字媒体渐渐在某种程度上成为大多数视觉民族志实践的组成部分，因此，单凭这个原因，关注其功能和性质就显得很重要。然而还有更多的连续性。民族志实践的反身性、多地点性、多声性 (multivocality) 和自省性在 1990 年代为视觉民族志的发展铺平了道路，而互联网民族志本身也源于同一时代 (参见第 2 章)。这种"反身性转向"使我们关注民族志学者生产知识的途径和认识方式，以及人、技术和不平等在其中的作用。在当代背景下，Web

2.0 环境的参与性和用户生成内容的潜力，进一步创建和发展了视觉民族志的参与性和合作性原则的方法（正如在前面几章概述的）以及参与式工作的伦理维度。随着我们继续调查和探索我们的方法论，我们可以看到，现已成为日常生活一部分的线上／线下世界可以为我们提供一个动态的途径，通过这个途径我们可以思考当代的方法论主题，例如移动网络与摄像机移动的方式之间的关联性。

拓展阅读

Ardévol, E. (2012) 'Virtual/visual ethnography: methodological crossroads at the intersection of visual and internet research', in S. Pink (ed.) *Advances in Visual Methodology*. London: SAGE.

Pink, S. (2012) 'Visuality, virtuality and the spatial turn', in Pink, S. (ed.) *Advances in Visual Methodology*. London: SAGE.

Pink, S. and L. Hjorth (2012) 'Emplaced cartographies: reconceptualising camera phone practices in an age of locative media', *MIA(Media International Australia)*, 145:145-155.

7

视觉民族志中的意义生成

　　视觉影像的不确定性，拍摄者和观看者的主观性、创造性和 141
想象力，以及意义生成的偶然性一直是本书前面几章的核心问题。
在本章中，我将采取类似的方法，以期对民族志摄影和视频进行
解释、分析和分类。我们作为民族志学者赋予视觉影像以学术意
义就像参与者赋予它们意义一样，这是根据我们的研究背景，通
过学科优先事项、框架和实践以及方法和理论议程而产生的。我
们也不可避免地会带入个人的经历、记忆和愿望。这种意义的偶
然性是难免的，虽然它中断了从视觉民族志过程中提取客观分析
的可能性，但它为深入理解摄影和视频如何参与民族志知识和学
术理解的产生提供了机会，而且重要的是，它让我们关注影像与
组成研究过程的其他认识和理解方式之间的关系。因此，在本章
中，我不会为读者指导如何分析并从民族志影像中提取意义，这
样的做法与从事视觉民族志的原则是不兼容的。同样，这也不
是对具体技术的使用指导。一系列现有的出版物都已讨论了软件
的使用指南，并对其方法论的意涵进行了一些有益的思考（参见
Dicks et al. 2005; Parmeggiani 2009）。在本章中，我概述了如何发

展一种反身性方法来对视觉研究材料进行分类、分析和解释，以便认识到社会科学类别的构造性、研究材料产生的背景和关系，以及学术意义被制造的偶然性和关联性。

142 　　在大多数研究项目中，当民族志学者需要使用现有的方法来组织、分类和解释他们积累的视觉材料，或者发明他们自己的方法时，都有一些要点需要注意。尽管视觉社会学家和人类学家已经明显地发展出对民族志摄影和视频进行排序和分析的方法，但直到 21 世纪初，人们对质性视觉材料的存储和分析的研究还很少。一个更有趣的原因是，随着数字媒体在视觉方法研究中变得重要，越来越多的质性数据存储和分析的软件包被开发出来用于数字视频和摄影。随后又出现了关于"计算机辅助质性数据分析软件"（CAQDAS）的重要论述及其在视觉研究中的使用。然而，通常这些论述和此类软件的使用似乎更面向语言、符号和公式的分析方法，这些方法一般不是创建此处我所定义的视觉民族志的意义的方式。然而，存储实践是视觉民族志实践的一部分。视觉民族志学者可能已经获得了一套数字编辑和存储软件，在某些情况下这与研究参与者使用的技术相同。当我们把数字影像上传到电脑时，一些软件为我们提供了现成的存储和编辑选项，以便我们对文件进行标注和命名以利于简单的检索，因此即使是采用最简单的形式，我们可能也会开始为民族志摄影和视频开发一个数字存储系统。在 Web 2.0 的背景下，新的在线存储的可能性也可以在私人或公共网络领域中获得，并与参与者和共同研究者共享在线资料。我们已经在第 6 章中看到了，研究的共享平台中在线视频和摄影的使用如何成为利用或创建视觉档案的方法。无论使用何种操作系统、技术或是软件，重要的是要反思我们如何运用它去调节我们用影像表达意义的方式。

分析：阶段或实践

在一些民族志研究项目中，田野调查和分析之间似乎泾渭分明。这种区别在传统民族志叙述中是在空间或时间上实现的，比如当研究人员从田野调查的地点返回进行分析的地点，或者当项目的时间表指示田野调查阶段已经结束而分析和写作必须开始的时候。然而，就像大多数关于研究方法的文献所强调的，分析实际上贯穿整个民族志研究的过程（参见 Burgess 1984: 166; Hammersley and Atkinson 1995: 205）："它从田野调查工作者选择研究问题的那一刻开始，到报告或民族志中的最后一个字结束"（Fetterman 1998: 92）。在 1990 年代，民族志学者开始解释民族志的田野调查地点、家庭和学术机构的结构性差异，他们认为应该认识到这些不同的时间和地点之间的相互依赖性、连续性和差异性。有时，民族志学者在家中做研究或在调查现场进行书写工作（参见 Amit 2000）。在这种情况下，我们普遍认为，一个严格的、传统的田野调查叙述的过程是研究者前往现场、获取影像，然后把影像带回家分析，但事情也并不总是这样。在当代背景下，影像存储的地点可能是数字和网络环境，鉴于我们的视觉民族志实践有了网络的维度，这一点就变得日益重要。因此，研究、分析和存储的地点可以在物质、数字、社会和时间上重叠。

因此，在视觉民族志实践中，研究和分析之间的任何假定界限都是复杂的，尤其是民族志和我们的反身性分析可能在相同或不同的地点或时间段进行，我们可能会在民族志过程的任何时刻形成对研究经验、理论概念或比较实例之间关系的理解。鉴于研究和分析之间可能采取的形式多样的关系，对单个项目中这种关系的发展进行反思是有益的。在某种程度上，对于视觉民族志而言，这意味着要仔细研究我们如何在研究过程的不同阶段对影像

143

赋予意义，视觉意义如何与其他材料和认识方式关联，以及技术、软件与参与者和其他研究者的合作如何实现和改变这些意义。

正如 1980 年代的洞见所示，所有"事物"（例如，Appadurai 1986），无论是物质的还是数字的影像，都可以被看作传记。当它们在新的情境或境况中移动时，虽然其内容可能仍未改变，但在新的情境中，"它们被观看的条件是不同的"（Morphy and Banks 1997: 16）。正如我在别处所论述的，我们可以将影像的这些轨迹或传记当作它们朝向并在这个世界中移动的表征，作为运动的一个持续过程的一部分，在运动中，对它们的叙述可能与新的观看者和物质性交织在一起（参见 Pink and Leder Mackley 2012）。同样，我们可以将影像的传记理解为它们在民族志研究过程中旅行。最初在田野调查期间被生产、讨论并产生意义的影像将在学术文化中获得新的意义，在这种文化中，它们与有意义的行动世界分离，并被置于一个从多种角度对它们进行审视和解释的世界（Morphy and Banks 1997: 16）。因此，对视觉民族志学者来说，分析不是一个解释照片和视频的视觉内容的简单问题，也不是去研究人们的记录或拍摄行为并把这些影像根据分析而分类的问题，而是探究不同的制作者和观看者如何赋予影像主观的、偶然的意义以及其内容和形式。也就是说，我们需要为影像定位，这要求理解民族志影像和其他民族志资料的关联性以及与之相关的认识方式。

144　影像和文字：等级的终结和超越

若将这里论述的方法放入历史背景中，它可以被视为对现代民族志的背离，后者在很大程度上是"将视觉转译成文字"（C. Wright 1998: 20）。这种方法构成了视觉研究的科学取向的基础，并于 20 世纪发展起来。它假定，虽然民族志信息可以通过视觉记录，但民族志知识是通过将这些资料翻译并抽象成书面文本而产生的。例如，前面几章所讨论的科利尔的方法，他们将分析视为一个独立的研究阶段，在这一阶段中，视觉的东西被解码成口头的东西，类似于将艺术转译成科学或者将客观性转译成主观性的过程，他们写道："这涉及视觉证据的提取，因为我们可以理智地定义我们所记录的和视觉证据所揭示的东西"（Collier and Collier 1986: 169-70）。通过这个过程，他们认为，影像可能会成为"'系统性知识'（强调为原文所加）的基础"。在运用了他们的方法后，影像就仅仅是具备"独立权威"和"真实性"的"主要证据"，但这"往往有可能在研究的最终成果中没有一席之地，除了偶尔作为插图"（1986: 170）。

在这里，我概述的方法是基于这样一个前提：分析的目的并不是将视觉证据转化为口头知识，而是探究视觉知识和其他知识或认识方式之间的关系。不同类型的视觉表征和书面表达与理论有着不同的关系：一些可能会由理论启发，另一些可能会寻求推进理论观点。在实践中，这意味着我们所声称的分析过程不在于对材料采用形式上的方法，如使用民族志方法论、多元模式、符号学或者会话分析或类似的技巧。相反，它涉及在不同的研究经验和材料之间建立意义联系，例如，照片、视频、田野调查日记、更规范的民族志写作、参与者制作的或其他相关的书面或视觉文本、视觉的和其他物品。这些不同的媒体代表了不同类型的知识和认识方法，它们彼此相关。例如，当我在慢城市生活的研究项目中运用视觉和书面材料时，我始终要面对一系列不同类型的具体研究主题的知识，包括我日记里的笔记，录像、录音和抄本，我自己拍摄的照片和参与者发给我的照片，宣传册和网站，视频片段和 Facebook 上的帖子（也可参见 Pink 2012c, 2012d）。在田野调查中，我用这些不同的数字和视觉媒体以不同的方式创作、记

145

"慢城市"中多媒体交织的田野调查材料。© Sarah Pink 2005

图 7.1 当我在一个开展慢城市运动的小镇艾尔舍姆研究狂欢节时，第一个帮助我理解所发生之事的活动是在市政厅举行的狂欢节小组委员会会议。在我的笔记中，我写下了我如何认识到"狂欢节委员会将一系列人、他们的网络和资源聚集在一起，以制造一个多面向的活动"。当我写下人们怎样在"慢城市运动"事件的保护下聚集和合作时，我也强调了什么将成为我研究的主题。这些观察，以及我所听到的应该如何及何时安排不同的狂欢节节目的讨论，提醒我狂欢节的社会和感官元素。我对小镇书记莫（左下）和艾尔舍姆外联部门的官员苏（右下）进行的音频记录访谈延续了这些主题，她们阐述了狂欢节产生的历史、官方法规和戏剧性事件。

在狂欢节上，我拍照并录像。我的照片是由发生的事件和我已经做过的访谈和笔记所引导的。我热衷于拍摄我认为对慢城市生活有重大意义的狂欢节元素，比如，我选择了一个卖冰淇淋的人，因为他在本地制作冰淇淋。我也对一群青少年的活动特别感兴趣，他们筹款去意大利的慢食节做菜。作为狂欢节研究的一部分，我拍摄了蛋糕摊、厨房，并与相关的人谈话。我想了解忙碌的厨房和他们自己筹款的兴奋。我在狂欢节做的研究本身与我接下来对两位青少年的访谈联系在一起，他们是凯蒂和艾米，负责准备和销售蛋糕。他们向我讲述了他们在狂欢节的经历和感受，我的采访记录因此产生了另一层资料，因为他们将个人经历、叙述和记忆置于更广泛的活动范围内。

录并描述我研究中经历的故事和叙述。正如我在别处所示（参见第 3 章），我在田野调查中会随身携带一些东西：过去是视频、音频，后来是摄影技术，最近则是能展示我所有任务的智能手机，这样我便可以在任何时刻使用最合适的媒体。每个媒体所唤起的是我的田野调查经验中的不同元素。因此，照片不仅是田野调查笔记的图解，视频也不仅是对话、访谈或行动的证据，而是影像、文字和行动互为情境。这不仅形成了研究的完整记录，也是一组不同的但相互依存的线索。

这样将不同类型的民族志材料组合使用，或许不能构成一种新方法。相反，它将许多研究者已经发现的方法变得明确了，视频、照片和其他类型的知识或认识方式在他们的项目中交织。一些人类学家开发了反身性文本来考察以书面或视觉作品表征的知识生产过程。民族志超媒体（本书 2007 年版有进一步论述）在 21 世纪之交变得流行，但随着 Web 2.0 技术的出现以及 CD、DVD 技术被超越而过时。然而，它在视觉民族志实践中的运用仍是很好的示例——反身性转向如何通过使用超媒体而得以明确表达，新技术如何使分析的过程变得清晰而明确。使用网站开发软件制作的超媒体文本使我们能创建民族志不同类型材料的层次和线索，并通过超链接连接起来，这些链接可以表示多条相互关联的路线。这样的文本并不只是民族志研究成果或电影的表征，而是"重新"回到研究过程中，以展示知识是如何被构建的。现在 DVD 和 Web 1.0 技术已成为历史，其过去的经历所教给我们的一些原则，在视觉民族志实践中仍然很重要，因为它们让我们得以汇集不同的材料，以创建或揭示它们在相同文本中的关系。作为当代 Web 2.0 的一个短暂存在的先驱，它们告诉我们两点经验。第一点，在数字技术发展的过程中，我们需要认识到冒险参与数字技术的重要性，因为正如我们在最近的其他工作中所看到的，不断变化的技术为我们提供了新的框架，这些框架推进了我们的工作，发展了我们与它们共同产生的意义。通过让我们能够以新的方式使用视

146

觉材料，并以新的方式来组织使用方式，它们带来了新的理解和知识的形式，正如我在别处所主张的，这通常是以新的方法来理解过去的材料和实践(Pink 2011a)。但第二点，我们需要知道的是，这些新技术可能是短暂的，就像 DVD 虽然在一定程度上依然存在于当代流行文化中，但可能很快就会被能为我们建立新的技术和认识方式的新软件和硬件所取代。在后面的小节中，我将进一步讨论地理信息服务 (Geographical Information Services, GIS)、标记 (tagging) 和当代视觉民族志实践的网络档案的意涵。然而，首先，我的重点是发展出一种方法来理解视觉材料的内容和情境与意义之间的关系。

147　影像的内容、情境及认识的偶然性

　　从历史上看，理解视觉意义的方式是由科学现实主义取向主导的，通过这种取向，研究者试图调节产生影像的情境，以使其内容可以包含具有完整情境及过程的可靠视觉证据。与之相反，从 1980 年代和 1990 年代的反身性转向中出现的日益占主导地位的取向认为，可视化地记录完整的流程、活动或关系是不可能的，这种取向要求关注产生影像的情境，从而将兴趣从了解视觉内容转向我们应该如何理解从关系和意向性中出现的影像。

　　视觉民族志的反身性取向使我们开始思考不同过程、人和事之间的相关性。它让我们跟随行动和参与者，跟随情感和故事，而不是为了使其变得具有系统性而试图控制视觉研究过程。这并不是说研究设计不应该（例如）创建出在参与者样本中进行类似研究练习的过程——前面几章讨论的视频游览法恰如其分地实现了这一点（参见 Pink and Leder Mackley 2012）。然而，关于视频内容，我们并不希望确保所有的过程和环境都以完全相同的方式被记录下来，这种方法的共同原则是，通过摄像机以适应每个参与者及其家庭的方式探索相同的研究问题。这意味着我们的分析是可以比较的，或者如果每一次游览中都没有出现直接对应的类别，那么就像我对英格兰和西班牙的家庭进行跨文化比较的情况一样，我们可以寻找相似的类别 (Pink 2004b)。

然而，在进一步论述视觉民族志分析的反身性取向之前，我要强调的是，这并不意味着我们要完全放弃摄影或视频的现实主义应用——例如，表达某人或某事是什么样子，或者记录已经发生的事件或过程。但我们需要坚持反身性意识，把影像看成建构性的，存在一种实用而明智的方法使得我们可以声称，有时影像代表着从摄影师的角度来记录人或事的真实面貌。正如图4.1所示，女斗牛士克里斯蒂娜·桑切斯表演的剧照，在不同层面上发挥作用。首先，它们表征了一场斗牛过程的一部分；其次，它们记录了克里斯蒂娜被抛到空中，然后状态恢复的场景。它们是一个真实事件的一组影像，尽管是从主观上被构造并被选择的。同时，观看对象不同，影像被赋予的现实也因人而异。卡迪夫大学超媒体和质性研究团队的报告声称，他们在工作中发现，"我们使用了两种方法，有必要既把我们的视频镜头当作现实主义的记录（我们根据广泛的内容主题而进行质性编码），也可以将其视为由研究者与特定的田野调查情境相互作用而形成和产生的叙述"。事实上，无论是在历史上（参见约翰·科利尔 [Collier 1973] 关于阿拉斯加教育的视觉研究）还是在近期（参见 Chalfen and Rich 2007），在使用视觉人类学方法的多学科和团队项目中，对复杂视觉数据进行编码的现实主义方法都提供了管理和共享数据及三角测量结果的关键手段。对研究中视觉影像的现实主义运用与承认视觉意义的偶然性的研究取向并非是绝对互不相容的，它们具有实用目的，而且可以通过反身性来定位自身。

148

制造学术意义：从田野调查到学术研究

民族志学者通常从学术话语的角度重新思考在田野调查期间所讨论和 / 或产生的摄影和视频材料。因此，他们赋予摄影和视频材料新的意义，这些意义与研究会面中或由参与者赋予的意义有所偏离，或者至少增加了一些其他的意义。

例如，1994 年，我在结束西班牙两年的田野调查之后回到英国。当时仍是模拟技术的时代。我随身携带了不少照片，有我拍摄的、打印的，以及和参与研究的人一起讨论过的，另外还有一些尚未在彩色显示器上看过的视频片段。视觉材料与我的日记以及其他放在我手提箱里的当地物质文化资料同样重要。现在我脱离了西班牙的情境，这些影像、记忆、经历和人工制品已经在我个人的叙述中被重新情境化，并且已经被移到一个新的物理地点，在这里，它们必然根据新的对象、关注和评论被赋予新的意义。它们已经从其产生的文化背景中分离出来，将在我个人的生活和英语学术世界中被观看和论述。同时，在西班牙，这些照片和录像带的副本仍在我朋友和那些研究参与者的作品集中，它们获得了其他意义，并呈现出一种背离我所处环境的生活。也许它们会被用来谈论我，以及我是如何拍摄或录制的，它们也会被用于讨论影像在此期间被拍摄出来的事件，或者作为其主题的现实主义表征。

然而，尽管带回家的影像在新的情境下被赋予了新的学术及其他意义，但这些意义并没有取代先前在田野调查期间被赋予的意义。相反，我们可能将赋予影像意义的方式进行分层，所以随着时间的流逝，这些影像可能会被赋予不同的意义，它们相互支撑甚至彼此竞争，但对研究者来说，所有这一切都是作为民族志研究所人为制造的影像不断累积演变的一部分。这些影像可能表 149

征或指涉不同的人、活动和情绪，它们可能不会明显地或直接地构成其可见内容的一部分。照片本身并不表征情绪、社会关系、权力关系和剥削等，但正是在其演化过程中不断变化的情境使它们激发出这些感受和关系。

此外，我赋予照片的人类学意义受到我的研究参与者赋予这些影像的意义启发。例如，一张"斗牛士的辫子"的照片成为我研究期间的关注点。这张照片刊登在当地的报纸上，还获得了当地的摄影奖。一些当地居民和斗牛俱乐部找我索要副本。这使我

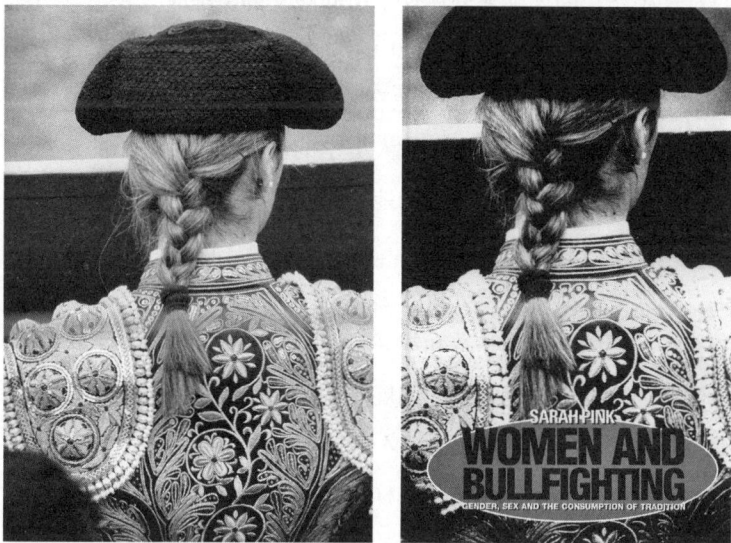

斗牛士的辫子。© Sarah Pink 1993

图7.2 克里斯蒂娜·桑切斯的这张照片成为我研究的核心。在研究期间，它在当地电视上被展示出来，成为当地酒吧以及寻求副本的当地人的相册的一部分，它也被发表在一家当地的报纸上（Pink 1993）。回到英国后，它立即在一个民族志摄影展中被展出，在书籍和期刊中被出版，并被用于我的著作的封面（Pink 1997a）。照片不仅被发表在不同的地方，也在不同的情境中以不同的方式被定义、被赋予新的意义。

有机会与一些不同的人讨论这张照片和它的内容，我发现这些人会将这张照片放到不同的叙述中。一些人从艺术和艺术价值的角

度进行论述。有人评论道，它有"自然的"、非建构的和"真实"的外观；有人则用它来宣传即将到来的事件。通过探究这张照片150被赋予的不同意义，我开始将我自己的人类学意义赋予它。当我根据斗牛摄影文化的惯例来解释这张照片时，我把它看作一个模棱两可的形象，它既模仿又挑战了传统斗牛摄影的性别形象。虽然它复制了斗牛摄影的一个标准作品，但它打破了传统的象征——斗牛士的辫子应该是长的、亚麻色的、女性化的，而不是男性表演者那种短的、薄的卷辫子 (参见 Pink 1997b)。当我用人们对这张照片的评论来分析这个引起歧义的象征时，我把它与性别理论联系在一起。基于照片中不同的地区性意义，我增加了一些意义，它首先是从我对当地有关"传统"的口头和视觉论述的理解中得出的，其次，它是从人类学的性别理论中得出的。对我来说，斗牛士的辫子承载着当地的和学术的意义，照片本身表征了不同意义的互动，因而将研究和分析情境连接在一起。

在其他情境下，被分析的影像的生命可以与参与者及其生活相交织。例如，在第 3 章和第 6 章中，我论述了在我们对家庭能源消费的研究中，我们是如何展示视频记录并与参与者一起核对细节的 (参见 Pink and Leder Mackley 2012)。事实上，我们的分析会受参与者的反应影响。同样地，在作为慢城市研究一部分的视频游览中，让我印象最深刻的是，参与者观看视频的反应使我意识到一些之前似乎并不重要的事情。他们对录制当天的天气状况的评论总是不一致的，这可能在某种程度上似乎是日常谈话的一部分，然而这种反馈很重要，因为它帮助我思考了一些问题——我们如何体验我们穿过的环境，以及我应该在我的分析中寻找什么。

不能"带回家"的影像

用于分析的民族志影像不只是那些被民族志学者拍摄、带走以及后来或许被还给参与者的影像。例如，在第 4 章所讨论的奥克利 (1994) 的研究中，老年人向研究者展示了他们的照片，这些照片是其记忆和历史经验的一部分。奥克利所描述的照片构成了她民族志知识的一部分，它们在论述和分析中是不可或缺的。然而，她并没有提到要复制照片或带走照片以便用于分析。在物质上和视觉上没有出现在我们田野调查笔记里的影像仍是民族志知识分析的重要组成部分。

在西班牙，我研究了安东尼塔的职业经历，她曾经是一位女斗牛士(参见 Pink 1997a)。同样，安东尼塔向我展示了她的快照集，这本集子记录着她短暂的职业生涯中发展和成功的时刻，她借给我一个她的表演视频，我和一群朋友观看了这个视频。我感觉向她索要打印的照片和视频的副本并不合适。然而，这些影像，以及她使用它们来评论她的表演并追忆旧识和事件的举动，是我分析她的事业的焦点，也是她如何向斗牛界的其他人、机构和活动来表达自己的核心。我还记录了观看视频的事件，以及她的朋友们如何通过视频来讨论她的表现、技能和职业。我所分析的不仅是视频文本的视觉内容，还包括人们如何用它来谈论这个女斗牛士。在这些项目中，西班牙斗牛视频的视觉内容与我的分析有关。然而，与分析这个视频如何被用于表征和论述我的研究主题相比，为了将其纳入一个系统的内容分析中而寻求视频本身的副本就显得没那么重要了。

同样，在研究慢城市时，我发现，在我参加的许多事件中，视觉影像是研究者所创建的环境的一个重要组成部分。通常，我将拍摄的这些影像作为一种视觉笔记，而且这使我以一种分析的

151

眼光回忆并思考慢城市的领导人如何构建他们的慢城市身份的记忆和轨迹。然而，有时这些影像是数字的，包括幻灯片或 PPT（参见 Pink 2011e）。在这种情况下，我的兴趣在某种程度上是这些展示所创建的叙述，但是，通过采用一种非表征的方式，我所关心的是这些数字投影在建构更广泛环境的事件中所扮演的角色。因此，我的分析任务不是收集、捕捉和解构这些影像或其内容。相反，我感兴趣的是，这些影像——它们是参与者告诉我的或我自己参与的过去事件的结果——如何构成视觉链，并与创建慢城市环境的其他元素结合在一起。

作为视觉民族志学者，我们经常需要面对的挑战是，我们不能以任何有形或视觉的形式带走某些东西。然而，因为民族志会面经历中的这些元素总是存在于我们所保留的日记、物品和影像中，所以我们可以使用我们的想象力和联想来调用它们。

民族志影像的排序

正如研究方法通常是由它们所服务的项目形成的，而且往往是在田野调查中发展起来的，因此，对研究材料进行分类往往是民族志工作者需要结合他们编写的具体研究材料和他们希望提出的问题来制定的一项任务。然而，分析是一个持续的过程，材料的分类方式也将取决于研究过程中逐渐浮现的主题。因此，我们应该把影像分析过程中的组织方式看作一个动态的、不断变化的和持续的过程，它涉及一系列理论和伦理原则，而且应该是反身性的。

与其他分类体系一样，档案也充斥着权力关系，这一点在 1980 年代和 1990 年代大规模的现代档案批评中显得十分明显。围绕着如何通过档案实践生成意义的问题，产生了一层重要的反

152

身性意识（例如，参见 Edwards 1992; Sekula 1989; Lury 1998; Price and Wells 1997），因此，这要求我们对自己在不同的照片与其他视觉和口头材料之间所建立的联系进行反身性评估。这对视觉民族志的意义在于，我们需要理解这种联系如何促进学术性认识方式的产生。

通过视觉影像对现实进行排序的不同方式之间总是存在着一定的张力。例如，当民族志学者组织田野调查的照片时，他们必须思考的是，他们对现实进行排序所采用的个人的和学术的方式与当地人从视觉上建构其世界和历史的排序方式之间的差异。我在下文的建议可以解决这一问题，我认为应该以影像的组织方式来表征这种张力。事实上，数字环境产生了新的可能性，使档案具有开放性、参与性和合作性，并允许影像的所有者接触它们，以便为建立联系、评注、意义的争论等提供可能性。

如何组织和排列民族志项目中的影像，这一问题取决于一系列的问题，包括研究的问题、影像的性质以及这些影像中的民族志会面。例如，1990 年代我在西班牙开展的研究中，我给三位女性展示了我们曾一起参加的斗牛表演的照片。我按照打印者还给我的顺序来保存（并编号）这些照片。然而，由于这三位女性对这些照片进行了优先排序和选择，这些照片很快就被重新排列出来。例如，她们把照片分为她们最喜欢的斗牛士的照片、她们自己的照片、她们觉得具有美感但不具有记录意义的照片。她们对照片的重新排列代表了她们看待斗牛经历的不同角度，以她们自己的参与和最喜欢的斗牛士的表演为中心。这其中的主要照片均展示了斗牛士向我们所在的舞台挥手，以及他表演的精彩部分。因此，对我的分析来说，比起这些女性对照片的评论和排列，我拍摄照片的时间序列并不重要，因为这是她们的认知与我的照片交织的时刻。在我的分析中，这些照片成为当地知识和个人知识的视觉表征，也成为对特定的斗牛表演和特定个人的理解。如果按照我的方式进行临时排序并拍照，以便作为对活动程序的系统记录，而不是按照这些女性向我所展示的方式来操作，那么这组照片将只不过是以通常的斗牛形式来表现特定的表演者而已。

153　　　虽然最初的拍摄顺序必然不会预先确定任何视觉表征的叙述，但它不应该被抛弃，因为它将有助于我们在研究过程中从时间上和空间上定位影像。保留拍摄顺序的笔记对描述事件和活动的正式结构、反映民族志学者如何建构视觉叙述是有用的。此外，通过使用数字技术，我们可以将影像产生的顺序和空间性标记在数字地图上，这样，当影像在时间和空间上变化和移动时，我们可以分析并跟踪影像出现在特定环境配置中的方式。然而，这样的顺序并不是唯一的或者最真实的版本或叙述，正如我的斗牛照片如何被重新排序的实例所展示的。同样，在数字环境中，照片创建相互关联的意义的方式可以包含顺序的跳跃，如图 4.3 和图 4.4 这两幅我在慢城市的游览经历的照片所示。另外，正如肖恩·麦克（Sean Mack）、丽莎·麦克（Lisa Mack）、莉莲·艾丽莎（Lilian Alessa）和安德鲁·克里斯凯（Andrew Klilskey）在绘制和重建废弃的阿拉斯加村庄的项目中所展示的，地理信息服务在定位老照片所展示的建筑以及过去的道路上也很重要（Mack et al. 2011）。

处理丰富的影像意义

　　相同的影像可能在不同的（但通常是相互关联的）情况下被赋予不同的意义，每一种意义都具有民族志价值。这意味着我们排列和存储影像的系统应该说明这些影像的意义的模糊性及其所属类别的易变性，这也意味着我们需要承认这些影像间相互关联的意义的随意性，以及它们不是由基于内容的分类学或在时间上确定的顺序所主导。在下文中，通过对一张照片的考察，我试图证明，将单个影像放入单一类别中会否定其促进和交流民族志理解之潜力的丰富性。这个实例通过把关于这张照片的主题及其文化的其他知识资源放到一起，论述了一张在西班牙田野调查中拍摄的照片如何被赋予民族志意义。虽然影像本身并未揭示任何内容，但通过我的分析，当它与其他类型的知识相关联时，它将被赋予民族志意义。

图 7.3 中的照片拍摄于 1992 年在科尔多瓦集市 (feria) 的一个下午。恩卡尼是我的朋友，她参与了我的研究。那天下午，她特

© Sarah Pink 1992

图 7.3 恩卡尼的这张照片成为我的其他被调查者谈论"传统女性"形象的主题。如图所示，它成为她的家庭和个人相册的一部分，也成为我在学术工作、会议和我的著作中的参考点，在一次会议上和在我的著作中，正如此处所示 (Pink 1997a: 74，图 10)。照片的原始说明如下：

恩卡尼是西班牙继续教育学院的一位英语老师。她对斗牛不感兴趣，也没有过"传统的"生活。然而，她对一些传统音乐和舞蹈感兴趣，并在集市上穿着短

西装。那天，在集市上，她穿着短西装，以便我可以看到她的传统服饰并为她拍照。大多数看到这张照片的其他被调查者都评论说，她看起来像一个"典型的"、"传统的"科尔多瓦人。

意穿着短西装（traje corto）来见我，带着我到处游览，我们一起畅饮。她想向我展示她的衣服，因为她认为这套衣服对我来说很有趣，也对我的研究很有帮助。我们参加了两个不同的休闲活动。我的活动是度假和旅游休闲，在某种程度上我的照片就是由这些组成的。她的活动是逛集市并与朋友们在一起。与此同时，我俩的安排是相互交织的：休闲活动的主题属于我的人类学研究；而她则有机会练习需要考试的英语口语。当我们打算见面时，她提出我应该带上相机拍摄她的短西装。这张肖像照是我拍摄的三张照片的其中之一。它拍摄于斗牛俱乐部（Finito de Córdoba）的临时露天酒吧（casetta）。

155

　　当我分析这张照片并思考它如何表征民族志知识时，我反思了产生它的情境。出于各种原因，那天下午是一个特别的场合，或者说至少不是一个普通的场合。首先，我们在集市里——一些人类学家会说这是一个非比寻常的情境。从这个意义上说，这是一个拍摄人类学照片的典型情境。其次，我们在斗牛俱乐部的临时露天酒吧。恩卡尼通常不会下午在斗牛俱乐部的酒吧或其他俱乐部喝酒。她带我去了临时露天酒吧，因为她认为这是我应该研究的地方。最后，这个场合是一个摄影的时刻：这值得拍照，因为恩卡尼穿着她的短西装。当有人穿着短西装或吉普赛衣服时，他们的亲朋好友给他们拍照是很正常的事情。从这个意义上说，这张照片只是记录了一个传统的摄影时刻。

　　情境的这些方面帮助我思考，我与恩卡尼的意图是如何相互交织以表征一系列主题：人类学的视觉兴趣、当地的视觉传统和个人目的。这使我把照片与某些人类学意义和当地意义联系起来。

然而，一旦照片被打印出来，它就被赋予了在科尔多瓦的新意义。这些解释帮助我把照片和我研究的其他方面联系在一起，每一次都让它承载了更多的意义。

这些照片最初是作为幻灯片被拍摄的。我有两份副本，其中一份打印出来给了恩卡尼。几天后，她问我，是否可以再给她母亲一张副本，于是这张照片便开始了"旅行"。休闲活动是家庭摄影的一个主要主题 (参见 Chalfen 1987; Slater 1995)，因此，这张照片很适合放入家庭相册。但拍摄这样的照片不是家庭事件，在家里穿着短西装才是家庭事件。这张照片也放在了我研究的幻灯片中 (用来准备第二年的大学研讨会演讲)。另一张打印出来的照片放在我个人关于西班牙的朋友和参加过的聚会的相册里。在我的田野调查中，这本相册也成为我研究的一部分。一些翻看过这本存放着朋友、聚会和旅行照片的相册的西班牙朋友说，恩卡尼看起来很传统、很像科尔多瓦人。穿着短西装的她代表了美丽的传统科尔多瓦女性。我的母亲——她在我与恩卡尼一起游览英国时见过她，当时恩卡尼还与我父母同住——认出了她的朋友。这之后在英国，这张照片经历了更多"冒险"。在我的博士论文里，我用这张照片来形象地说明科尔多瓦身份的传统概念的一个悖论。恩卡尼是为了参加集市才进行传统装扮，其他人使用这张照片则是为了将她看作当地的传统女性代表。然而，恩卡尼并不认为自己是传统的。她有两个大学学位，是一名英语老师。她说通过我的研究，她反而了解了很多当地的传统。

我对一系列其他的叙述、话语和实践 (包括视觉的和口头的、个人的和文化的) 的理解，使我对照片的分析得以形成。分析的重点不是照片的内容，而是这种内容如何被赋予与我的项目相关的意义。例如，恩卡尼的照片适合放入我在集市当天所拍摄的一系列按时间顺序排列的照片中，或者放入一系列传统服装的摄影

156

肖像照中。在我的著作中，我用它来表征关于当代安达卢西亚性别角色和身份变化的知识。在今后，同样的照片可能会表征其他的意义。

一幅影像可能具有多重意义，这意味着对数百张照片或几个小时的视频片段进行分类，可以创建一个复杂且相互参照的主题和影像网络。对一些项目来说，开发影像编码系统是值得的。当然，这可能很费时，并且影像可以或需要以这种方式进行规范管理的程度取决于影像的数量、评论和涉及的主题。在一些项目中，影像可以被更直观地管理。根据我的经验，我发现，在田野调查中，特殊的影像及影像的顺序成为被调查者的关注焦点，这些往往也成为我的分析中的主要影像。

我的目的不是提出一个组织民族志影像的公式，而是提供一系列开展工作的建议。组织和存储民族志影像的任何系统都应放在研究的多重意义和主题之中。因此，例如，恩卡尼的照片将与有关家庭摄影、传统肖像照和节日的论述产生联系，并与一系列其他的视觉和印刷材料相结合，包括田野调查笔记、摄影、视频和地方文献。这需要一种方法来试图描绘话语和经验中相互关联的元素，以便当每个影像在特定的情境中被使用时，它们可以参照这些元素。随着项目的发展和研究者在视觉、口头和书面材料之间作出新的阐释和关联，编码系统还需要说明，任何一幅影像如何在后来被赋予新的意义。

组织视频镜头

在上文中，我已经指出如何组织民族志照片，并在分析过程中将其与民族志探究和理论研究的其他要素联系起来。这其中的某些一般性原则同样适用于视频。

首先，在第 4 章中，我描述了一些视频制作的场景，强调了视频制作的合作元素和视频制作者与参与者之间的主体间性。视频生产中的这些社会的和更广泛的情境应该得到解释。其次，参与者和民族志学者在不同时刻赋予这些视频镜头的不同意义以及与这些意义相关的论述应该被考虑。不同的人面对相同的镜头会有不同的解释，并赋予他们自己的意义。正如我对"斗牛士的辫子"和恩卡尼肖像照的讨论所表明的那样，民族志学者对当地人的影像解释的兴趣与对视频的视觉和言语内容的兴趣是相同的。最后，视频镜头与其他研究材料和经历（包括记忆、日记、照片、笔记和工艺品）之间的关系提供了重要的见解，因为每个媒体可能表征了同一主题的相关但不同类型的知识。

157

视频与摄影的不同之处在于，它传达了不同类型的知识和信息，具有不同的表达潜力。视频通过动态的而不是静止的影像（包括声音）进行传达，信息可以在镜头中被直观地呈现出来（尽管电子日记能使一个人识别分析的主要部分）。不存在一种可供所有研究者效仿的分类或分析民族志视频的过程或方法。相反，这会根据研究者的目标、视频的内容和附加的意义而变化。在某些情况下，视频被视为具体的互动或活动的现实主义表征；在其他情况下，它们则被作为象征性的表征形式，用以唤起（例如）情绪、经历、权力关系或不平等。在另一些项目中，它们同时扮演这两个角色。首先，我简要地描述了视频、视觉数据记录和口头数据转录的传统处理方式，以表明它们的意义并提出适当的使用方法。

在上文中，我评论了将视觉影像转化为书面文字的分析过程。记录和转录当然包括以印刷形式展示视觉和口头表征。因此，我们也可以说它们定义了视频镜头。我并不推荐使用印刷副本和口头描述取代视频，而是建议使用记录和转录来进行详细规划，并使仅可线性获取的视觉和口头知识变成可获取的。这应该根据其

内容和 / 或被赋予的不同意义，并在产生它们的情境和关系中识别并划分视频的不同部分。

不同的项目要求视频被记录成不同程度的形式，尤其是当镜头的数量有限时，我们可以简单地在视觉上运用这些材料，而不需要在言语上记录它们的内容。然而，在许多情况下，对录像带里所表征的视觉和口头知识的详细记录可能更容易获取，涉及数据共享的项目尤其如此（例如，Rich et al. 2000: 158-160）。为了对视频进行仔细审查，我们可能需要制作时间编码记录表，其中包含关于摄像机的角度和距离、口头叙述和视觉内容的信息。如果视频包含重要的口头对话或访谈，这些就需要被转录。对视频对象中（以及视频对象和视频制作者之间）的对话和交流的微妙关系感兴趣的民族志学者可能会发现，这些交互的视觉和口头叙述的记录对分析很有助益。视觉记录和书面转录提供了视频内容的简易版本，如果它们也是用时间编码，就可以很容易地在查看时找到。对不同的材料使用不同的方法也有益处。例如，卡迪夫大学超媒体和质性研究团队注意到，以他们使用民族志视频研究的经验来看，"视频镜头的多样性意味着其意义产生自不同层面。我们发现，视频编码在将视频分类为一般主题的级别上最有用。为了进行更契合民族志的分析，将视频材料编入由叙述来控制的关系和场景，能使我们更深刻地理解参与者（以及研究者和摄影机）之间的互动"。

细读视频镜头也应该考虑视频内容与民族志的其他方面（如照片、田野调查日记和笔记）之间的联系。例如在图 0.2 和图 4.4 中，我论述了在研究社区花园项目期间与大卫和安妮进行访谈的个人经验。作为该项目研究的一部分，我采访和拍摄了大卫和安妮，而且大卫还带我进行了一次花园的视频游览。我还参加过指导小组会议，并会见了负责管理其他级别项目的人员。在这个研究中，视频的顺序起着至关重要的作用，因为它使我把花园的感官维度和物质维度与行政的、官僚主义的甚至情感的叙述连接起来，这些叙述来自访谈、委员会会议和闲谈，它们让我形成了对花园的先验知识。同时，如果没有这些其他材料所提供的背景，大卫带我参观花园的视频将无法引出会谈的情境、访谈中讨论的"社区"的情感和聚在一起的感觉，以及一系列视觉和书面的印刷文件，这些文件是从废弃地点转变为社区花园的过程中不可或缺的一部分。通常，通过连接不同的视觉和书面研究材料，我们能更深入地理解这些材料。视觉方法很少与其他方法分开使用，相应地，对视觉材料的分析应涉及其他研究文本。

在任何一个项目中用于组织视频的具体类别都取决于研究者打算如何用视频来呈现他们的工作。如果要将镜头剪辑成纪录片或系列短片，那么我们可以按场景进行分类，因为它们能够根据视频剪辑的惯例、审美吸引力和录音质量进行传播。如果要将视频作为会议演示文稿的一部分进行剪辑，则可能会为选择和分类建立不同的基础 (参见第 7 章和第 8 章)。

何处存档

数字视频和摄影可以存储在硬盘、合作项目的共享文件空间和网络上。在很大程度上，材料被存储的方式取决于与参与者商定的内容、与此相关的伦理问题、需要访问这些材料的人以及与数据保护相关的安全问题。这些问题在不同项目、学科、材料的性质和主题中有很大差异，因此我在这里不作概括。

其中一种是开拓计算机辅助质性数据分析软件 (CAQDAS) 所提供的可能性。不管怎样，有必要记住克里斯汀·巴里 (Barry 1998) 的建议，"并非所有的软件都与每个任务相关，研究者往往

159

都能使用非技术的方法或在简单的文字处理技术中通过剪切和粘贴来达到他们的目的"。巴里鼓励计算机辅助质性数据分析软件的潜在用户了解不同的项目和它们的功能，这样他们将知道什么时候适合使用它们。她强调，这种软件不应该被当成一个原则性问题，她建议"个人研究者"应该"负责决定软件对他们有何作用、他们应该使用哪个软件包、如何将这些整合到现有的分析方法中"（Barry 1998：2.11-2.12）。在某些情况下，这些技术很有帮助，例如第 5 章所论述的与视频干预 / 预防评估的方法有关的工作（例如，Rich et al. 2000：159）。另外，阿曼达·科菲、贝弗利·霍尔布鲁克和保罗·阿特金森（Coffey, Holbrook and Atkinson 1996）以及贝拉·迪克斯、布鲁斯·梅森、科菲和阿特金森（Dicks, Mason, Coffey and Atkinson 2005）的研究表明，具备超媒体组件的计算机辅助质性数据分析软件可以被民族志学者作为一个多线性工具，它包括视觉影像和书面文本，并具备分析和表征工具的功能。在他们的著作《质性研究与超媒体》（2005）中，迪克斯等人思考了他们如何选择计算机辅助质性数据分析软件和其他超媒体软件来分析社会学多媒体数据。在具体的项目中，他们的工作成为有关视觉和其他材料的数字化制作、分析和存储的一个有用案例。计算机辅助质性数据分析软件的持续发展创造了与视觉材料有关的更多可能性，同样围绕这一点的文献也在增多。最近关于这一领域的讨论包括西尔弗和帕塔什尼克（Silver and Patashnick 2011）的工作，他们关注"保真度"的概念，即软件如何满足研究人员在视听数据分析中的使用需求。

在视觉民族志具有公共学术性维度和合作性维度的地方，互联网也成为民族志学者可以将其作品存档的所在。正如我在上文中所提到的，这需要在与参与者紧密合作和协商中产生，并可能涉及受限的或公共的网络访问空间。围绕这些的伦理问题、知情同意问题和参与者授权问题也需要仔细考虑和协商。在恰当的情况下，公共档案使民族志工作者能够对其研究材料和实践进行公开和透明的数字跟踪，参与者和其他研究者可以对此发表评论。他们也可以从其他的档案中整合作品，制作出能表达自己研究兴趣的主题，和 / 或通过书签软件和链接将自己的作品与他人的作品联系起来。这可能被发展成公共视觉民族志的一部分，促进其他形式的参与式研究和合作。关于民族志学者通过网络（如博客平台）进行田野调查工作，已经有很多例子，他们公开展示其研究，并让研究参与者、其他学者和广大公众参与评论并介入其中。然而，关于这一点在民族志实践情境下的实例却很少。克里斯蒂娜·拉莫尔的作品（例如，Lammer 2012）提供了一个有趣的实例，尤其是因为拉莫尔的作品涉及以跨学科的方式从事摄影、纪录片制作和艺术实践。

160

小　结

我已经指出，我们需要背离这一观点——对民族志视频和照片的分析需要将被记录下来的、情境化的视觉证据系统性地转化成书面文字。相反，反身性分析方法应该专注于，视觉影像的内容是如何由制作它的特定情境所产生的，以及视频和照片解释方式的多样性。在民族志学者理解照片和视频时，它们可能被视为对田野调查情境之现实的现实主义表征（正如纪实摄影的现实主义传统），但它们也一直是影像制作者和其他观看者（包括研究参与者）的主观立场的表达。这对视觉档案和分类的构思有一定的影响，它要求研究人员关注视觉和其他（口头的、书面的）知识之间的联系。这种视觉意义的取向对摄影和视频在民族志表征中的应用有一定的影响。

拓展阅读

Rich, M., Lamola, S., Gordon, J. and Chalfen, R. (2000) 'Video Intervention/Prevention Assessment: a patient-centered methodology for understanding the adolescent illness experience', *Journal of Adolescent Health*, 27(3): 155-165. （讨论了跨学科团队中的视频材料分析）。

Silver, C. and Patashnick, J. (2011) 'Finding fidelity: advancing audiovisual analysis using software', [88 paragraphs]. *Forum Qualitative Sozialforschung/Forum: Qualitative Social Research*, 12(1), Art. 37.

第3部分

表征视觉民族志

民族志文本的生产，无论是本科论文，硕士或博士学位论文，专著或文章，都约定俗成地被归为"写作"。在第7章中，我批评了将田野调查的经历、笔记和影像转化成书面文字的相关分析。在第8、9和10章中，我将质疑书面文字在民族志表征中的主导地位。我提出，民族志知识的表征不只是生产文字，还包括处理影像，有时影像与书面文字相关，但也与其他影像、口头语言和其他声音有关。本书第3部分所讨论的是，在印刷和数字模式中，摄影和视频对民族志表征的潜力。

制作文字和视觉文本时，民族志学者不仅要考虑生产表征和知识的不同形式，还要考虑读者、观看者和观众将如何面对这些表征。正如詹姆斯、霍基和道森提醒我们的，"表征，一旦被做出，就打开了再表征、歪曲和挪用之门"（James, Hockey and Dawson 1997: 13）。当代的民族志表征的作者所面临的问题是，如何创作一种将自我意识与反身性相结合的文本，而不是将"表面价值"作为书面的民族志事实和视觉图例或者证据。读者 / 观看者按照自己的意图赋予民族志表征以丰富意义，这也会出现伦理问题。詹姆斯、霍基和道森还警告说，"一旦我们将之落实到白纸黑字，或者通过影片进行视觉表征，我们在失去控制的同时还将无法摆脱我们对其他人的表征"（1997: 13）。同样，巴巴什和泰勒根据他们的民族志电影制作经验，预示了"不管你考虑得多么周全，都会出现伦理问题。它们甚至会出现在影片完成之后和发布的过程中"（Barbash and Taylor 1997: 49）。

因此，上述作者的论述暗示出，我们不可能准确地知道我们
162 所制作的书面或视觉文本如何被观众用于产生意义。不过，我们能够结合观看的理论来思考这些问题，这至少将有助于我们回应人们介入我们工作的可能方式。其中一种可能的思路是，从人类学方法中提取一条线索以通向观众研究。例如，伊丽莎白·伯德（Elizabeth Bird）注意到，实践的概念在 21 世纪被（再次）发现，以"作为一个指引性概念，被用于对媒体观众进行概念化"（2010: 85），这超越了以往的"观众反应"取向和"媒体效果"取向（2010: 86）。从此，伯德与媒体理论学者尼克·库尔德里（Nick Couldry）殊途同归，后者对实践理论的转向提出了两个问题："人们会做出何种与媒体有关的事情？以及人们会说出何种与媒体有关的话？"（Couldry 2010: 41，引自 Bird 2010: 86）此外，伯德还加上了第三个问题："媒体如何融入日常的交际和文化实践之中？"（2010: 86）通过关注实践活动和文化特性，这三个问题引发我们思考与民族志学者生产并发表摄影和视频资料有关的类似问题。我或许会问，民族志摄影和视频会成为我们日常的学术性或应用性的干预实践吗？它们的观众用它们"做"什么？怎样谈

论它们？他们如何运用自身的文化和个人独特的知识和经验来理解我们的民族志？聚焦于实践使我们能够将民族志摄影和视频的观众当作鲜活的人，他们是我们的影像的占用者和意义的生成者。不过，这并不是告诉我们，人们根据他们生成影像的意义来对这些影像"做"什么，而是说这种意义生成如何构成了更广泛的学习和理解过程的一部分。英戈尔德的研究为我们如何进一步思考这些问题提供了一些启发，它超越了这样一种观念，即影像仅仅是一种能够被我们的观众所解释、占用或误读的表征。英戈尔德提出：

> 从另一方面来看，或许正是影像的概念必须被重新思考，既要远离影像表征了世界万物的形式这一观念，也要远离影像是这些事物的占位者这一观念。影像是旅行者们孜孜以求的线索，也是他们选择旅行方向的根据。如果影像不能代表事物，那么它们还能帮你找到这些事物吗？（Ingold 2010a: 17）

通过这一反问，英戈尔德对我们看待影像的方式提出了挑战，由此他便引导我们开始换一种方式来思考我们作为民族志学者如何介入视觉媒体，以及我们如何邀请观众参与我们的工作。在前面的章节中，我曾援引英戈尔德的研究强调了这一观念，即我们或许要将影像的生产和消费理解为某种跟随我们在环境中移动和穿行而发生的事情。当时，我所关注的是，我们如何在运动中制作影像，这正是成为一个移动的民族志学者的过程。在接下来的章节中，我将焦点转移到观众在学习参与我们的研究并随之发展的过程中，如何跟随我们制作的民族志影像而运动。

163　　　这一部分将分成三章。第 8 章和第 9 章分别关注摄影和视频成为民族志表征组成部分的方式。在此，我的关注点还包括数字平台，其中的两种媒体已成为当前电子出版领域的热点。然而，正如我们所见，数字视觉民族志实践的成果并非总是在出版时被直接转换成数字化的视觉媒体和方法，用新的视觉方法产生的研究成果常常以传统的印刷形式出版，只是在某些方面加入了一些视觉内容。数字视觉民族志的新的出版方式正在涌现，实际上，新的出版形式、分享的伦理以及表征的类型正在形成。因此，在第 10 章中，我将介绍一些新的形式及其背后的原则。

8

摄影与民族志写作

165　　本章探讨在印刷和数字形式的学术写作中民族志摄影的运用。尽管大多数民族志学者都有照相机，但在学术出版中，文字在文本中仍占主导地位，照片只是其构成的一部分，当然这可能还包含其他可视化的描述方式，比如地图、表格或曲线图。在现存的许多出版物中，摄影已经被并入为书面民族志建立的结构之中。因此，我首先简单地讨论目前关于民族志写作的争议如何影响我们当下写作和理解民族志文本的方式，随后我将聚焦于摄影对印刷文本媒介的潜力及其在当代数字和网络出版中的延伸。

理解民族志写作的当代取向

在第 1 章中，我讨论了克利福德（Clifford 1986）将民族志写作比作虚构的意涵。民族志表征性质讨论中的这些关键时刻预示了其在当代背景中的发展，当代大多数民族志学者都认为民族志文本是主观的，但又希望忠实地表征民族志会面和参与研究的人。随后，对民族志文本的结构性评述，几乎成为 20 世纪最后 10 年出版的民族志方法教科书中不可或缺的段落。其内容包括，坚持谨慎地看待民族志写作的文学性，以及关注民族志学者如何说服读者相信他们的表述的真实性和权威性。现代民族志写作因其抽象和概括的术语，以及以民族志学者具有主导性和客观化的语调来描绘研究对象，而深受诟病。与之相对，有人提出，参与者的声音在民族志文本中也应该被"听见"，并且，民族志学者应该采取反身性写作，承认他们的写作的主观性和经验性。

于是，在 1995 年，乔治·马克斯（George Marcus）提出，民族志文本应该遵循蒙太奇原则，以创作出民族志研究与日常生活多线并存的民族志表征（参见 Marcus 1995：41）。与传统的民族志线性叙述相反，蒙太奇文本容许一套多元的世界观同时并存，并且不一定非得转化成社会科学的学术术语。用马克斯的话来说，"民族志描述中的共时性"取代了"对未知的主体或文化世界的发现"（1995：4）。马克斯借此呼吁一种新的书面文本，它不将学术话语和知识凌驾于当地的个人和文化话语及知识之上。他认为，维系一种学术的"关于过程和结构的客观性话语"很重要（1995：48），但它不应该对其他话语的表征享有特权。马克斯坚持一种对各不相同的当地的、个人的、学术的及其他的认识论的表征，这种表征具有共时性和无等级性，它们彼此融合，应该在同一个文本中得到发展。由此，民族志文本变成了一种互文结构，在这种结构中，民族志学者／作者能够创造或表现"多元世界、声音或经验"之间的连续性，并描述或暗示他们研究中相符或相悖的观点。

一个较早的例子是保尔·施托勒（Paul Stoller）的著作《感官的学问》（*Sensuous Scholarship*），它展示了对多样化事实的表征如何在同一个文本中纵横交错。施托勒提出的所谓"感官的学问"指的是民族志知识不应只通过观察可见的现象，还应通过其他感

166

官经验（例如，身体的痛感和味觉）而获得。对施托勒而言，"关注感官的学者的灵活的能动性是关键。"这将"感性和理性、指示性和召唤性"与"让知识跨越由差异性错觉铸成的裂痕"结合起来（1997：xviii），他的原话是"缝合了分析与感官"（1997：xv）。灵活的表征方式"注重经验与现实、想象与理智、个性与共性之间的链接"（1997：92）。为了达此目的，他融合了多种文本类型，包括神秘的苏菲派故事、诗歌、自传、学术写作、照片和关于表演和民族志电影的讨论。

文本容许学术的、当地的和个人的话语并存，这意味着在各种表述话语中没有等级关系，或者说，他们的表征媒介无疑提供了一种诱人的民主模式。当然，我们不能不假思索或不经斟酌地使用这种形式。正如詹姆斯、霍基和道森的警告，如何表征多声性（multivocality）这一问题，如果不考虑政治和伦理影响是无法解答的。虽然多声性的目标和意图很重要，但"这种民主式表征最终是否可能，甚或是否是我们所追求的目的仍然是"一个问题（James et al. 1997：12）。此外，乔瑟菲迪斯曾经质疑民主式的多声性"让人们为自己发声，或让他们像演员一样根据自己的理论视角行事，或许也难免被民族志学者利用以达到自己的目的"（Josephides 1997：29）。她认为，不管民族志学者的策略是否有明显的意图让读者去理解被调查者的主观性，事实上这只是促成民族志学者"利用被调查者的"语言来表达他们自己的论点。原本设计用于赋予研究主体一种声音的文本实践（例如印出、记录或键入他们的故事、观点、语言、叙述或照片），或许只是形成了一种新的文本结构，其中民族志学者的叙述一如既往的占据主导，其他主体的声音还是屈居其后。在这一意义上，我们应该承认，作为作者，我们的作者之声会框定和形塑其他人的故事被讲述的方式。不同的文本不可避免地在权威和声音之中发展出的不同的平衡。这种平衡会根据文本的不同目标（理论的、应用的或其他的）而变化，所以对我们来说，重要的是要确保我们对这些关系将如何上演保持一种反身性意识。

1990 年代，对作为媒介的书面文本之性质的关注产生了大量论述，有的从理论视角进行细致讨论（例如，Clifford and Marcus 1986; James et al. 1997; Nencel and Pels 1991; Stoller 1997）；有的就方法论展开讨论（例如，Ellen 1984; Hammersley and Atkinson 1995; Walsh 1998）。随着民族志田野调查实践在最近的论著中（例如，Harris 2007; Halstead et al. 2008; Melhuus et al. 2009）有了进一步发展，民族志写作也得到了发展（例如，Van Maanen 2011）。尽管当代大量的民族志写作仍是传统模式，但反身性写作在当代研究中已逐渐确立，在书面文本中插入照片也变得更加普遍。越来越多的作者在写作的同时开发出与之相配的网站，提供了附加的视觉材料和链接，随着新的或传统的在线出版形式不断开拓，我们还将看到越来越多的数字期刊，它们融合了摄影、文字及其他视觉媒体。在本章中，我不会对这些形式进行逐一评价，只是选择对讨论有特殊价值的例子加以展开。

在本章中，我提出一种融合摄影和文字文本的途径，以达到上文所强调的反身性民族志的要求。我并不是提倡与民族志的现存形式分道扬镳，而是要展示摄影在印刷和在线出版中的融合如何为创造意义和拓展论题提供新的机会。

摄影与对民族志权威性的主张

在《书写文化》（这可能是关于民族志表征最著名的批判文本）一书的导言中，克利福德开篇就描述了封面的照片。在这张照片中，他说，"摄影师徘徊在相框的边缘——面目不清，仿佛天外

168

来客一般，有一只写作的手"(1986: 1)。克利福德并没有讨论具体照片所呈现的具体民族志经验的现实性，而是联系论著的主题用书面文字赋予照片意义。在针对影像意义的模糊性和随意性，照片产生"虚构"叙述的潜力进行了简洁的说明之后，《书写文化》的作者并没有回到影像在创造"民族志虚构"和民族志写作的片面真实性的作用上来（参见 Clifford 1986: 19）。不过，在 1990 年代，其他人类学家开始审视在已有的文本中，摄影如何被用于创造某种特殊的民族志知识。这些审视主要聚焦于历史文本。爱德华主编的两本论文集（Edwards 1992, 1997b）（主要）质问了对影像表征的殖民式利用。约翰·哈特尼克（Hutnyk 1990）对埃文斯 - 普里查德（Evans-Pritchard）在他的努尔（Nuer）研究文本中照片的分析，同样揭示了这种强有力的关联，以及照片使用的类型化模式（也可参见 Pink 2006，第 2 章，以及 Edwards 2011）。下面，我将讨论其他人如何分析摄影进入 20 世纪民族志的方式，并评估摄影对民族志意义的生产和对其他文化的理解的影响。

民族志学者 / 作者都致力于说服读者相信他们的表征的真实性，解构这种真实性已经成为民族志写作讨论的中心。这就包括，对语法时态如何在民族志文本中被用于设定研究对象的时态形成一种批判性观点（例如，Fabian 1983; Pratt 1986）。依照惯例，大部分民族志写作使用现在时态，即"民族志现在时"，一些教科书（例如，Fetterman 1998: 124）仍会将其推荐给学生。然而，正如普拉特所说，这一传统并没有消除它的问题（引自 Fabian 1983: 33）。通过对"民族志现在时"的批判性解构，她提出，"著名的'民族志现在时'将其他人置于与说话主体不同的时间秩序中"，从而使"他者"抽象化和客体化（Pratt 1986: 33）。相反，对研究经验的描绘通常采用第一人称主观叙述的形式和过去时态，这本身就可以将"自我和他者都置于相同的时间秩序"中。这将为"民族志文本植入个人经验的真实性，而民族志正是由个人经验形成的"
(1986：33)。也就是说，用现在时写作使研究主体抽象化和客体化，
而用过去时写作则构成了民族志学者所宣称的真实性和权威性。

约翰·戴维斯 (John Davis) 用同样的方法审视民族志对摄影
的使用。借鉴罗兰·巴特对摄影师宣称他或她"不得不在那儿"
的评论，戴维斯指出，在民族志文本中，照片经常被用于过去时态，
以此作为民族志学者"我去过那儿"的证据 (Davis 1992: 209)。由
此，摄影被用于支撑民族志学者对真实性和权威性的策略性主张，
从而使其成为掌握第一手经验的人，同时拥有独家知识的资源。
斯坦利·布兰德斯 (Stanley Brandes) 在分析已有的 20 世纪西班牙
民族志中的摄影时，发现了一种在肖像摄影中的类似用法。例如，
在朱利安·皮特 - 里弗斯 (Pitt-Rivers 1954) 和欧文·普雷斯 (Press
1979) 的民族志中，肖像摄影被用于表现"主体与摄影师之间充
分信任"的"证据"，以及构成"人类学研究的真实性"(Brandes
1997: 10)。在这一方面，影像是说服读者并在文本中树立民族志
学者权威声音的策略之一。

戴维斯还指出，作为另一种文本策略，民族志学者经常将照
片和地图设定为现在时态，以表明"这种人工制品……是永恒持
久的"(Davis 1992: 208)。在这方面，影像符合所谓的"民族志现
在时"的"文学错觉"，即表现了"生活的一个截面——一个静止
的影像"(参见 Fetterman 1998: 124-5)，从而成为一种客观化的实
践的组成部分，尽管普拉特 (Pratt 1986: 33) 和戴维斯 (Davis 1992:
214) 已经表明，事实上大多数民族志学者会将过去时和现在时
混用，以达到特殊效果。最近，纳马拉·哈尔斯特德 (Narmala
Halstead) 建议我们，从承认"民族志现在时"的过程性本质
(processual nature) 的视角重新定义"民族志现在时"，他指出，"我
们最终会知道我们所经历和质疑的固有观念：民族志现在时是在

169

过程中萌发并持续的"(2008：17)。这种理解有助于我们反思，与其说民族志现在时是被静态地设定在过去，通过它我们就能按照文本策略写作，以获得民族志学者的权威性，不如说它让我们认识到，我们正在创造一种民族志经验、田野调查资料和学术论争相互交织于其中的民族志现在时。在这种意义上，重要的是，身为民族志作者和摄影师，我们应该知道写作的传统和策略，以及上文所讨论的在民族志中使用照片的影响，同时要想办法了解它们所代表的民族志的过程性本质。为了说明其中的某些问题，我检视了它们在我关于女人与斗牛的影像民族志中如何起作用。

当照片被设定为现在时并被作为现实主义表征时，文本、影像和民族志情境之间的特殊关系就被构成了。设定为过去时的摄影时刻的具体性丧失了，取而代之的是照片被设定为一种连续的现在时。它变成了一张可以在任何时刻拍摄的照片，一种行为或某类人的一般化表征。这种用法倾向于将影像作为一种独立于文本而存在的客观现实的证据，而这种客观现实性又通过影像被带入文本。相反，如果将照片设定为过去时，影像内容可能被理解为某个具体"摄影时刻"的产物。同样地，它使我们能够认识到照片生产方式的偶然性，以及形成这种偶然性所需的事物的独一无二的布局。这种方法也使民族志学者可以在研究中灵活地安排照片，在我的《女人与斗牛》一书中，某些照片和标题的关系便是一例。例如，在一个影像页面中 (Pink 1997a: 120)，有两张照片展示了民族志表征中摄影的两种不同用法。第一张照片拍摄的是我和一位女斗牛士，它由一位研究参与者所拍摄，事实上，这张照片为她来到我所生活的城市时我的在场提供了证据。不过，它跟民族志学者在田野调查现场与被调查者的合影的传统功能有所不同。它不是用来宣称"我在那儿"，相反，它是意图表现我对当地摄影集的认识和灵感与斗牛世界中对自我身份的表征之间

170

取得联系的过程（参见第 3 章的讨论）。为了达到这一目的，照片的标题都灵活地指向"摄影时刻"："这张我和桑切斯的合影，是在一个被调查者为我的摄影机寻找一个合适的视觉影像时所拍摄的"。第二张照片——女斗牛士为一个粉丝在照片上签名——被当作纪实影像，其标题采用的是民族志现在时："桑切斯在一份从斗牛杂志封底翻拍的《斗牛士的辫子》的照片上签名……"这是一张真实事件的具体影像，它指明了我自己的摄影作品《斗牛士的辫子》与我所研究的当地情境之间的关系，它同时也意在作为普遍的当地实践——当地名流的签名照——的一个例证。在戴维·萨顿（David Sutton）关于食物、记忆和希腊的精彩的民族志专著中，我们可以找到其他使用照片的好例子，研究者根据产生这些照片的时刻和情境来设定它们的时态。例如，在该书中，研究者插入了一组三连拍的照片，它们由人类学者瓦西里基·伊亚库马基（Vassiliki Yiakoumaki）在欧盟赞助的希腊烹饪研讨班上所拍摄。他运用影像的视觉内容作为参考点，突出了与他研究相关的主题和问题（Sutton 2001: 62-3）。

影像、标题、叙述和批判性背离

在过去和当代的社会学和人类学文本中，研究者利用标题或索引在正文中引入照片（对此的详细评述，参见 Chaplin 1994: 197-274）。下面，我将讨论文字与影像之间的关系对民族志意义生产的作用。首先，我将概述已有民族志文本中对这种做法的相关批评。

传统的民族志照片标题通常根据书面文本来确定民族志意义。卓别林在阐释照片之于书面文字的从属关系时认为，一旦照片被文本命名，"它就失去了作为摄影的自主权，也丧失了其本 171

身的作用"（Chaplin 1994: 207）。卓别林承认, 命名并非一无是处:
正确地使用照片和文字, 能一同产生民族志意义。不过, 在某些
情境中, 照片需要更多的自主权。卓别林建议, 为了达到这一目
的, 照片应该从书面文本中被分离出来（1994: 207）。作为例证,
卓别林举出葛瑞利·贝特森 (Gregory Bateson) 和玛格丽特·米
德 (Margret Mead) 的《巴厘人的个性》(*Baliese Character*, 1942)
一书, 该书中的一组照片印在一面, 标题印在对面。这种排版造
成了一种照片与文字分离的奇妙效果, 使照片获得了一些自主性,
并且让观者根据照片之间的关系而不是根据照片和文字的关系解
读照片。

　　书面文字与照片的不同组合模式基于不同的摄影意义理论。
例如, 现实主义的研究路径将摄影与文本相结合, 照片被用作证
据, 以支持和阐明写作观点; 又如, 卓别林揭示出, 在贝特森和
米德的《巴厘人的个性》(1942) 和戈夫曼 (Goffman) 的《性别广
告》(*Gender Advertisements*, 1979) 开创性地使用文字和照片的同
时, 摄影也被用作民族志证据并被列在"科学目录"之下。布兰
德斯 (1997) 对 1954—1988 年西班牙民族志中的照片的考察揭示了,
摄影如何被用于图解村镇中抽象的文化和社会生活, 这些照片经
常被起错名字, 被调查者的身份则被"隐匿"起来。例如, 布兰
德斯声称, 在皮特 - 里弗斯的《塞拉利昂人民》(*The People of the
Sierra*, 1954) 中, 摄影不仅使村庄远离"读者的直接经验"(1997:
7), 而且显示出一幅"乡土的、贫穷的、虔信的、迷信的、技术
落后的西班牙的他者生活图像"(1997: 8)。布兰德斯提出, 皮特 -
里弗斯运用摄影制造了一种有问题的乡土西班牙的原始表征。

　　在过去, 这种民族志摄影在社会科学中主要被用于表现一般
化的文化特性和行动, 或人为现象的具体种类。研究者忽视了它
对民族志表征的更大潜力, 其原因有二: 第一, 缺乏将摄影当作

媒介的观念;第二,忽视了读者 / 观者在建构民族志意义中的作用。

　　不少文本公开地向传统的科学范式提出挑战,它们倡导新的观看 / 解读方式,认为它们是以小说的方式建构而成,包含了主观的论述和影像。在约翰·伯格和吉恩·莫尔的研究中就有精彩的尝试(也可参见 Chaplin 1994)。他们用几组无题影像展示摄影叙述如何凸显视觉意义的模糊性,为观者 / 读者自觉地发展自己对照片的理解提供了更大的空间(尤其参见《换一种方式讲述》[Berger and Mohr 1982])。举例来说,在《幸运的人》(Berger and Mohr 1967)中,视觉叙述和语词叙述在文本中彼此交织,但并没有形成明确地指涉关系。照片形成的视觉叙述或故事,或许要联系文字文本来理解,但它并非文字的图解或需要文字来点明题旨。伯格和莫尔的工作不是民族志,即他们的工作并不是针对民族志研究或表征的学术议题。不管怎样,他们的文本显示了摄影在民族志表征上的潜力。在《换一种方式讲述》中,他们提出了观者在文本的知识和意义创造中的参与问题,他们将照片看成“摄影师、被拍摄者、观者和照片使用者彼此矛盾的兴趣的交汇点”(1982:7)。专题摄影(“如果每一次”[在《换一种方式讲述》中])既是摄影理论的一次拓展,也是观者的参与能动性的一次练习。作者的导论强调了影像的模糊性,以及观者在阐释影像时的角色:

　　　　我们绝不是故作神秘。我们有可能为照片的顺序提供文词线索或故事线。这样做会给表面现象强加单一的语言意义,从而抑制或否定它们自己的语言。

正如他们所指出的,“对影像的顺序没有单一的‘准确的’理解”。在该书中,伯格和莫尔请读者自由且灵活地对照片的叙述创造自己的情节或理解,并且意识到他们的情节和理解只是一种“单一”

172

的理解，还有很多其他的理解。伯格和莫尔强调照片是"模糊多义的"，不应只取"表面价值"。如果将这一思路用于民族志文本中的照片，那么这将引导民族志表征的观者和读者参与到民族志意义的生产中。伯格和莫尔对文字和照片的使用与传统的社会科学文本对它们的使用形成了鲜明对比。有些社会科学家已经认同了这些例子的借鉴价值。

　　1990 年代，伊丽莎白·爱德华指出，通过"跨越学科的界限"，并超越民族志与摄影理论的"传统"结合方式，民族志学者要去回应摄影的可能性和挑战 (Edwards 1997a: 53)。爱德华提出，这类似于民族志写作中的"文学意识"，在民族志写作里，"文化表现中的创造性文本，诸如小说、日记、短篇故事和自传"与更传统的"客观性文本"是相辅相成的。同样，她还认为，有两种摄影类型可以被用于民族志文本：第一种是"创造性的"或"表现性的"摄影（与小说、日记、短篇故事和自传相对应）；第二种是"现实主义"摄影，这种类型将摄影当作"记录工具"（对应于"客观性"的书面文本）。在同一文本中，这两种摄影类型"互为补充而不是彼此排斥" (1997a: 57)。在民族志表征中，对摄影的这些运用挑战了固有的思路："摄影对科学知识的贡献取决于视觉事实的积累" (1997a: 57)，以及"照片的功能在于记录而不是解释" (Wright 1999: 41，强调为原文所加)。爱德华的观点预示着摄影在民族志表征中的一种新潜力。她的思路也指向了不同类型的影像和文字在同一文本中被无等级地运用，在这一案例中，这指的是"现实主义"和"表现主义"这两种摄影类型。与现实主义摄影相反，表现主义摄影（正如伯格和莫尔的照片）引发了"质疑、好奇、用不同声音说话或不同眼睛观看"的潜力 (Edwards 1997a: 54)。它打破了现实主义的民族志摄影的传统，有着模糊多义的表征片段和细节，并且承认影像的建构性。与纪录式摄影中的表现主义一样，

173

它"意在表征一种主观的现实"以及"影像的符号价值或许比直接的指称更重要"(T. Wright 1999: 44)。爱德华认为，这种摄影在民族志表征中占有一席之地，因为"文化的构成要件需要引发出一种比现实主义的纪录范式更具共鸣性、多维度甚至模糊多义的表达"(Edwards 1997a: 54)。她指出，表现主义和现实主义的摄影如何作为不同知识类型的隐喻而共同运作。她提出，表现主义的照片很难被理解，这不仅是因为"它们不太容易融入读者预先存在的文化观念"(1997a: 69)，还是因为"表现主义"影像相信"一种不可避免性，即我们不能完全理解所有事物"——它挑战了根植于"现实主义"范式中对权威性和"真相"的诉求(Edwards 1997a: 75，强调为原文所加)。由此，表现主义照片呼吁读者/观者不要只取照片的"表面价值"，鼓励他们以自觉的和反身性的路径观看照片并生产意义。如果表现主义照片在民族志文本中与现实主义照片并列，它们或许会质疑读者/观者对现实主义照片的真实性和完整性的预设，以此挑战那些解读/观看现实主义影像的传统方式。

1990 年代的这些讨论为民族志学者在他们的写作中进一步创新地和自由地使用摄影奠定了基础。在接下来的几小节中，我将讨论其中几个例子。不过，作为补充，我还是要提醒读者，我在第 6 章所探讨的一个观点，照片是在运动中产生的。我们应该牢记，在民族志项目中任何被拍摄并被放入书面文本里的照片，都是它们自己在世界中运动的结果。这意味着，要考虑在镜头之上、之下和之后的东西是什么，这些问题如何与影像息息相关，我们的书面文字将如何与这样的照片共处。

文字文本中的照片

在上文中，我指出民族志学者和出版方越发愿意在印制的学
术文本中加入照片。然而，即便是现在，也就是 21 世纪，没有
一张照片的民族志专著或论文集也并不少见。此外，包含照片的
民族志文本大多还是以主导式的语言叙述为核心，照片主要是作
为证据或图示。还有一些情况是，即便在以视觉方法为基础的研
究中，也很少甚至没有照片。所以，当一些民族志学者已经尝试
对影像和文本进行小说式布局的同时，大多数当代民族志表征并
没有给予影像和文字文本同等的重视或空间。在这一节中，我讨
论的是照片在书面文字占主导叙述的民族志文本中的使用。民族
志文本对照片和文字的不同安排方式，在这一章中不可能被穷尽。
我在此只讨论一组引起我的兴趣并能给人启发的实例。这些例子
来自民族志研究者和学生的实践，他们以已有研究为基础，为了
形成自己的视觉和书面表征而开拓了进一步的用法。

学术期刊《视觉研究》（前身为《视觉社会学》）定期刊载附有
大量图片的论文。该期刊采用多种多样的形式，比如专题摄影，
它具有不同的内容和图文版式、带着标题的照片，并以不同方式
使用这些照片。发表于《视觉研究》的许多文章针对民族志和照
片均采取科学主义和现实主义的立场（例如，Pauwels 1996; Reiger
1996）。不过（尤其是最近），视觉和文本叙事之间的关系有了新
的发展，它们在对照片进行现实主义的运用时也承认照片意义的
随机性。更早的例子是德波拉·勃兰特（Barndt 1997）的论文，该
论文融合了她自己的纪实照片、商业影像、访谈记录、关于全球
化的学术讨论，以及描述性和反思性的段落。在论文中，她将照
片和同一天拍摄的一段访谈片段剪辑成一部专题摄影，访谈片段
的标题与照片相互呼应。在这篇论文中，勃兰特用一位墨西哥的

西红柿种植工特蕾莎 (Teresa) 的语言和照片构建了一个关于妇女劳动和全球化的故事。特蕾莎的声音被表征在文本中，与其他人的声音结合在一起，并被用于研究者更大的研究目的。但是，这部专题摄影本身成为作者更大的多层故事中的一条叙述副线，这个更大的多层故事讲述的是：另一位被调查者苏珊 (Susan)，她是一个西红柿销售员，用她自己的现实为特蕾莎的陈述赋予丰富的意义。勃兰特的论文向多义性迈出了一大步，为影像和文本如何合作提供了一个极具启发性的例子。

在上文所讨论的论文中，视觉影像和书面文本基于不同的叙述在论文中相辅相成。在其他论文中，文字和视觉这两部分各自产生彼此相关的叙事 (例如，Goldfine and Goldfine 2003；Harper et al. 2005)。在下面讨论的例子中，文字文本优先于照片文本。道格拉斯·哈珀、卡洛琳·诺尔斯和保罗·莱奥纳多的论文 (Harper, Knowles and Leonard 2005) 聚焦于杰克 (Jack) 的生平经历。杰克是一位英国老兵，与他的中国妻子在香港生活。论文的第一部分描述了他的日常生活和他在日本战俘营的亲身经历，前者仍受到后者的形塑。随后，论文附上了 7 张哈珀拍摄的照片，展示了杰克在"二战"退伍军人协会和他经常探访的战争公墓的日常活动，以表征他的实践和记忆的物质能指。

照片进入书面文本的方式有很多，反之亦然。在目前的社会科学论文发表和学术出版的背景下，在书面文本中插入照片的模式在许多研究中仍占主流。不过，照片仍会被用于小说中，并在成书的书面文本中被用来引发进一步思考。举例来说，在我的专著《女人与斗牛》(Pink 1997a) 中，我试图在任何能使用照片的地方表现那些超出内容本身的东西。例如，我在一些照片的标题中用文字详细地描述了我拍摄所用到的技术设备，以此将我的照片展现为对业余摄影师在这种环境下可能获得的东西的表征 (1997a:

175

97-8）。针对其他影像，我则采取现实主义的立场来命名，有时我还会具体地指出影像和正文之间的关联。在一个地方，我将恩卡尼的照片（参见图7.3）作为现实主义的表征，但它的扩展性标题不仅反映了产生它的情境的主观性，还反映了讨论这张照片的其他被调查者的凝视的主观性。标题的目的在于激发读者质疑他们对照片的理解，并认可照片以及它所表征的"传统"符号的多元理解方式。在新近的一些专著中，研究者发展了许多创新的用法，这些用法超越了只将照片作为图示的做法。例如，莎拉·巴克勒（Sarah Buckler）将她的著作《黑暗中的火焰：在英格兰东北部讲述吉普赛》（*Fire in the Dark: Telling Gypsyness in North East England*, 2007）分成了三个部分。在前两个部分的绪论中，她用一张带标题的照片和一首诗歌引导读者去想象她所描写的背景。照片在书面民族志中也能有效地协助故事的讲述，例如，在《互联网本地化》（*Localizing the Internet*）中，约翰·波斯蒂（Postill 2011）用一篇图文并茂的文章介绍他的关键参与者，文章用过去时态描述了他参与的一次活动。他利用在一次绝大多数被调查者都参与的本地事件中所拍摄的一系列照片，将他们的影像和文字刻画与对晚宴的叙述交织在一起。在这个文本中，照片有效地强调了在研究中以及在他的书里所关注的互联网政治的本地场域中，这些个体行动者的角色的重要性。具有显著意义的是，对一本研究互联网的著作而言，他们关注面对面的交流，从而赋予了先前的电子化管理基本的物质性和社会性。

176　　最后，富有创意的数字纪录片艺术家罗德·库弗（Rod Coover）（我在第10章会讨论他的线上研究）也将他的作品以印刷形式出版，他的论文为视觉与书面文本的结合提供了极具启发的示例。在近期的一篇具有创意的文章中，库弗讨论了跨文化研究中数字媒体的运用（也可参见第10章）。在此，库弗反思了他的超媒体实践, 这一实践出自他的 CD 光盘文件《网络文化》(*Cultures in Webs*, 2003)。与关于超媒体的社会科学写作传统不同, 他不只是用单独的网页截屏来支持他的文字讨论(参见, 例如 Pink 2006, 第 6 章, 以及本书第 10 章), 而是将《网络文化》中的超媒体页面作为他文章的基础。他这样做的目的是"通过照片、文本、访谈摘录和格言的交织引发超媒体经验, 以揭示视觉和语言指涉物在文化想象中的关系是如何发展的"(Coover 2004: 7)。他将传统的学术叙述嵌入多媒体环境中, 这些叙述同时也被多媒体环境所形塑并成为其中的一部分。库弗创造的这种蒙太奇, 在某种程度上, 成功地颠覆了影像与文字之间的关系, 因为在学术文本中, 影像、引文、格言和类似的元素通常被设定在学术写作的框架之中, 但是到了他这里, 其中的关系却被颠倒了。实际上, 影像制作提供了一种有趣的方式, 我们可以通过它去建构过程的表征, 并根据它去判断民族志情境中什么重要。其他恰当的例子还包括合成影像的制作, 它可以被用于将不同种类的元素(如时间的、空间的和透视的元素)集中在一起。例如, 道恩·莱昂在关于建筑修复工程的民族志研究中, 使用合成影像来表现具象化的工作过程(Lyon 2013: 36)。莱昂评论道, "把从相同视角拍摄到的柯林(Colin)工作的一系列照片进行蒙太奇组合, 只通过远景和近景的变化, 就可以将相同的观看时间(现在时)带入毗邻的时刻(时间和空间上的)"(2013: 36)。其他的例子可参见下文讨论的苏珊娜·古皮(Suzanne Goopy)、大卫·劳埃德(David Lloyd)、威廉·哈瑟勒尔(William Hatherell)和安吉拉·布莱克利(Angela Blakely)的研究, 以及图 8.1 和图 8.2。

民族志中的专题摄影

专题摄影，虽然是一种相对流行的类型，但很少被用于民族志表征。主要的例外情况是《视觉社会学》（现更名为《视觉研究》）这类期刊上刊登的论文（例如，Bergamaschi and Francesconi 1996; Gold 1995; Harper 1994; Nuemann 1992; Suchar 1993; Van Mierlo 1994）。

照片和文字本来就不可能以相同的方式表现相同的知识、经验或论点。如果照片被视作文字的替代品，并期待它达到同样的目的，那么二者相较而言肯定是文字做得更好。当然，专题摄影更适合于表征某种类型的民族志知识。因此，我在此使用的专题摄影的定义，就不仅仅指的是照片，而指的是一种主要由照片构成的论说（著作、章节、文章或其他文本）。有时候，照片会被加上标题或被附上其他短文。有些著作或文章会被分成两个部分——一部分是照片，另一部分是文字——以调动它们各自最擅长的方式来表现民族志知识。这种对影像化论述的理解引起了我们的质疑，什么是文字能而照片不能表达的，反之亦然。有人认为，民族志的专题摄影（和电影）不能提供结构性、理论性或批判性的分析。当然，照片不能像文字文本那样表现社会结构、人际互动中所说的话，或对现有的学术话语做出传统意义上的理论性和批判性回应。不过，照片能够以现实主义或表现主义方式成为表征。例如，人与他人或与他们的环境交流时的身体经验或面部表情，或在权力结构中代表机构和占据特殊空间的人。照片还可以被用于构成直接对比，从而产生差异。例如，丽贝卡·戈德法因和奥莉薇亚·戈德法因（Goldfine and Goldfine 2003）在书面文本后面附上一份专题摄影，她们比较了两位邻居：一位是猎人，另一位是动物保护主义者。文本中的视觉版式是将照片并列，以表现出二人生活中相互对立的元素，从而强调它们的差异。比如，在一对照片中，猎人依靠在他装饰了鹿头标本的墙上，而动物保护主义者则将她活泼的猫抱在怀中。

无论是否有文字文本，照片也可被用作批判性表征。卓别林引用波洛克（Pollock 1988）的女性肖像专题摄影，揭示了"影像 - 文本式表征能对批评做出重要贡献"（Chaplin 1994: 97）。施瓦兹（Schwartz 1993）的明尼阿波利斯超级碗项目是批判性视觉研究的另一个代表。在这个项目中，施瓦兹和其他民族志摄影师作为"参与式观察员"与一队新闻摄影师合作。他们的研究意在产生批判性的影像表征，"以检视超级碗的图像学所表现的对现实表象的制造"——这本身就是一个"重新组装的视觉事件"（1993: 23）。通过采用小说的镜头角度，他们制作出的照片所表现的内容是，用"非传统的"方式所安排的超级碗的图像学的"传统"方面。通过这种方式来"表现表征本身"（representing representation itself）（Schwartz 1993: 33），照片得以从另类的、批判的和透视的角度表现超级碗的图像学，从而构造出在传统的超级碗摄影中所没有被反映出来的权力关系。他们的照片得到了具有启发性的标题，以及关于他们拍摄情境的反身性文本的支持。由此，照片成为批判超级碗构造壮观景象的方法的主体部分。

在第 5 章和上文中，我介绍了苏珊娜·古皮和大卫·劳埃德对意大利裔澳大利亚老年人生活质量的影像研究。我注意到，基于研究对象已有的照片及对他们的访谈，研究者与研究对象合作创造出一种照片蒙太奇，表现出与生活质量相关的关键元素。为了使这项研究可视化，苏珊娜·古皮、大卫·劳埃德、威廉·哈瑟勒尔和安吉拉·布莱克利制作了专题摄影，这个专题摄影包含了他们对研究的介绍和一系列插图，他们用不同字号的文本来表现受访者的话语。其中，单一照片和合成照片都有（参见图 8.1 和

178

图 8.2）。

照片可以被用于表征文字无法表达的经验和思想。这并不意味着一种媒体优于另一种，而是告诉研究者要去寻找最合适的方式来表现民族志经验与理论性和批判性观念的不同方面。此外，或许最重要的是，要时刻准备着去探索摄影如何对此做出有意义的贡献。

影像表征中的伦理议题

在第 2 章中，我概述了一些关于尊重研究参与者的匿名权以及出示委托书以保护他们的身份和利益的准则规范。我指出，保护研究参与者的观念有时太过于家长制，应采取合作的方式。试想，如果让拍摄主体参与到照片的生产过程中并让他们自己选择那些表现他们的照片，这其中的某些问题或许能够避免。本章所讨论的绝大部分例子都体现了这一方式。然而，无论研究参与者在照片的生产和表征中充当什么角色，在民族志学者 / 作者与出版方的协商中，通常都是由他们对照片的最终编辑负责。因此，在做出这些决定时，民族志学者不仅应该参考研究参与者 / 主体发表他们的照片的意愿，还应该参考民族志学者对观看或解读照片的社会、文化和政治环境的认识。詹姆斯、霍基和道森强调，民族志学者不仅应该对民族志文本采取学术态度，承认它们是建构的“故事”或“部分真相”，还应该认识到他们的表征会有政治意涵，有可能被政策制定者或其他权力主体占用和利用（James et al. 1997：12）。民族志学者在使用照片发表学术观点的同时，也要考虑这些照片的公开对他们的研究主体所带来的个人的、社会的和政治的影响。

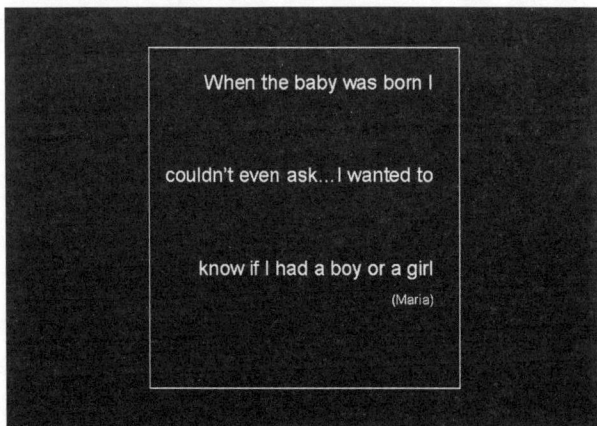

When the baby was born I

couldn't even ask...I wanted to

know if I had a boy or a girl

(Maria)

© Suzanne Goopy, David Lloyd and Angela Blakely 2005

图 8.1　苏珊娜·古皮、大卫·劳埃德和安吉拉·布莱克利关于意大利裔澳大利亚老年人生活质量的影像研究，开发了一种新颖的影像排列方式。在上图中，一段民族志参与者的引言被放在一张别有深意的照片旁边，它强调了生平和情感如何被灌注在日常的实践和物品之中。

180

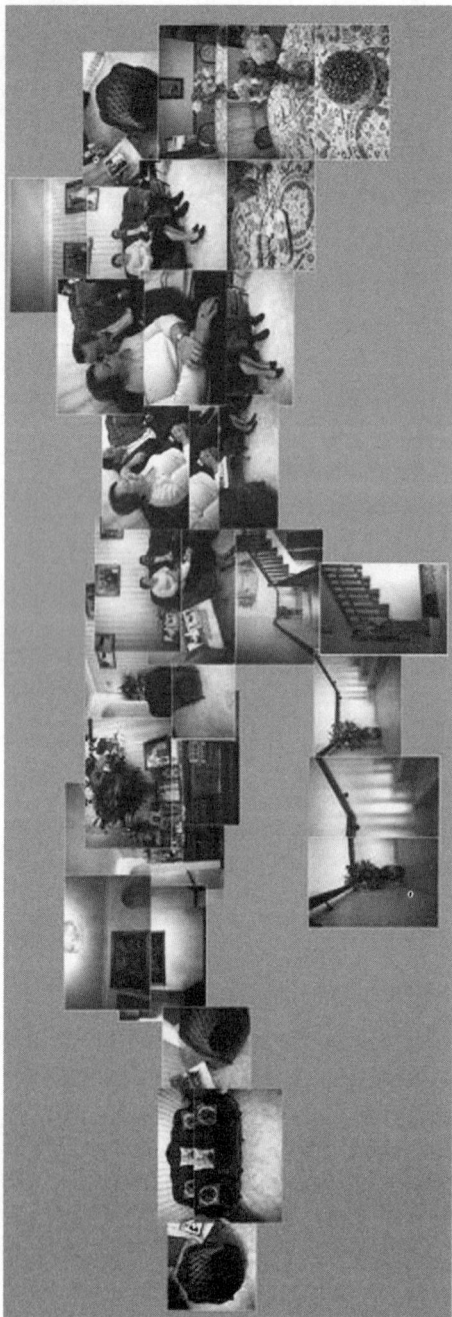

© Suzanne Goopy, David Lloyd and Angela Blakely 2005

图 8.2　上图是苏珊娜·古皮等人的研究中的另一个例子，这是他们的研究参与者意大利裔澳大利亚老年人的家居空间的合成照片，这将让人们注意到物理环境和社会关系对他们的自我身份和生活质量的影响因素。这是由大卫·劳埃德和安吉拉·布莱克利所拍摄的一系列的合成照片中的一张。

一旦伦理考量禁止使用某些照片，就不得不牺牲特定的民族
志知识或理论观点的可视化表征，或通过其他方式来表达。尤其
是当研究对象为儿童时，研究者们会发现他们不能发表这些儿童
的照片。在其他情况中，研究主题的私密性、涉及研究参与者身
份的议题或者涉及他们周围的关系网的话题，都意味着他们不愿
意暴露身份。在一些情况中，身份是需要保密的。在使用照片的
同时，保护研究主体的另一种方法是，通过数字模糊化处理或遮
住他们的脸。洛马克斯与凯西 (Lomax and Casey 1998)、登特与
鲍尔斯 (Dant and Bowles 2003) 就曾成功地使用这项技术发表了保
证部分匿名性的视频片段。然而，在民族志工作中，这种做法并
不常见，也难以符合因为照片的特殊性而使用照片的观念，不过，
它提供了一条邀请读者和观者想象被拍摄的现实的路径。同样，
软件的发展也使研究者可以通过仿素描的方法重制隐匿研究主体
和地点的照片。在欣德马什与塔特 (Hindmarsh and Tutt 2012) 以
及塔特等人 (Tutt et al. 2013: 47-8) 的研究中可以看到这类例子。

在发表照片时，民族志学者还需要处理照片的所有权，以及
与照片中人物相关的版权、知情同意和许可程序等议题。这些议
题需要随着国家和法律环境的变化而变化，因此我在这里无法提
供具体的指南，而是需要因地制宜。无论如何，优秀的研究应该
在进行的过程中随时确认许可，并采用第 3 章中所强调的合作方
式，而不是执着于最初对发表研究成果的期待。

在某些情况下，围绕伦理、知情同意、民族志学者的责任、
版权和许可等议题，会使研究者做出不在文章和著作中使用照片
的决定。请不要把这些议题当作局限或障碍，莫不如利用它们从
视觉的缺席中推导出有趣的观点。这些将关联到道德和研究伦理，
或者关联到其照片未被展示的人们的处境。在这种情况中的缺席
与视觉的在场一样都具有启发意义。安德鲁·欧文 (Irving 2007)

具有影响力的论文便是一个优秀的例子，他在其中用空白的页面标示出未发表的照片。

小　结

在本章中，我提出了建构那些结合了照片和文字的文本的反身性取向。民族志的作者应该时刻关注关于表征实践的理论问题、经验知识和文本策略。这要求我们注意照片的标题和时态的使用，并意识到在不同文本中的不同文本策略暗示着不同的意义。然而，意义不仅仅存在于文本内，民族志文本还将被读者自己解读并被赋予意义。因此，民族志学者应该思考，他们的文本在其他话语和文本中将会被如何定位并被赋予意义。结合了照片和书面文字的小说文本策略使用反身性、主观性或表现主义的文本或影像（与客观性、现实主义的文本并列）向传统方法提出了挑战。以反身性的方式解读或创造文本，应该思考照片如何与文本中的其他元素相互配合、交叉参考并产生意义，以及这些关联在文本之外如何通过话语和凝视被赋予意义。

拓展阅读

Coover, R. (2011) 'Interactive media representation', in E. Margolis and L. Pauwels (eds), *The SAGE Handbook of Visual Methods*, London: SAGE.

Irving, A. (2007) 'Ethnography, art and death', *Journal of the Royal Anthropological Institute*, 13(1): 185-208.

O'Neill, M. (2012) 'ethno-mimesis and participatory arts', in S. Pink (ed.) *Advances in Visual Methodology*. London: SAGE.

Visual Studies (formerly *Visual Sociology*)。（这份期刊值得定期查阅，

它主要发表带有视觉影像和专题摄影内容的论文，它可以补充本章所讨论的例子。）

9

民族志表征中的视频

在第 5 章中，我指出视频不只是一种资料收集工具，而且是参 183
与社会关系协商的一种技术，还是生产民族志知识的一种媒介。在
本章中，我讨论的是视频可以如何被用于表征民族志知识和认识。

在历史上，人类学电影制作者为使用动态影像作为民族志表
征指引了道路，他们依照惯例也会制作经过剪辑的民族志纪录电
影或视频（关于近期民族志电影的讨论，参见 Durington and Ruby
2011）。优秀的民族志纪录片会在民族志电影节上被放映，并被用
于教学或在电视上播出。现在，虽然民族志纪录片已逐渐实现了
在线播放和获取，但视觉人类学家的实践和研究生的学术抱负仍
在。本章并不是制作民族志视频的实际操作指南，世界各地的硕
士学位教程都提供了摄像、录音和剪辑技术的实践训练，以及民
族志电影理论的课程。民族志纪录片制作是一个宽泛而细致的论
题，深藏于有多年民族志电影制作经验的实践者所写的文本中（例
如，Barbash and Taylor 1997）。这类文献是非常有参考价值的资源，
我在此就不赘述了。相较于从人类学电影批评和理论的固有领域
以及目前关于在民族志研究中使用视频的评述里提取论点，我选
择一个不同的关注点。不是所有在其研究中使用视频的学生和研

究者都是为了制作民族志纪录片，也不是所有学生都有技术得当、视频格式正确或质量合格的视频镜头能够被用于制作纪录片。我将探讨在民族志表征中使用视频的其他可能性，包括在会议报告和 / 或印刷文本中使用视频片段和截屏。

民族志视频：视觉人类学的遗产

20 多年前，彼得·克劳福德（Crawford 1992: 4）将"民族志视频片段"列为民族志电影的七大类别之首，其他几种分别是"研究电影"（针对学院派观众）、民族志纪录片、民族志电视纪录片、教育和资料电影、其他非虚构电影，以及虚构电影。我在此使用"民族志视频"这一术语，是采用其最宽泛的意义，它指的是任何在民族志意义上或被用于表征民族志知识的视频片段。从这个角度看，民族志视频不需要遵循特定的电影类型或惯例。我们不如说，当它被用作民族志时，它就是民族志视频。因此，任何长度或类型的视觉表征只要被用于表征民族志知识就都有可能被当作民族志视频。虽然只要视频（电影）对民族志学者有价值，不管它是故事片、家庭录影还是电视纪录片，都可以被用于民族志或成为民族志（参见 Crawford 1992: 74），但在此处我不会对其加以讨论。本章所讨论的是，作为民族志研究一部分的视频记录，如何被用于表征与研究相关的或由研究产生的知识。

围绕民族志电影的历史纷争已有精彩演绎（例如，Heider 1976; Rollwagen 1988; Crawford and Turton 1992; Loizos 1993; Devereaux and Hillman 1995; Banks and Morphy 1997; Ruby 2000a; Grimshaw 2001; Henley, 2004; MacDougall 1998, 2005; Pink 2006; Durington and Ruby 2011; Henley 2010）。我所关心的并不是对它们的详细分析，但这对启发民族志纪录片制作者来说是一个必要

的背景。作为起点，我需要对这个背景做一简单总结。早期的民族志电影理论和实践认为，民族志电影应该表现整体文化，为了保证其科学价值，它应该（相较于其他方面）避免特写镜头，并尽力摄录完整的环境、活动和行为，我们应该对其做最低程度的剪辑，只使用原始的同期录音（例如，Heider 1976）。这些做法力求避免主观性和特殊性，坚持民族志价值应该优先于电影策略。1980 年代，为了回应这些早期的做法，有人提出了新的理论视角，对电影类型提出了新的要求。例如，罗维根提出，人类学电影应该基于已有的人类学理论并根据人类学的要求来构造（Rollwagen 1988）。鲁比——1980 年代初，首批提出反身性观念的视觉民族志学者之一——张以反身性取向进行民族志电影制作，从而突破主宰社会科学的"艺术/科学"二分法（Ruby 1982）。到了 1990 年代，麦克杜格尔（MacDougall 1997）也提出，民族志纪录片应该被用于挑战人类学中的客观化取向，以强调社会生活的经验性和个体性本质，并开拓其表征经验的个体性和特殊性方面的潜力。直到现在，这一取向仍有潜在的影响，它促生了一种电影制作风格，聚焦于个体而非整体文化，以及电影制作人和电影拍摄主体的主观性。到了 1990 年代末，高质量的数字视频、小型摄像机，以及在普通台式计算机或笔记本电脑上进行剪辑变得可兹利用，民族志纪录片制作的实践和取向出现了进一步转变。麦克杜格尔（2001）根据他自己在印度用数字视频制作电影《杜恩学校》（*Doon School*）的经验，论述了他所生产的电影在制作过程及类型上如何区别于旧技术。麦克杜格尔（2005: 121-3）和鲁比（2000）都指出，由于没有来自电视广播公司所资助的电影在制作上的各种限制，数字民族志纪录片制作者可以独立工作，并更加密切地与电影主体合作，他们可以尊重视频工作现场偶然出现的叙事，并服务于学科和电影主体（而不是广播电视节目表）。在当代情境中，

185

民族志视频制作实践发生了进一步转变。随着研究者持续讨论影响了让·鲁什（Jean Rouch）的研究方法的历史遗产，他们对合作式和参与式电影制作的兴趣与日俱增（参见 Flores 2007；Ten Brink 2007；Henley 2010）。近期的其他研究还包括，对本地媒体和民族志电影（例如，Ginsburg 2011）及实验电影（例如，Ramey 2011；Schneider 2011）的持续讨论。

视频研究与视频表征之间的关系

在第 5 章中，我讨论了研究者如何在项目中将视频与静态照片、录音、笔记及其他方式相结合，其中视频制作并不是主要目的。之后，在第 7 章中，我指出了视频材料如何与其他研究材料并置而被加以分析。同样地，当视频记录与其他民族志媒体相结合时，这种关系或许会被承认。

在历史上，所谓的研究电影的视频片段与纪录电影的视频片段之间的关系充满争议。有人一针见血地指出，同一个视频片段可以被归入多个类别之中。例如，克劳福德将"民族志视频片段"定义为"……未经剪辑的电影素材，它可能以未经剪辑的形式被用于研究目的或最终被剪辑成电影"（1992：74）。然而，随后的研究取向却将研究电影的视频片段和纪录电影的视频片段当成出于不同目的所拍摄的两种不同类型。巴巴什和泰勒提出，纪录电影的视频片段是基于一种有目的的、创造性的叙事而被拍摄，它可以被剪辑成民族志电影，"研究电影的视频片段的关键点是，它是尽可能未经选择的和非结构性的——换句话说，它很少提供关于社会生活的话语，而更多的是对社会生活的客观记录"（Barbash and Taylor 1997：78）。在研究中，"摄像机被当作服务于科学的中立的仪器，它将所有流逝的时刻定格下来，以供未来进行无限的分析"（1997：78）。在这一情况下，在民族志表征中并没有研究电影的视频片段的位置，它们会被转换成文字。根据巴巴什和泰勒的观点，好的观察式纪录电影不同于研究电影的视频片段，"为了追求客观性，研究电影对参与者来说往往缺乏使其显得真实的对人类事务的介入。它对中立的渴望使其倾向于无选择性地进行拍摄，因而对事先不知情的人来说，这些视频片段似乎是非结构性的"（1997：78），这与已制作完成的电影并不相符。巴巴什和泰勒坚持认为，民族志纪录电影的视频片段是根据纪实摄影的结构和风格要求被有选择性地精心拍摄的。然而，将艺术性、主观性和选择性的创造行为与表征相联系，并将科学性、客观性和系统性的记录与研究相联系，这种艺术/科学的二分法，不仅忽略了研究中不可避免的主观性，还因为其低估了研究电影的视频片段，而限制了它作为民族志表征的潜力。他们将视频研究和视频表征界定为在本质上完全不同的项目，因此限制了视频表征对反身性地介入研究情境的潜力。探讨视频研究与视频表征之间的关系，不应该局限于民族志视频生产或将视频记录转化为言语知识这两个问题。

麦克杜格尔关于他制作《杜恩学校》这部电影的讨论给我提供了一个很好的例子，它展示了在纪录片制作实践中如何实现二者的关系（2005：120-144）。除了简单地拍摄一部电影，他"开始思考一项利用视频摄像机作为探究手段来考察学校的长期研究"。通过这一过程，他制作了5部没有"预先计划"的系列电影（2005：122）。关于纪录片研究实践的新近研究已经在作为研究过程的视频运用、针对参与者的某些事物与纪录片制作的某些部分之间架起了桥梁。丽贝卡·萨维奇（Rebecca Savage）的纪录片《我们之间的900帧》提供了很好的示例。萨维奇的研究课题聚焦于，从母国墨西哥寄给美国墨西哥移民的"事件视频"如何"成为一种'电

186

影性占位'形式的中介，以便将对其的生产和消费带入想象性的地点和自我之中"。她的纪录片结合了参与者的"事件视频"材料和研究者制作的视频。它被描述为利用"在本体论上不同的影像和声音的并置来提供一个对'电影之家'的视听唤起"。

除了纪录片制作，视觉民族志学者逐渐从民族志电影制作风格中分享并摘选内容，以作为他们探索日常生活现实的方法论的一部分。已有的例子包括，杰亚新基·加拉 (Jayasinhji Jhala) 关于自己如何借鉴麦克杜格尔的摄像方法来拍摄他的电影《洛朗之路》(*Lorang's Way*, 1979) 的讨论，在影片中他跟着拍摄对象步行穿越他的居住区，拍摄对象向电影制作者展示生活区并对着摄像机说话 (Jhala 2004: 62)。在我自己的视频游览法中，我也使用了一种相同的技术，它来自已有的民族志纪录片制作实践，并基于我硕士研究阶段在英国曼切斯特的格拉纳达视觉人类学中心所接受的观察式纪录片的训练。我在第 5 章中讨论过，在我自己的研究中，视频被当作一种媒介，能够记录我们在世界中运动的轨迹。民族志视频研究和纪实技术由此共享了方法论和实践，从而表明不能把它们僵硬地当作毫不相干的实践。

民族志学者表征其研究的方式不可避免地影响着他们展开其项目的路径、所使用的技术、他们与参与者之间的关系，以及他们生产的经验和知识。这些关系、技术和经验或许也会在他们的表征中有所反映。如果视频在研究中扮演了关键角色，将视频纳入其表征之中就似乎是理所应当的。但这并不意味着需要剪辑一部纪录片式的民族志视频，而是意味着（例如）在会议陈述中使用视频片段、截屏和抄录或超媒体文本，或者在印刷出版物中加入文字描述。接下来，我将介绍一些方法，研究者可以在民族志视频表征中进行试验。不过，首先，我讨论的是在民族志表征中作为媒介的视频，并分析了它与其他媒介的异同，以及关于视频使用的各种理论。

视频作为一种反身性表征路径

根据爱德华关于摄影的主张（参见第4章），将视频用作民族志表征应该基于对视频这一媒介之性质和它最擅于表征的知识类型的理解。在20世纪，视觉人类学家拓展了书面文本与民族志电影之间的关系，这些关系构成了讨论民族志视频使用的背景。最近关于视觉人类学实践的研究为探索视频表征的潜力提供了重要的洞见（例如，Pink, Kürti and Afonso 2004；Grimshaw and Ravetz 2004；MacDougall 2005；Pink 2006, 2011d）。

在1980年代和1990年代，妨碍民族志电影在社会科学中运用的艺术/科学二分法逐渐瓦解。这期间，在民族志写作中研究者对反身性的呼声与日俱增，一些民族志学者将他们的表征描绘为一种必然的选择性结构、具有部分的真实性，并且最终是一个文学作品——虚构小说。有人提出，科学的客观性是对书面文本的要求，而艺术电影则无法实现，实际上，科学的客观性也是无法实现的。因此，书面文本与电影在主观性和艺术性上可能不相上下。杰伊·鲁比主张反身性在电影中也占有一席之地，他提出人类学电影制作者应该确保让他们的观众意识到现实与作为结构性表征的电影之间的区别。他还主张更多具有艺术性、表现性的形式应该在人类学中占据一定的空间（Ruby 1982: 130），因为"电影允许我们用图像讲故事，其潜力在反身性与叙事性的人类学中会逐渐增强"（1982: 131，也可参见 Ruby 2000a）。此时，反身性在民族志电影制作中开始得到发展（尤其在让·鲁什以及大卫·麦克杜格尔和朱迪斯·麦克杜格尔的电影中），技术和认识论上的突破，提升了"电影制作者的能力，他们逐渐明确了电影该如

188

何制作，以及制作的原因和对象"(Loizos 1993: 171)。不过，在
1990 年代，人类学家对这些区别在哪里仍有分歧。例如，哈斯特
普就提出，在民族志写作中有助于为意义和差异提供上下文语境
的反身性，在民族志电影中却无法获得，因为电影的影像视觉传
达是以"表面价值"为基础的，它不能像书面文本那样生成反身
性和具有自我意识的知识(Hastrup 1992: 21)。相反，麦克杜格尔
的民族志电影和理论研究表明，反身性并不只属于书面文本，它
也能被视觉性地表征出来。其他视觉人类学家则在不同的基础上
对比人类学电影和文本。巴巴什和泰勒认为，民族志写作与反身
性的关系并不大，因为"人类学文本更倾向于……（当然并不只
是如此）关注诸如社会结构或人口统计数据这样的非直观的抽象
物"，而"电影则是一种典型的现象学媒介，它提供了不同于人类
学著作所指明的社会生活的方向。因为电影能给人身临其境的感
觉，从而具有唤起个人体验的独一无二的能力"(1997: 74-5)。莱
斯利·德弗罗 (Leslie Devereaux) 同样认为，"摄像机的独特价值……
是直接联系着个体性与特殊性"，他指出，无论民族志电影是否
能表征"现实"，我们都不能否定它"与细节的关联"。与之相比，"学
术写作忽视特殊性，追求抽象性，是经验的敌人"，而"将特殊归
纳为一般、提供深入细致解释的说明性研究项目，不可能出现在
纪录片中。但是，在关注特殊性、注重经验方面，人类学电影比
文字更具可能性"(Devereaux and Hillman 1995: 71-2)。动态影像
和书面文本与经验和特殊性的关系肯定不同，在表征上自然也不
相同。然而，巴巴什和泰勒以及德弗罗的二分法都忽略了一个事
实，许多民族志学者的书面文本超越了结构和统计数据，具有了
经验的主观性和生动性（也可参见 Pink 2006）。我也不敢苟同抽象
必然是经验的"敌人"这一观念(Devereaux and Hillman 1995: 71-
2)。更合理的看法是，事实上，特殊性和抽象性作为表征经验并

赋予经验以文化意义的方法是相辅相成的。能取得更大收获的发展方向是，思考民族志学者使用视频和书面表征要达成什么目的。为了探索这个问题，我简单地概括了目前民族志表征的主要议题：特殊性与一般性的关系，以及关于如何表征其他人的经验的问题。

处理人类经验的特殊性与生成一般性的社会科学实践的关系是学术研究的基本原则。在 1990 年代，麦克杜格尔对民族志电影与民族志写作的比较，聚焦于人类学如何与"个体性问题"抗争。他写道，个体曾经是"人类学加工的组件"，但反讽的是，它却没有水到渠成地成为民族志表征所接受的元素。麦克杜格尔提出，"民族志写作更容易忽略"这种矛盾，而在民族志电影中，个体却"总觉得受到了他们(民族志电影制作者)过多的注意"(1995：220-1)。因此，书面文本会压抑个体性，而电影则不会。现在的民族志学者并不像 20 世纪的传统民族志文本那样追求抽象性，而是越来越多地写作新的文本，这些文本既包含了 1980 年代和 1990 年代的反身性取向，又探索了更贴近社会生活的个体经验与特殊性。典型的例子是罗伯特·戴佳雷 (Desjarlais 2003) 的著作，他分析了尼泊尔尤牧地区 (Yolmo) 的两个年迈的佛教徒的生平经历。实际上，个体现已成为民族志作者和电影制作者的关注点。不管怎样，动态影像和书面文字确实在处理一般性与特殊性的问题上各有所长，从而可以表征不同类型的民族志经验和理论。所以，我们不应该希望它们用相同的方法来表征这些主题，正是它们的不同有助于民族志学者以不同的方式讨论关键的议题。动态影像和书面表征共同构成了民族志学者研究项目的一部分，以表征不同元素(个体的、特殊的、抽象的、一般的，理论与经验之间的)之间的关系。民族志电影制作者声称，视频在表征民族志田野调查的具象化及多感官的经验中具有特殊潜力，并能激发观众 / 读者感受其他人的感官经验。麦克杜格尔认为，视频能为

189

此提供支持，因为视听媒体使我们能够重新理解"'感官'知识"，关注"人们如何理解他们的物质环境并与之互动"（2005：269）。格雷姆肖（Grimshaw）则提出疑问："如果人类学知识的基本原则之一是经验，以及由'在场'的感官浸透而萌生的理解，那么它的既定形式如何能够避免被转换成不同的类目呢？"（2004：23）。她建议，只有将观察式电影（民族志纪录片的主要类型）重新当作具有主观性的艺术形式，或者按照陶西格（Taussig）所说，将其当作"一种模仿行为的特殊形式"，才能达此目标。视频能够使用文字所不具备的直接且即时的视听表征在观众中引起共鸣。然而，这并不意味着书面文本就无法引导读者感受其他人的具象化的感官经验。在书面民族志中，这可以通过将其进行文化性定位并设定理论性框架来实现。视频和文字在民族志表征中发挥着不同而互补的作用。但是，在表征个体经验上，二者兼而有之。

理解视频如何记录并表征经验的路径之一是聚焦于运动，我在第 5 章中已经强调过。视频最终所代表的这种理论，邀请我们将视频记录看作回放，以便重演视频被创造的过程。通过如此对视频进行概念化，我希望将观者的角色进行概念化，并把他们当作与视频同步向前、与之相伴并从视频中学习的角色之一（Pink 2011d; Pink and Leder Mackley 2012）。我将在下文讨论如何运用这些观念去选择会议陈述中视频片段的放映时回到这一点。此外，我还将在第 10 章中讨论它如何影响在线观看。

我本人的观点是，我们需要想办法让民族志视频表征既易于理解又具有学术论争的价值。如果观看这些视频的人只是电影节上的其他民族志纪录片制作者，那么这似乎与我制作民族志视频没有什么关系。在下文中，我提出了一种反身性取向，它将有助于视频、照片和书写文本以不同的方式去表征具象化的感官民族志经验、理论和批评。通过这种方式，研究者把媒体与实践相结合，这将使根据艺术实践和传统社会科学实践来生产文本和表征成为可能。由此，研究者才可以通过并置不同类型的知识、主观性、认识论、经验和声音来表征他们的研究。不过，这类表征所隐含的反身性和创新性不只存在于文本中。在第 6 章中，我说明了新型的文本如何要求新型的读者关系。因此，首先，我将讨论视频与反身性观看。

民族志视频的观众

据我所知，尽管已有文献讨论过民族志电影的观众，但观众对民族志视频片段的反应尚未得到系统的分析（除了那些关于给研究参与者播放视频的讨论）。实际上，我们对民族志纪录片观众的观看行为知之甚少（只有少数例外，例如 Martinez 1992; Pack, discussed in Ruby 2000a）。自 1990 年代以来，通过民族志取向来研究观众的"媒体民族志"方法（参见 Crawford and Hafsteinsson 1996）日益发展（例如，参见 Levine 2007）。我们还需要讨论的是，"观众研究"既是一个道德议题，也是民族志学者的责任的一部分，这使他们能够预知播放出现拍摄对象和参与者的视频片段和纪录片可能带来的后果，并对他们进行"保护"。即便拍摄对象同意将他们的影片公开展示，他们也可能并不理解影片被公开后的全部影响。布朗（Braun）在他的视频《消失的女孩，河边：论摄像机的工作》（*Passing Girl, Riverside: An Essay on Camera Work*, 1998）中指出，当一个加纳村的酋长答应布朗在北美洲展示他的村子时，他真的明白这意味着什么吗？知情同意书是一回事，真正预知后果的程度或通过什么来预知则是另一回事。

民族志文本，不管是专著、视频还是照片，如果不衡量它们的传播状况，就不能公开销售。明智的做法是，在视频公开播放

191

之前做观众反应调查。不同的观者会做出不同的反应，研究者需要斟酌哪种反应对他们的研究最重要。这其中可能包括，对内容、风格和技术问题的专业指导，来自学界同仁和民族志视频主体的评论——以及在最终版本确定之前获得他们的许可（也可参见第3章）。有时候，研究参与者能预估其他观者会如何理解视频并能对之作出评价。然而，我们很难准确地预测视频将会怎样被赋予丰富的意义，因为一旦它们进入公共领域就必然接受多种多样的理（误）解。

　　人类学电影制作者一直密切地关注着民族志电影表征的政治性。因此，随时跟进来自这一情境的讨论和经验有助于我们了解民族志纪录片制作内外的视频表征实践。麦克杜格尔的例子就强调了观众与电影之间关系的复杂性。他借用电影批评的观念指出，电影影响观者的方式具有多样性："拍摄和剪辑的惯例不仅导向我们在电影中的不同视角，而且还精心地编排了位置、叙事、隐喻和道德立场等一套层层叠叠的符码"（1995：223）。麦克杜格尔还强调了个体与文本发展出来的关系的特殊性：

　　　　我们对电影的解读、我们对它的感受，是我们在这种类似管弦乐团创作出来的复杂领域中所经历的每个时刻的结果——这又一次取决于我们是谁以及我们将给电影带去什么。这种复杂性延伸到我们与不同模式的电影论述之间的关系中。（1995：223）

这些观点不仅适用于民族志纪录片，也适用于其他类型的视频表征。由不同方式建构的视频通过不同的观者以他们自己的个体化方式发挥着影响并被其影响。

民族志的视频表征

关于在民族志表征中超越纪实电影制作的层次而使用视频的主张多种多样。这就包括: 在会议陈述中展示视频片段、在展览会或网上展示视频装置(参见第 10 章)、在经过剪辑的纪录片中混合动态和静态影像、旁白及文本, 或者在图书或杂志中的描述性段落旁边印出视频截图和视频抄录。在下文中, 我将讨论其中的一些做法。

(经过剪辑的)片段

行为、动作、事件、访谈、景观、人工制品的视频片段或其他文化的视觉元素都可以被精心剪辑成片或仅仅作为未经剪辑的备选素材。如果一组片段不能前后连贯成有完整时长的纪实叙述, 它们可能会与书面文字或口头话语、声音或截图相结合来讲述另一个故事。或许每一个片段本身就代表了一个短篇故事、演示了一种活动, 或者表现了一个调查参与者的口头叙述或视觉的自我表征。有些片段因其遵循事物的发生顺序而成为行为和事件的现实主义参照物; 其他的片段或许会被剪辑出来, 以表达根据原始素材的时间线推导而出的事件的"真实"顺序。选择有很多种, 这取决于研究者打算用视频片段来表征什么, 以及这些片段如何被定位于其他那些表征同一民族志项目的各个方面的文本之中。

每一组讲述自己民族志故事的视频片段或许也是更大的表征的一部分。这种更大的叙述可能包括静态影像、声音和不同风格的书写文本。与其说照片和视频被用于书面或口头文本的图解, 不如说它们可以被任何媒体所引导。同一组视频片段也能以不同方式来表征研究工作。例如, 在我关于家居的研究课题中, 我从

192

合作式视频游览中制作了长达 40 小时的录像带。我从其中摘取不同的片段以不同的方式（包括 CD 光盘文件）来表征我的研究。当我在更公开的学术场合（大学的院系和学术会议）中将其作为会议论文的一部分发表时，我展示了一些经参与者同意的视频片段。这些展示让我有机会了解其他学者对我的文字和视觉材料的评论与反馈。在这些主题报告中，我对视频的使用兼具现实主义与表现主义的方式。例如，在某种程度上，视频被当作对个体及其物质家居的现实主义表征。这些视频还描绘了人们在家里的家务活动，它们可以被看作对（他们的）居家行为的（由我所作的）表征。因为视频游览记录了研究者与参与者之间的互动，这些片段还能充当反身性文本，以揭示研究者生产民族志知识的关系链和过程。我所展示的某些片段被特意用于这一目的。作为能唤起情感的文本，视频片段还意图将具体家庭的某些物质性因素与人的内在情感体验联系起来。最后，我用视频片段给予研究参与者一种声音——让他们通过语词和行为直接向观众表达自己（当然是那些经过我的镜头的选择并被剪辑过的片段）。

同样地，作为低努力减少能源需求项目的一部分，我们放映作息时间表的视频重演和家居视频游览的片段，这使我们的民族志研究团队能够将具象的行为带入会议中，以展示参与者在家中如何实际地展开他们的日程。这将使观众对我们身居研究者的位置感同身受，并让他们仔细地观察材料从而做出自己的理解。这也意味着我们能够展示研究中无法用口头语言或书面文字来表达的那些部分，以代替与口头语言表征相关的视频。

我在其他地方详细地分析过（Pink 2004b, 2006），虽然视频片段具有某些民族志纪录视频的特点，但它并不符合巴巴什和泰勒对研究电影的视频片段的定义（1997，参见上文）。然而，它们都不是民族志纪录片，它们只讲述了很短的故事，需要被置于提供

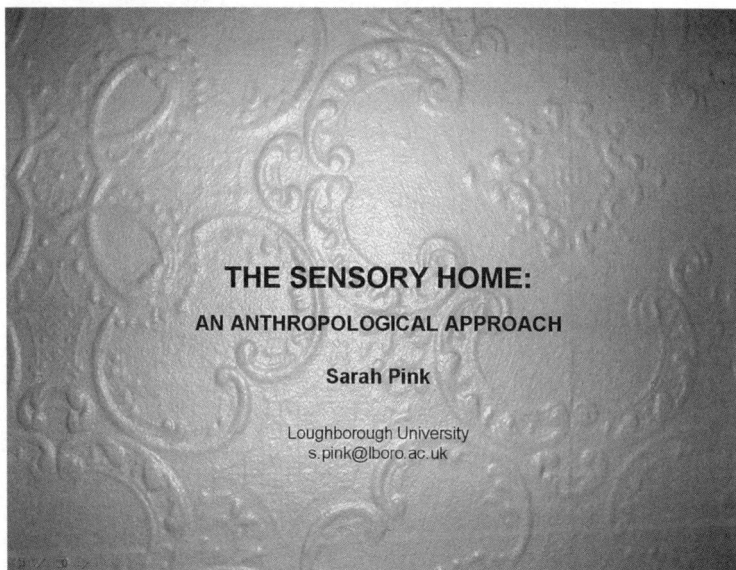

THE SENSORY HOME:

AN ANTHROPOLOGICAL APPROACH

Sarah Pink

Loughborough University
s.pink@lboro.ac.uk

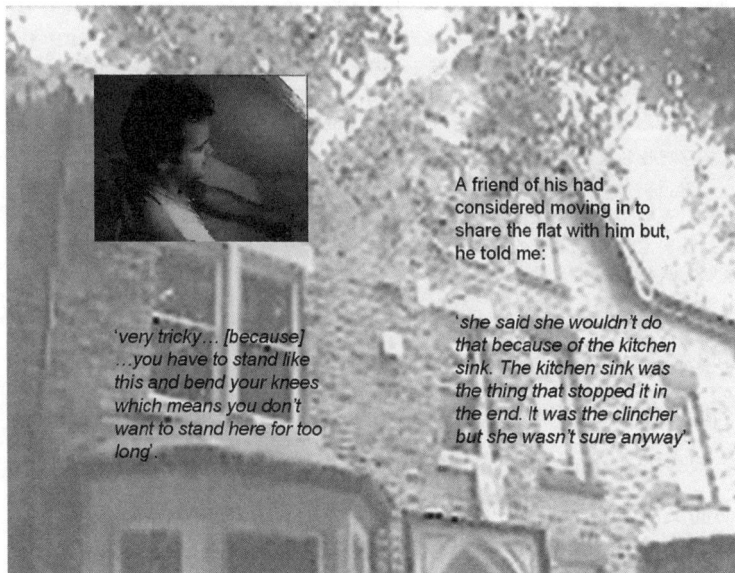

A friend of his had considered moving in to share the flat with him but, he told me:

'very tricky... [because] ...you have to stand like this and bend your knees which means you don't want to stand here for too long'.

'she said she wouldn't do that because of the kitchen sink. The kitchen sink was the thing that stopped it in the end. It was the clincher but she wasn't sure anyway'.

194

Everyday life in a modern western house or apartment is a sensory embodied reality. It involves our active engagement with its physical architectural structure, its material culture and its smells, sounds and tastes.

© Sarah Pink 2005

图 9.1　我在皇家艺术学院主办的"室内洞见"（Interior Insights）研讨会上，用视频、照片和文字相结合的 PPT 作论文陈述。我并非特立独行，其他发言人在 PPT 演示中也使用了一组不同的媒体。上面的三张幻灯片副本显示了家居环境中的纹理的特写镜头（第一张）；一张视频截图作背景加上一段视频片段作前景，并结合了描述视频的文字和引文（第二张）；展示日常家务现状的一张视频截图并附上了具有学理性的文字（第三张）。

　　在我的陈述过程中出现了一个有趣的伦理议题：某些观众在听陈述的同时也在进行某种形式的视觉笔记。他们在陈述人播放幻灯片的时候拍照。这带来了涉及知情同意的另一层次的问题。某位研究参与者可能允许某个特定的研究者公开展示她或他的视频片段，但并不同意另一个人对其进行后续拍摄和录制。所以，我要求那些观众在我的陈述过程中不要拍照。

更多信息的民族志情境中才能获得丰富的意义。这些视频片段处于现实主义和表现主义的表征之间，因为它们是组成结构性民族志叙事的短篇视觉记录，在这一叙事中，它们是根据口头语言或书面文字和其他片段而被定位的。借助视频的使用，我避免了不得不用口头语言或书面文字来描绘视觉知识。

　　虽然专著、期刊论文和纪录片提供了论述民族志经验和理论思考更持久的方式，但会议和研讨班的论文陈述也是学术研究的重要部分，它使研究者有机会向更大范围的观众发表观点。会议和研讨班也是发布影像和文本相结合的短篇视频片段的理想场合。动态影像（和声音）能够构成生动的启发性陈述，同时在语言文字和视听上吸引观众，让他们切实理解研究者所体验的部分视觉知识和视觉影像。视频片段还可以被用于民族志展览，它们会与书面文本、照片或其他艺术装置并列。在播放视频和／或幻灯片前，预先确认是否有合适的屏幕、兼容的电脑设备和投影仪很重要。

描述、抄录与视频截图

有人曾预言，在不久的将来，印刷出版将会被与日俱增的在线出版所取代。然而，在 21 世纪初，图书和期刊仍是传播民族志研究和拓展学术事业的主要媒介，这就迫使研究者用书面文字来表述他们的工作。对那些广泛使用了视频的研究者而言，以印刷形式出版他们的研究成果，可想而知会让他们十分沮丧。在这一小节中，我将讨论视频如何通过书面描述、抄录视频对话和视频截图而成为印刷民族志的组成部分。与坚持视觉知识应该被转译为书面文字这一观念相反，这种方法强调研究和表征中视频的存在。尽管书面描述、抄录和视频截图不能像视频播放那样作用于书面文本的读者，但它们让视频的视觉和口头知识成为民族志表征的组成部分。目前，使用视频截图或视频抄录的书面文本，大多倾向于反思视频在研究中的作用，并使分析过程和研究与表征的关系变得清晰明确。

在第 4 章中，我描述了洛马克斯和凯西在助产士出诊的研究中对视频的使用。该研究发表在一篇网络论文中，研究者在书面文本中插入了视频抄录、数字化音频和视频截图。洛马克斯和凯西采取的是现实主义研究取向，他们提出，"视频生成的数据是理想的资源……因为它可以提供可靠的过程记录，作为涵盖研究议题的自然发生的互动的一个方面"（1998：1）。他们的社会学研究取向包括了对来自"传统"社会学批评（例如第 1 章中所讨论的普罗塞和其他视觉社会学者的批评）的回应，他们认为，更广泛的反身性可以通过在文本中插入视频而获得。为了纠正那些认为他们的视频使用违背了"科学的"社会学的观点，他们提出"对研究过程进行反身性分析绝不是干扰或无关紧要，而是有助于理解观察的现象"（1998：6）。在视频材料之外，洛马克斯和凯西还提供了田野调查笔记的长篇引文，其中包含了对使用视频的讨论，从而将视频置于更广的研究进程之中。抄录的对话的每一行都有编号，并遵循某种会话分析的方法，文本中的抄录和数字化声音由此得以分析。通过在同一文本中呈现田野调查笔记、视频抄录和视频截图，研究过程和分析在文本中被激发出来。洛马克斯和凯西还非常擅于利用视频截图来讨论在检查生殖器和身体其他部分的过程中，助产士和他们的顾客如何操作摄像机，有时候他们会关掉摄像机或用他们的身体挡住其视线，有时候他们则会采用隐匿策略，模糊拍摄对象的脸部以保护她们的隐私。洛马克斯和凯西成功地表征了视频的视觉和言语特征，但他们的文本没有包含动态视频影像本身。蒂姆·登特（Dant 2004）也用过视频截图来表征研究实践的各个方面。在他的研究中，视频记录被密集地用于研究汽车修理工在车库工作的日常活动。为了呈现他的研究，他将视频记录中可见可闻的行为的视频截图与对其的文字描述（对应着文本中的截图）和被录制于视频中的言语互动（修理工之间和修理工与研究者之间）的抄录片段混合在一起。虽然登特抱怨道，"一旦静态影像被用于图解文本，行动的关键流态就丧失了（做手势，抓住正在移动的雨刮器）"，但是他也认为某种引用技术可以"用一系列连续的静态'帧图'来展示非言语形式的交流如何与谈话融为一体"(2004: 58)。在第 6 章中，我讨论了瓦伊克·福斯的研究。他使用了一种类似连环画的方法来表征视频中的行动与对话，参见图 6.1。

　　在第 4 章中，我讨论了费兰迪斯关于委内瑞拉精神崇拜的研究中的视频使用。在他探讨视频使用的论文中，费兰迪斯加入了对视频片段的描述性段落、引用了视频拍摄对象的话语，并附上了视频截图。费兰迪斯试图以不同于前文讨论的实例中所采用的更具现实主义研究取向的方式来唤起他文本中的视频研究经验。文章的开篇是以下文本，这个文本的旁边有一张视频截图，图中 197
有一枚指纹和手写的名字"ELOY"：

　　　　"这家伙在干嘛？"

　　　　"他在拍电影，老兄。"

　　　　"拍啥呢，拍一张纸还是啥？"

　　　　"没错。"

　　　　"给我找根羽毛、墨水或其他什么都行，我也能拍
　　　　电影。我给你看看我怎么拍电影，小家伙。"

　　　　　　（Ferrándiz 1998: 19）

由于参加了这一项目的发布会并观看了费兰迪斯所描述的20分钟左右的样片（由视觉人类学分会组织的会议，马德里，1996），我对这篇论文的解读不可避免地受到我观看样片经验的影响。不过，即便没有这场附加的放映，文本也很成功地连接了表征视频制作和观看经验的叙述与关于视觉和精神占有的理论叙述和民族志叙述。费兰迪斯使用了12张视频截图。在这篇论文的一部分中，他描

绘了他的调查对象在被他拍摄和拍摄彼此时如何使用技术并与之互动，为此他插入了一组他本人和不同研究对象所拍摄的视频的截图。只要这些截图取自视频主体对着摄像机说话的镜头，那么它们要么带有字幕，要么带有费兰迪斯的描述。例如，一张由"鲁本"(Ruben)摄制的女性影像的截图就附上了字幕说明："鲁本是一个摄像师，通过摄像机与卡门西塔(Carmencita la Canelita)（控制着特蕾莎）互动"(1998:28)。在这一项目中，视频影像和技术成为研究者与被研究者之间交流和表征的媒介。鉴于视频对费兰迪斯的研究叙述如此重要，如果没有它们，他的书面文本将不完整：因为视频影像不能被转化成文字。视频截图不仅是"我曾在那里"的影像或现实主义记录，而且是视频影像的片段，正是通过它，研究中的意义才得以创造和传播。这些截图处于现实与虚构的边缘。它们挑战了视觉真相这一观念，正如在我上文引用的字幕说明，截图里的有些人并不在场，他们的身体由精神控制着，从而成为别人。

视频截图的进一步运用还包括建构视觉叙事，例如专题摄影（参见第6章）、影像蒙太奇或海报展示。影像叙事或蒙太奇可能包含了视频截图，它们表征了一系列来自研究的观点或主题。同一个影像蒙太奇被剪辑在一起或作为一组带标题的影像，视频截图能够创造出连接研究中不同时刻和主题的表现主义表征。通过这种方式来表征，视频截图也允许人们以不同的方式观看一种视觉研究叙述，而不需要根据线性视频叙述来观看截图。表现主义的影像蒙太奇和海报展示为更多的创造性提供了可能——蒙太奇或海报或许融合了视频截图、照片和其他描述、访谈摘录和学术评论。

视频截图和抄录在印刷文本中被用于现实主义和表现主义的表征。正如我所讨论的各种实例表明，民族志学者将视频截图作为提供证据的资料，作为他们权威性的声明，也作为象征性或引发共鸣的影像，用以展示生产这些影像的情境、这些影像所涉及的社会关系，以及与这些影像相连的知识。

合　作

巴巴什和泰勒指出"纪录片制作天然就具有合作性。很简单，单靠自己一个人不可能制作一部关于其他人的电影"（1997：74）。视频研究同样具有合作性，不过，其制作的最后阶段是完成民族志表征，这个阶段倾向于减少合作。正如巴巴什和泰勒所指出的，对影片来说，危险在于"影片制作者始终都是真正的作者，参与者只是被用来使合作合法化的橡皮图章"（1997：89）。实际上，在为电视制作的纪录片中，我们采用广播的方式，即便电影主体应邀对影片的剪辑做出评论和干预，但对剪辑过程的控制通常仍由电影公司管辖。正如加里·马尔文（Garry Marvin）的总结，"通常的做法是同参与纪录片的人签署一份'授权协议书'，允许影片制作者在合法范围内以他们选择的任何方式使用其声音和影像"（2005：199）。学术研究者在制作民族志纪录片时，倾向于更具合作性的方式，这就可能涉及那些出现在视频中的人们对研究项目参与、他们对视频的剪辑，或者他们对自己及其文化将如何被表征进行评论和反馈。这一实践在20世纪得到了持续发展，以佩瑞洛里安（Prelorian）的研究为例，佩瑞洛里安和萨拉维诺（Prelorian and Saravino 1992）的纪录片《面向21世纪的祖雷》（*Zulay Frente al Siglo XXI*）的主要人物祖雷从厄瓜多尔去美国参加了电影的剪辑工作。最近，西班牙的民族志纪录片《一个好的共同点》（*A Buen Común*）的制作团队（Camas et al. 2004）在描述他们的合作方式时透露，片中的一位主要人物对剪辑版本不满，他们的视频是在被调查者和团队成员的持续反馈过程中形成的。他们在制作纪录片《山的皮肤》（*La Piel del Monte*）时，对这一过程进行了描述：

199 　　　　我们意外地发现，主要人物之一对最终版本不满。
在跟他一起观看和讨论电影后，我们得知他不喜欢片中
他展现给别人的印象，更糟糕的是，他担心他说的话会
有损他在不足1 000人的社区中的公众形象。（Camas et
al. 2004：138）

在这一研究中，视频主体有权"使剪辑过程瘫痪并剔除有损于他们
体面的片段"（2004：138）。这使他们在真正意义上控制了最终的成
品对他们的表征。在图3.2中，我讨论了泽米拉·莫法特的研究，在
其民族志纪录片中，主要人物（其中之一就是制作者本人）可以评
判表征的过程。此时，在电影制作过程及电影本身中，信任问题和
制作者与其他人的关系问题开始浮出水面。进一步的例子还包括
马修·都灵顿（Durington 2007）和卡洛斯·弗洛雷斯（Flores 2007）
（也可参见Pink 2007b）的应用视觉人类学项目。

　　此外，民族志学者发现，他们不得不独自或在专业技术人员
的帮助下剪辑视频或纪录片并写作文本。尤其对学生和无资助的
研究者而言，很难让他们去负担返回遥远的研究地点或回来后接
待被研究者的费用，所以他们很难向人们展示对其的表征并获得
这些人对影片粗剪版的印象。离驻地较近的研究者可能有更多的
机会与研究对象合作，研究对象的参与不仅影响了研究者在公共
领域对他们的表征，还促进了研究者对他们的理解。不过，在某
些研究中，我却遇到过这样的情况，我所拍摄的某些人告诉我，
他们不介意我剪辑并展示他们的影像，而且也不想在其公开放映
前看到影像。这种情况放任我可以按照自己的意愿处理素材。但
根据我自己的经验来看，这同时也意味着判断表征方式的适合度

的重担就全部落在了作为视频制作者的我身上。我的位置决定了我必须负责保证一切合理合法，因此责任更大。

民族志视觉表征的最后一种合作方式是，视频拍摄对象或主要人物参与到影片的公开发布中。在某些情况下，有资金支持的民族志电影制作人会带着纪录片中的人物出席电影节。这样做的好处是，他们也能参与电影介绍和关于电影及其制作的提问环节（参见，例如 Camas et al. 2004：136）。

本节所讨论的实例主要是经过剪辑的民族志纪录片的研究。 200
然而，这里提到的议题同样适用于粗剪的或未剪辑的片段和视频截图。

伦 理

第 2 章讨论了一般性的伦理议题。在本章中，我在上文所讨论的实例着重强调了一些具体的伦理议题，它们主要针对民族志表征中的视频使用，我还展示了已有的研究如何处理这些议题。例如，洛马克斯和凯西（1998）模糊参与者的面部以隐藏他们身份；布朗（1998）的视频则提出了一个问题，当人们同意拍摄时，他们是否真的"理解"他们将如何被表征，以及别人将如何对此进行解释。在第 6 章中，我注意到，对摄影来说，使用知情同意书或免责声明将有助于在某些情境中向参与者澄清意图，但它们却不能解决民族志学者在视频表征中所遇到的伦理议题。有些民族志学者曾试图将视频展示给视频中的拍摄对象，并要求他们参与剪辑和表征的过程。或者，研究者让知情同意成为一个随着研究的进行而与参与者反复协商的持续过程。虽然视频影像能让我们以不同于文字的方式进行交流，但在某些情况下，我们可能并不希望用到它们。例如，因种种原因，我的著作《家的真相》（Pink

2004b）包含了一些与参与者隐私相关的内容，于是我决定不在书中放入视频影像。正如我在第 2 章中提到的，符合伦理的研究取向还应包括，努力预见其他个体的、机构的、政治的和道德的主观性将如何解释某个人的表征。

小 结

在本章中，我探讨了视频在民族志表征上的某些议题和潜力。正如我所示，视频表征比简单的民族志纪录片具有更多可能性。然而，我并没有强调已制作完成的民族志纪录片视频或电影，而是提出围绕着民族志纪录片的论争为理解民族志表征中的视频提供了背景。这些已有的论争必然影响着其他学者如何接受民族志的视频表征。此外，影响了当代民族志纪录片讨论的理论有了充分的发展，它也能影响其他的视频表征。民族志电影制作者和批评家最近开始关注其表征作品的观众，视频表征的制作者也能向他们学习。

拓展阅读

Barbash, I. and Taylor, L. (1997) *Cross Cultural Filmmaking: A Handbook for Making Documentary and Ethnographic Films and Video*. London: University of California Press。（民族志电影制作的实践指南。）

Camas, V., Martínez, A., Muñoz, R. and Ortiz, M. (2004) 'Revealing the hidden: making anthropological documentaries', in S. Pink, L. Kürti and A. Afonso (eds), *Working Images*. London: Routledge。（合作式电影制作实践的一个实例。）

MacDougall, D. (2005) *The Corporeal Image*. Princeton: Princeton University Press。（包含了对麦克杜格尔《杜恩学校》项目的有益

讨论。）

Marvin, G. (2005) 'Research, representations and responsibilities: An anthropologist in the contested world of fox hunting', in S. Pink (ed.) *Applications of Anthropology*. Oxford: Berghahn。（对基于作者研究的电视纪录片制作中的伦理议题的有益讨论。）

10

视觉民族志的在线 / 数字出版

在上面两章中，我概述了摄影和视频如何成为民族志研究的　203
一部分，以及它们如何通过传统出版和面对面会议的形式得以发
表。我将这些民族志表征实践与在线 / 数字化的形式分别讨论，
因为在最后一章，我想强调的是网络环境和平台如何引起以印刷
和公开放映形式为特征的各种实践的转变。这些转变包括新型
数字（音频）视觉内容，还包括在某些情况下获取（access）和分发
（distribution）概念的改变，例如开放源代码（open source）、知识
共享许可协议（creative commons licences），以及别样的出版节奏。
然而，我所强调的这些与传统形式的差异不应该只被当成变化，
我们还应该看到它们的连续性和共同参照点。

在简短的最后一章中，我将讨论一些当代新兴的在线视觉民
族志的传播和出版形式。相应的，我还会描述一些不被当成严格
民族志研究的视频使用，但它们提供了一些网络被用于视觉民族
志实践中的有趣实例。下文讨论的一些在线期刊已经非常完善，
而近年来高速发展的技术带来了基于网络的视觉民族志出版和传
播的新可能性。这造成了我的关注重点从 1990 年代和 2000 年初

的超媒体（涉及 CD 和 DVD 技术的多媒体出版）（例如，Coover 2003, Ruby 2004, 以及参见 Pink 2006）转向对 Web 2.0 环境的书写，在此背景下，在线出版出现了新的可能性。2007 年，我在写作本书第 2 版时，我还把这一超媒体环境当作一个新兴的进程。最近的发展不仅显示出我们进入了令人兴奋的超媒体时代，也显示出多线性（multilinearity）和研究者 / 创作者类型的多声性（multivocality）在学术上的发展，而围绕后者的发展已经被各种参与性、开放性和合作性形式的可能性所超越。这并不是说这类创作者形式已经不存在了，从我所讨论的实例可知，传统形式是新发展的一部分。实际上，在这一意义上，我对第 6 章中的实例的讨论仍具有试验性，它概述了当代的发展如何形成，确认了那些在网络呈现方面似乎更成熟的发展，并且认识到这些现有形式将继续形塑在线视觉民族志出版和传播的未来发展，且反过来被其形塑。

最后，在讨论视觉民族志在线传播的实例之前，我们需要对其观看的背景加以说明。本书第 2 版于 2007 年出版，同年，苹果智能手机开始发售。从那以后，我们目睹了平板电脑的蓬勃发展，笔记本电脑也越来越轻便，一大批智能手机和定位媒体激增。显然，这一切不仅改变了我们用于视觉民族志研究的技术，还改变了我们观看和解读它们的可能性。随着移动媒体、触摸屏等日益发展，体验、分享和解释在线发布的数字视觉民族志的方式也在转变。

在线期刊

在本书前几章中，我强调了摄影和视觉实践的数字形式、模拟形式和物质形式并非行为或视觉形式的不同领域，实际上它们相互交织、相互参照。这同样适用于民族志表征。同一篇论文的传统印刷版本与在线数字版本有着显而易见的连续性。我们发现，研究者发表的期刊论文会越来越多地同时出现电子版和传统印刷版，这不仅改变了我们获取期刊的方式，还在某些情况下提供了些许有区别的视觉形式——例如在《视觉研究》的在线版本中，我们可以看到彩色照片，而在其纸质版中照片则是黑白的，但在某些情况下，我们会发现传统印刷版的在线增刊也提供彩色照片。电子期刊还建立了新的出版时效性，某些期刊有"在线首发"的发表规则，即在印刷版出版之前，我们就可以在网上看到。不过，获取印刷版期刊相应的在线版本或电子版本通常需要通过个人或图书馆订阅，因此，在这个意义上，它仍是传统出版业的一部分。

在线期刊出版还发展出一种新的方式和新的版式，与印刷版期刊的传统形式不同，它们甚至会提供开放获取（open access）和／或版权免费的版本。其中一种明显的视觉差异可见于期刊的版式。例如，《在线社会学研究》(*Sociological Research on-line*) 和《质性社会研究论坛》(*Forum Qualitative Sozialforschung/Forum: Qualitative Social Research*) 这两份电子刊物，它们的页码被段落编号取代，读者点击附加链接还可以观看视频。我们不要忘了，文字格式也是一种视觉表征形式，我还可以据此思考，这些版式设计元素如何向我们提供新的方式来参引和获取书面文本。不过，我在此处提及这两种期刊的主要原因是评价其发表视觉民族志研究的潜力。事实上，近年来，这两份期刊都发行过几次专号，聚焦于我所致力的视觉材料。它们提供了令人兴奋的可能性，可以让研究者综合运用文本、截图和动态影像，我将在下文做进一步揭示。《在线社会学研究》和《质性社会研究论坛》是正式出版的在线期刊，主要刊登书面文本。这两种期刊还为我们在纳入视觉材料的研究情境中拓展传统的文字论述提供了可能性。我们需要

205

时刻记住，这是一个重要的机会，因为它使研究者能够将已定型的现有学术研究方法拓展到新的方向，同时又不会让他们放弃在书面形式中直接纳入他们所探讨的学术议题或论争，并让其继续在这一模式中发展。在下文中，我将讨论一组实例，这些例子展示了视频访谈、研究者制作的视频和参与者制作的视频如何被引入这些情境之中。

《在线社会学研究》发行了一期由苏珊·哈尔福德和卡洛琳·诺尔斯主编的专号，推进了对视觉材料的运用。这期专号的目的在于超越书面文本，将照片和视频用于表征日常生活的表演（performative）属性。编者将它塑造成一种文本，"其中作者以多种多样的方法运用视觉影像，捕捉生动的表演社会学场景，如果没有照片和视频，这是不可能的"（Halford and Knowles 2005：1.3）。他们还意识到社会学文本的读者 / 观者的作用，明确了文本制作的基础是这一假设：它的使用者也能以新的方式体验它并参与意义的创造。他们在这些论文中写道，"……尝试改变社会学的参与方式，把观众拉'进来'：在我们尽力理解的事件之栩栩如生的细节中，作为实实在在的感官个体加入我们"（Halford and Knowles 2005：1.9）。这期专号的文章对这一问题有不同程度的讨论。有些文章只不过是采用电子出版的功能将更多的彩色照片和扫描照片嵌入文本中（例如，Chaplin 2005；Farrar 2005），而将超媒体的可能性发挥得最具创意的文章当属莫妮卡·布舍尔（Monika Büscher）的《显微镜下的社会生活？》（Social life under the microscope?）。这篇文章不仅讨论了设计师的职业实践，还讨论了研究这一实践的视频使用。布舍尔指出，"设计会议……引导我们注意到，设计的构思不只限于谈话，因为绘画、手势、法令及对周围环境中的影像、计划或特征的具体参考，都可以反身性地形成想象的客体和对活动场景的可理解性"（Büscher 2005：

3.3）。此处，视频表征人类实践和经验的具体性和感官性的能力
是关键所在。布舍尔将在线出版的潜力发挥得饶有趣味且丰富多
样，她在文字叙述中加入了视频、截图和合成图片。她的文本在
很多方面遵循了书面文本的传统结构。它仍是线性的结构，被分
成不同部分，符合《在线社会学研究》的文本规范。虽然这一文
本与书面叙述联系密切，但在某一方面它的作者又敏锐地意识到，
"视频或显微镜都无法提供一种方法，以穿透独立的自然现实或
社会现实"（2005：11.1）。她使用视频、动画、照片及其他影像（例
如，地图、设计图例），既是为了将其当作已经完成和确实发生
过的事情的现实主义影像，也是为了将数据实例带入文本，从而
使各个方面的分析变得一目了然。在文本中插入如此多的材料还
会让观者注意到几种可能性，其中包括：在个体和共情的层次上
体验图片所表征的人们的经验；她或他自己对材料做再分析；对
文本中表征的设计过程进行反思的同时，还会反思成为材料组成
部分的研究过程。除了视频片段，布舍尔还创造性且趣味十足地
运用视频抄录和视频截图来表征设计过程的各个方面。通过图文
结合的表征方法，她得以突出设计过程的某些元素，这是仅用在
线播放视频片段所无法达到的。由于布舍尔的论文符合传统书面
在线论文的现有规范，它很容易被传统学术界接受。它并不要求
读者/观者以前所未有的方式进入一个含有大量陌生实践的文本。
相反，在熟悉的框架中，它欢迎新的进入方式，并允许观者/读
者获得传统印刷文本无法引发的认识方式。这项研究树立了一个
优秀的榜样，证明了我们可以如何扩展并增强已有的出版传统，
而不用去挑战现有的学术交流实践。

　　最近的更多研究表明，一系列新的视听集成媒体进入了在线
出版领域。访谈通常被视为一种民族志方法，在前几章中我讨论
过的访谈方法，例如照片引谈法，成为视觉民族志方法行列中的

成员。最近几年，数字视频摄像机越来越多地成为民族志学者及其他质性研究者工具箱中的组成部分，而且，在访谈中用它们取代录音机的做法也越来越普遍。这样的例子包括皮尔斯 (Pearse)、古德曼 (Goodman) 和罗斯威尔 (Roseware) 对一项研究的写作，他们使用按照主题编辑而成的访谈视频来构成一部"数字民族志"作品并在线上发表。这类课题让研究者能够将参与者的声音和身体更清晰地带入他们的研究中，由此实现了 1990 年代强调反身性时所要求的多声性（例如，参见 Marcus 1995），而其所用的形式却是当时无法想象的。在期刊论文中使用类似的访谈，毫无疑问对研究者提出了挑战，例如访谈的长度，以及如何最好地将作为备选的内容与只是在论文中以传统方式引用被访问者的回答交织在一起。

207

  在第 6 章中，我讨论了视频日记的方法，它曾在视觉民族志项目中被用于生成参与者制作的视频。在下文中，我将联系项目网站页面再来讨论这个议题。参与者制作的视频也能在数字期刊出版中发挥作用。最近的一项有意思的案例是发表在《在线社会学研究》上的埃尔丹·法赫米 (Eldin Fahmy) 和西蒙·彭伯顿 (Simon Pemberton) 的论文。该论文关注的是英国本土的排外问题，它展示了在书面论文叙述中插入参与者制作的视频日记节选片段。通过这种插入方式，研究者将他们的声音和对环境的自我报告带入同一个舞台，为参与者在研究项目中所面对的问题提供了富有启发的思考，而他们的声音通过书面形式是根本无法被听到的。他们指出，"我们的研究显示，视觉研究方法提供了一种富有成效的手段，即借助更具参与性的研究模式的发展来促进这一议题，这可以让参与者讲述他们的故事，推翻研究对象和研究使用者之间的藩篱，正是这种藩篱造成了作为'他者'的贫乏经验和与主流社会的疏离"(2012: 6.3)。有趣的是，上文讨论的视频日记和访谈的运用，皆吸收了在数字环境中以新的方式引用和赋予参与者声音的现有模式。这一领域中另一项有趣的实例是缪尔和梅森（Muir and Mason 2012）在《在线社会学研究》上发表的论文，我在第 5 章提到过他们的研究，该研究包含了一份参与者制作的家庭欢庆圣诞的视频。在文中，他们加入了一系列视频连续片段，这是参与者在家庭圣诞节中为他们拍摄的。

　　虽然研究者制作的视频存在争议，但它们仍是大多数视觉民族志研究的支柱，尤其是将其联系到纪录片制作。我曾讨论过，视频也是我致力于探索家庭日常生活的研究所采用的主要手段。在与克斯廷·莱德尔·麦克利（Leder Mackley 2012）合作发表于《在线社会学研究》的论文中，我们插入了一组由我录制的一位研究参与者的视频片段，这项研究考察的是家庭数字媒体和能源消耗。我们对视频的运用为观察式研究取向提供了一个对比鲜明的例子。我们使用视频片段有两个目的：展示研究过程并让观者像我们一样进入其中，感受视频片段中参与者规划和描绘的家居环境和生活。我们在文中指出，"视频拍摄的线路不仅是记录其中的家居环境和人，也是记录研究者在多种感官和社会环境中的身体移动。这包括在温度、声级、气味和质地的变化中穿行"（2012:4.4），而这些正是我试图通过视频片段加入论文之中的。不过，我们也将这个文本作为观众体验的一种实验。我们邀请观众以一种特殊的方式参与到视频之中（同时也认同他们或许希望以其他方式参与其中）。我们写道：

　　　　我们建议，视频片段应该被理解为研究者和摄像机穿行多种感官环境路线的结果。在这一意义上，在观看视频片段时，我们要求观众把它们想象成摄像机穿过　　　　208

家居环境时运动摄制的片段，而不是家居环境的遥远影像。因此，我们设想向前播放视频，从而邀请观者随着它而向前行进，并加上他们自己对穿行室内路线的踪迹之感同身受的理解。

类似这种展示和观看视频片段的实验是在线视觉民族志出版的新动向，它还会继续发展，实际上，我希望可以看到来自其他作者和视觉民族志学者的回应。

最近，越来越多的期刊平台开始聚焦于视觉研究学者更具体的研究工作，以及批判性媒体和艺术实践。这类期刊多采用开放获取，为数字媒体实践和学术研究创新提供了新的可能性，这也为与这些潜力相关的视觉民族志实践创新提供了机会。其中一个在线期刊是《感知》(Sensate)，这是一份"不定期刊物"，它声称，"我们的任务是为媒体批评实践的实验提供一个学术性的艺术论坛，并越出印刷页面以拓展学术话语的空间。这种拓展的基本原则是，重新想象是什么构成了学术或艺术作品。"《感知》包含了"视听民族志研究"，它的兼容并包发展出一种有趣的(听)视觉与书面文本的关系，迥异于传统的期刊和学术写作模式。此外，因为它的不定时性，《感知》还部分地重塑了期刊出版的定时性，以一种持续性(ongoingness)取代了按期截止的流程和管理模式。在《感知》站稳脚跟并获得不俗成绩的同时，其他有趣的期刊也逐渐萌生。例如，新的开放获取在线期刊《视觉民族志》，它关注：

……社会文化实践中影像和视听媒体的生产和使用；视听媒体和装置（电影、照片、多媒体等）生成的民族志表征；凝视和各种实践，视像（vision）在各种社会关系和实践中作为意义建构的重要组件；物体、身体、空间和环境的视觉维度。此外，本刊还为致力于反思人类学理论与方法的论文保留了一方空间。

在线期刊出版的新发展也为获取学术研究资源创造了新的可能性。《在线社会学研究》虽然要求机构订阅，但"个人可以免费从非机构网站获取"，在线期刊《视觉民族志》采用开放获取，而《感知》则根据知识共享 3.0 合作协议来发布论文。

数字视觉民族志的项目网站

视觉民族志实践在线传播的另一个发展趋势是，承认通过项目博客和网站来呈现正在进行的研究。在本节中，我从这类网络呈现中选出一些代表来作为例证，它们涵盖了博客、研究项目的传播、项目网站和档案。在讨论应用视觉人类学发展的背景下，我还评述了一系列著名的应用视（听）人类学研究项目，现在这些项目已有了专门的网站或博客（参见 Pink 2011b）。这些来自一系列以人类学方式影响了数字视觉民族志材料的不同领域的有趣实例也被发布在网上。例如，在第 5 章中，我讨论了沙尔芬和里奇（Chalfen and Rich 2007）在他们的视频干预／预防评估项目中对参与者制作的视频日记的运用。这个项目有一个网站，上面有大量与其研究相关的材料，包括一些参与者制作的视频。其他的实例还包括拉莫尔的研究，它同样是在应用健康领域。拉莫尔开设了项目网站和博客，上面有一系列视频材料，包括她与医生和病患一起工作的视频片段。跟随研究的进程，博客成为一种持续的记录，并且研究中的不同参与者、学者、艺术家、与她合作的医药从业人员、非专业人士或其他感兴趣的观众都可以平等地访问博客。虽然这两种在线表征类型所采用的方式不同，但它们都将学术性 / 应用性研究带入公共领域。在应用视觉人类学领域，另一个例子是桑德兰和丹尼的研究（也可参见 Sunderland and Denny 2007）。他们的应用消费研究的基础是人类学，并且涉及对视频方法的运用。他们的网站有参与者和研究者制作的视频片段，这个网站表明了其研究的潜力，他们将之描述为，"视频日记将优先权赋予消费者的声音，而不是我们的声音。我们从消费者的原初视角、想法、反应和意愿中获益匪浅，因为这些东西向我解释了一切——无论他们在哪里，无论他们在做什么"。关于他们的民族志视频片段，他们写道，"我们根据真实电影的传统来组织我们的视频，为客户提供他们的消费者对'生活实况'的感觉"。应用视觉研究之外的其他例子还包括，迈克尔·韦施（Wesch 2009）的研究，我在第 6 章已有提及（也可参见 Pink 2011f）。

210　　　这些网站与上文讨论的在线期刊是十分不同的发表空间。它们是各种数字化的空间，在其中，研究成果可以跟随研究的进程被发布、被讨论并被展示出来，而且还能及时更新。实际上，网站本就不应该是一成不变的。研究的步骤、初步的研究结果、表征研究项目和其他内容的视频片段都可以被发布在网上。在某些情境中，这一过程将有助于拓展公共理解的范围；而在其他情境下，它可以使参与者在整个研究过程中持续介入研究者的初步想法和发现。

　　　进一步的例子还包括纪录片的在线播放。这是另一个新兴领域，甚至涵盖了不同的类型和用法。乔安娜·科尼尔（Joana Conill）、曼纽尔·卡斯特利斯（Manuel Castells）和亚历克斯·鲁伊斯（Alex Ruiz）的纪录片《向加泰罗尼亚致敬 II》（*Homenatge a Catalunya II*）本身就拥有知识共享许可协议，可以被发布到网上，它从多个视角提供了有趣的示例。他们指出，这部纪录片，由 70

个访谈剪辑而成，本身就是研究进程的一个阶段，它是"一个研究过程，而不是最终的结论和封闭的作品"，可以被用于生成讨论和论争。与之相反，我在第6章所讨论的纪录片制作者莫法特，则是将研究作为一个已完成的纪录片发布到网上。

最后，本章的大多数讨论都聚焦于在线数字视频，实际上这些讨论对数字照片的发展也极具价值。小约翰·科利尔在研究中所开发的数字档案便是一个与之高度相关的例子。第1章和第5章所讨论的科利尔父子的例子对视觉民族志的发展影响深远，这个例子也显著地激发了视觉民族志研究方法在这之后以新的方式和新的理论方向不断发展。

数字纪录片艺术、地理信息服务与视觉民族志

我在上文提到的期刊《感知》以在线方式发表开创性研究。罗德·库弗的研究与视觉民族志结合得很好，也很有意思。在第8章中，我已经讨论了库弗具有开创性的印刷出版计划。他的在线作品同样有趣，并且为数字视觉民族志提供了一个富有启发的例子。在此，我要讨论的实例是，库弗的《内／外：国家独立历史公园的虚拟全景》（*Outside/Inside: Virtual Panoramas of Independence National Historical Park*，2008），这是他驻留费城哲学大厅的美国哲学学会博物馆期间所开发的一个项目。它作为博物馆的一件展品，可供观众在线浏览。我推荐读者一边观看这个研究成果，一边阅读我对它的论述。

211　　　库弗的作品最有意思的部分是，它在理论和方法论上回应了上文所讨论的运动与观看实践的观念，以及第9章所讨论的视频民族志实践。库弗的文本以多种方式与运动相结合。在他的数字艺术中，使用者穿过其文本的方向是水平而非垂直的（像传统网

站页面那样）。观众顺着卷轴观看长长的横向"静止"影像，事实上，全景图的版面设计让观看者感觉其位于公园中心，能够看见他／她所在地的四周环境，而不只是站在外部观看一张照片。该文本还包含了一组非常短小的纪录片视频，被内置于全景图中，视频记录的是参观者在导览员的带领下的探索之旅，这样便可以使之产生一种运动的感觉，就像他们在公园中移动和穿行。例如，第一段视频片段不只是跟随着导览员，它还带着观看者登上了一段阶梯。路径的观念与我们获取意义的路线的价值也被表达在库弗所写的评论文字中，它与其他引文一起被印制在文本顶部的一段条幅上。他写道：

> 调查研究通常是一种私人的，甚至是一种孤独地探索问题答案的经历。把证据转变为成品（论著、展览、地图）时，科学家就进入了一种社会空间，探究的路径与其他路径重叠交错。公共研究形成了一种景观的集成影像。它的秘密都被埋藏在通往其中的道路之中。
> （Coover 2008）

因此，这是另一例在环境内部制作的影像，它邀请观看者穿行于环境中并与之互动，这些观看者可能会感到，他们是从公园中心的有利视角去体验环境，而不是从外部去看它。

第二个独具创意的例子是麦克等人的研究，虽然它与上文所述的研究不大相同，但也集合了数字视频、照片和其他基于网络的媒体（我在第 7 章中提到过）。这一项目是用 3D 视觉技术去重建已经荒废的阿拉斯加的别尔科夫斯基村。研究者指出，这项技术在民族志表征中几乎没有被使用过（Mack et al. 2011: 456）。麦

克等人原本打算为别尔科夫斯基部落的年轻人制作一张教学 DVD
(2011: 466)——而非将其用于网络出版。这是展现 3D 视觉技术
潜力的有趣实例。据他们所说,"随着 3D 建模的新发展,以及集
成民族志资料与地理信息服务的技术的出现,3D 视觉技术具有
了广泛运用的可能性",从而为其在民族志项目的运用提供了潜
力(2011: 466)。

虽然我在此关注的是与视觉民族志实践相关的数字研究,但
非虚构艺术家的工作也提供了一个具有启发性的情境。库弗等人
(Coover et al. 2012)还对数字剪辑、互动式纪录片和视觉研究项目
展开了进一步讨论。这些都为数字视觉民族志的发展提供了有趣
的实例、论述和具有启发性的观点。

数字视觉民族志在线出版的伦理

212

本章所讨论的大部分研究者的工作都涉及视频材料在线数字
出版的伦理。正如我所强调的,根据第 3 章所讨论的克拉克(Clark
2012)的观点,视觉伦理必须依据不同项目而设置和改变。就在
线出版而言,我们试图让研究参与者"发声"并邀请他们合作,
所以他们的身份通常是确定的。实际上,如法赫米和彭伯顿所指
出的,"重要的是,研究者要承认研究参与者拥有'被看见的权
力',尤其当研究是为了挑战更大范围的权力剥夺的社会进程时"
(Fahmy and Pemberton 2012: 2.5)。上文提到的缪尔和摩根的家庭
圣诞节研究,讨论了他们为保护参与者的隐私所做的努力。他们
还提出了一个有趣的观点,"在方法论讨论的背景下,不论我们
多么想在这里播放视频片段,但在其他地方的后续分析中我们还
是使用了一种不同的表征策略"(2012: 4.14),因为"在深层和整
合分析中",研究者对"视频和其他有关人们个人生活的材料"的

表征越来越成问题。

因此，无论是在这些情况还是其他情况下，知情同意书都是贯穿这一过程始终的重要元素。法赫米和彭伯顿还强调，"预先告知参与者材料收集的目的和视觉身份材料发布的情境很重要，同样重要的是，在收集资料后给参与者提供撤回证据的机会"（Fahmy and Pemberton 2012: 2.6）。对知情同意书进行持续协商的过程在这类出版形式中至关重要，甚至当在线视频或照片实际上已被移除时，知情同意书仍应该被保留。这并不会改变任何对这些材料的早期使用或下载，而且这些议题在协商知情同意书时就应该被考虑。不过，它确实提供了一些限制其传播的可能性，这在印刷出版中是不可能的。

在线出版视频和照片确实带来了超出简单观看的新问题，它涉及下载、版权和其他进一步使用视觉材料的许可。另外一些问题还涉及在线文本"病毒"，以及进入预设观众范围之外的环境（参见，例如平克 [Pink 2011f: 209-11] 关于这个问题的讨论）。与网络平台和软件运用相关的技术问题非常复杂，一旦研究对此有需要，就必须与这一领域的专家进行讨论。如何向参与者告知可能的后果和 (未经授权的) 材料使用的方法，应该成为这些对话的部分内容。不过，这也需要联系这种情况发生的可能性和利害关系来进行调整。这些复杂的问题难以未卜先知，但在未来，我们可以借助在线出版经验和网络技术的发展对其做出进一步预见。

未来的数字视觉民族志的空间

213

在写作本书第 3 版时，我发现只要我们在这一领域写作、思考并制作影像，我们就不会有终点。我们用一个时刻、一个暂时的形态取代终点，当然这一时刻在我们的研究成果出版或发表之后就结束了。本书不是一种方法——不是"已经完成的"东西，而是随着技术、理论、实践和生活的发展，以新的方式不断向前发展的过程。我们或许可以通过多种多样的网络平台、社交媒体、新兴技术预想未来的数字民族志实践和表征。不过，我们也可以从已有的网络媒体和技术反思中有所收获，它们是我提出不同观点的基础，同时新的观念和研究技术也在它们与其他研究、媒体和技术实践的联系中萌发出来。新兴技术正在改变视觉民族志生产和消费的环境，改变民族志展示和放映的屏幕，改变民族志被嵌入其中的关系，改变我们理解民族志的立场。

更为综合的学术研究实践和技术领域正在不断变化和转向，在我写作本书第3版时，我已经感觉到我们正处在视觉研究方法发展的关键时刻。我们的研究情境中有一系列主题——运动、参与、制图和感官，这些主题通过我们在实践中对数字视觉民族志的理论化、处理、切实开展和表征而被逐渐呈现出来。但是，我并不希望预先确定如何在它们之间制造联系，并把它们置入某个"体系"或转变成一种方法。相反，我建议把它们之间的潜在关系当作数字视觉民族志的出发点。

拓展阅读／观看

与前几章所提供的拓展阅读书目不同，在最后一章，我建议读者根据上文提供的在线期刊名称来探索我讨论过的网络资源。

参考文献

Amit, V. (2000) (ed.) *Constructing the Field*. London: Routledge.

Appadurai, A. (1986) 'Introduction: commodities and the politics of value', in A. Appadurai (ed.), *The Social Life of Things: Commodities in Cultural Perspective*. Cambridge: Cambridge University Press.

Ardévol, E. (2012) 'Virtual/visual ethnography: methodological crossroads at the intersection of visual and internet research', in S. Pink (ed.) *Advances in Visual Methodology*. London: SAGE.

Ardévol, E. and San Cornelio, G. (2007) 'Si quieres vernos en acción: YouTube.com'. Prácticas mediáticas y autoproducción en Internet' *Revista Chilena de Antropología Visual* 10(3), available online at http://www.antropologiavisual.cl/ardevol_&_san_cornelio.htm.

Askew, K. and Wilk, R. (eds) (2002) *The Anthropology of Media: a reader*. Oxford: Blackwells.

Back, L. (1998) 'Reading and writing research', in C. Seale (ed.), *Researching Culture and Society*. London: SAGE.

Banks, M. (1992) 'Which films are the ethnographic films?', in P. I. Crawford and D. Turton (eds), *Film as Ethnography*. Manchester: University of Manchester Press.

Banks, M. (n.d.) 'Visual research methods', in *Social Research Update*. <http://www.soc.surrey.ac.uk/sru/SRU11 /SRU11.html>.

Banks, M. (2001) *Visual Methods in Social Research*. London: SAGE.

Banks, M. and H. Morphy (1997) *Rethinking Visual Anthropology*. London: Yale University Press.

Banks, M. and Ruby, J. (2011) *Made to Be Seen: Perspectives on the History of Visual Anthropology*. Chicago: University of Chicago Press.

Barbash, I. and Taylor, L. (1997) *Cross Cultural Filmmaking: A Handbook for Making Documentary and Ethnographic Films and Video*. London: University of California Press.

Barndt, D. (1997) 'Zooming out/zooming in: visualizing globalisation', *Visual Sociology*, 12(2): 5–32.

Barnes, D. B., Taylor-Brown, S. and Weiner, L. (1997) '"I didn't leave y'all on purpose": HIV-infected mothers' videotaped legacies for their children', in S. J.

Gold (ed.), *Visual Methods in Sociological Analysis*, special issue of *Qualitative Sociology*, 20(1).

Barone, F. (2010) *Urban Firewalls: Place, Space and New Technologies in Figueres, Catalonia*. PhD Thesis. United Kingdom: University of Kent, Canterbury.

Barassi, V. and Treré, E. (2012) 'Does Web 3.0 follow Web 2.0? deconstructing theoretical assumptions through practice', *New Media and Society* 14(8): 1269–1285.

Barry, C. A. (1998) 'Choosing Qualitative Data Analysis Software: Atlas/ti and Nudist compared', *Sociological Research Online*, 3(3). <http://www.socresonline.org.uk/socresonline/3/3/4.html>.

Bateson, G. and Mead, M. (1942) *Balinese Character: A Photographic Analysis*. New York: New York Academy of the Sciences.

Baym, N. (2010) *Personal Connections in the Digital Age*. Oxford: Polity.

Becker, H. (1986) 'Photography and sociology', in *Doing Things Together*. Evanston, IL: North Western Press.

Becker, H. (1995) 'Visual sociology, documentary photography or photojournalism (almost) all a matter of context', *Visual Sociology*, 10 (1–2): 5–14.

Bell, D., Caplan, P. and Jahan Karim, W. (1993) *Gendered Fields: Women, Men and Ethnography*. London: Routledge.

Bergamaschi, M. and Francesconi, C. (1996) 'Urban homelessness: the negotiation of public spaces', *Visual Sociology,* 11(2): 35–44.

Berger, J. and Mohr, J. (1967) *A Fortunate Man*. Cambridge: Granta Books.

Berger, J. and Mohr, J. (1982) *Another Way of Telling*. Cambridge: Granta Books.

Bird. E. (2010) 'From fan practice to mediated moments: the value of practice theory in understanding media audiences' in B. Brauchler and J. Postill (eds), *Theorising Media and Practice*. Oxford: Berghahn.

Boellstorff, T. 2008. *Coming of Age in Second Life*. Princeton, NJ: Princeton University Press.

Bourdieu, P. (1990 [1965]) *Photography: A Middle-Brow Art*. Oxford: Polity Press.

Bowman, G., Grasseni, C., Hughes-Freeland, F. and Pink, S. (eds) (2007) *The Frontiers of Visual Anthropology,* a guest edited double issue of *Visual Anthropology*.

Brandes, S. (1997) 'Photographic imagery in Spanish ethnography', *Visual Anthropology Review,* 13(1): 1–13.

Bräuchler, B. and J. Postill (2010) *Theorising Media and Practice*. Oxford: Berghahn.

Braun, K. (1998) *Passing Girl, Riverside: An Essay on Camera Work*. Documentary Educational Resources, USA.

Buckler, S. (2007) *Fire in the Dark: Telling Gypsyness in North East England*. Oxford: Berghahn.

Burgess, R. G. (1984) *In the Field*. London: Routledge.

Büscher, M. (2005) 'Social Life Under the Microscope?' *Sociological Research Online,* Volume 10, Issue 1, <http://www.socresonline.org.uk/10/1/buscher.html>.

Camas, V., Martínez, A., Muñoz, R. and Ortiz, M. (2004) 'Revealing the hidden: making anthropological documentaries', in S. Pink, L. Kürti and A. Afonso (eds), *Working Images*. London: Routledge.

Capstick, A. (2011) 'Travels with a Flipcam: bringing the community to people with dementia in a day care setting through visual technology' *Visual Studies* 26(2): 142–147.

Cerezo, M., Martinez, A. and Ranera, P. (1996) 'Tres antropólogos inocentes y an ojo si parpado', in M. Garcia Alonso, A. Martinez, P. Pitarch, P. Ranera and J. Fores (eds), *Antropologia de los Sentidos: La Vista*. Celeste: Ediciones: Madrid.

Chalfen, R. (1987) *Snapshot Versions of Life*. Bowling Green, OH: Popular Press.

Chalfen, R. and Rich, M. (2004) 'Applying visual research: patients teaching physicians about asthma through video diaries', in S. Pink (ed.) *Applied Visual Anthropology,* a guest edited issue of *Visual Anthropology Review*, 20(1): 17–30.

Chalfen, R. and M. Rich (2007) 'Combining the applied, the visual and the medical: patients teaching physicians with visual narratives'. In *Visual Interventions*. S. Pink (ed.), Oxford: Berghahn.

Chaplin, E. (1994) *Sociology and Visual Representations*. London: Routledge.

Chaplin, E. (2005) 'The Photograph in theory', *Sociological Research Online,* Volume 10, Issue 1, <http://www.socresonline.org.uk/10/1/chaplin.html>.

Clark, A. (2012) 'Visual ethics in a contemporary landscape', in S. Pink (ed.) *Advances in Visual Methodology,* London: SAGE.

Clifford, J. (1986) 'Introduction: partial truths', in J. Clifford and G. Marcus (eds), *Writing Culture: the Poetics and Politics of Ethnography*. Berkeley: University of California Press.

Clifford, J. and Marcus, G. (1986) *Writing Culture: the Poetics and Politics of Ethnography*. Berkeley: University of California Press.

Coffey, A., Holbrook, B. and Atkinson, P. (1996) 'Qualitative Data Analysis: technologies and representations', *Sociological Research Online,* 1(1) <http://www.socresonline.org.uk/socresonline/1/1/4.html>.

Cohen, A. (1992) 'Self-conscious anthropology', in J. Okely and H. Callaway (eds), *Anthropology and Autobiography*. London: Routledge.

Cohen, A. and Rapport, N. (1995) *Questions of Consciousness*. Routledge: London.

Collier, J. (1967) *Visual Anthropology: Photography as Research Method*. Albuquerque: University of New Mexico Press.

Collier, J. (1995 [1975]) 'Photography and visual anthropology', in P. Hockings (ed.), *Principles of Visual Anthropology*. Berlin and New York: Mouton de Gruyter.

Collier, J. and Collier, M. (1986) *Visual Anthropology: Photography as a Research Method*. Albuquerque: University of New Mexico Press.

Connell, R. W. (1987) *Gender and Power*. Cambridge: Polity Press.

Cooke, L. and Wollen, P. (eds) (1995) *Visual Display: Culture Beyond Appearances*. Seattle, WA: Bay Press.

Coover, R. (2003) *Cultures in Webs* (CD ROM). Watertown: Eastgate Systems.

Coover, R. (2004a) 'The representation of cultures in digital media', in S. Pink, L. Kürti and A. Afonso (eds), *Working Images*. London: Routledge.

Coover, R. (2004b) 'Using digital media tools in cross-cultural research, analysis and representation', *Visual Studies*, 19(1): 6–25.

Coover, R. (2008) *Outside/Inside: Virtual Panoramas of Independence National Historical Park,* sample online at http://www.unknownterritories.org/APS.html.

Coover, R. with Badani, P., Caviezel, F., Marino, M., Sawhney, N. and Uricchio, W. (2012) 'Digital technologies, visual research and the nonfiction image', in S. Pink (ed.), *Advances in Visual Methodology*. London: SAGE.

Couldry, N. (2010) 'Theorising media as practice', in B. Brauchler and J. Postill (eds), *Theorising Media and Practice*. Oxford: Berghahn.

Crawford, P. I. (1992) 'Film as discourse: the invention of anthropological realities', in P. I. Crawford and D. Turton (eds), *Film as Ethnography*. Manchester: Manchester University Press.

Crawford, P. I. and Hafsteinsson, S. (eds) (1996) *The Construction of the Viewer.* Aarhus: Intervention Press.

Crawford, P. I. and Turton, D. (1992) 'Introduction', in P. I. Crawford and D. Turton (eds), *Film as Ethnography*. Manchester: Manchester University Press.

Crawshaw, C. and Urry, J. (1997) 'Tourism and the photographic eye', in C. Rojek and J. Urry (eds), *Touring Cultures*. London: Routledge.

Crotty, M. (1998) *The Foundations of Social Research: Meaning and Perspective in the Research Process*. London: SAGE.

Dant, T. (2004) 'Recording the "Habitus"', in C. Pole (ed.), *Seeing is Believing?* London: Elsevier.

Dant, T. and Bowles, D. (2003) 'Dealing with dirt: servicing and repairing cars', *Sociological Research Online,* 8(2), <http://www.socresonline.org.uk/8/2/dant.html>.

Da Silva, O. (2000) *In the Net,* exhibition catalogue. Porto, Portugal: Rainho and Neves Lda.

Da Silva, O. and Pink, S. (2004) 'In the Net: ethnographic photography', in S. Pink, L. Kürti and A. Afonso (eds), *Working Images*. London: Routledge.

Davis, J. (1992) 'Tense in ethnography: some practical considerations', in J. Okely and H. Callaway (eds), *Anthropology and Autobiography*. London: Routledge.

Desjarlais, R. (2003) *Sensory Biographies: lives and death among Nepal's Yolmo Buddhists.* London: University of California Press.

Devereaux, L. (1995) 'Experience, representation and film', in L. Devereaux and R. Hillman (eds) (1995) *Fields of Vision: Essays in Film Studies, Visual Anthropology and Photography. Berkeley:* University of California Press.

Devereaux, L. and Hillman, R. (eds) (1995) *Fields of Vision: Essays in Film Studies, Visual Anthropology and Photography.* Berkeley: University of California Press.

Dicks, B., Mason, B., Coffey, A. and Atkinson, P. (2005) *Qualitative Research and Hypermedia: Ethnography for the Digital Age.* London: SAGE.

Driver, F. (2003) 'On Geography as a Visual Discipline' *Antipode* 35(2): 227–231.

Durington, M. (2007) 'The Hunters' Redux: participatory and applied visual anthropology with the Botswana San'. In *Visual Interventions,* Sarah Pink (ed.), Oxford: Berghahn.

Durington, M. and Ruby, J. (2011) 'Ethnographic film', in M. Banks and J. Ruby (eds), *Made to be Seen: Perspectives on the History of Visual Anthropology,* University of Chicago Press.

Edgar, I. (2004) *Guide to Imagework: Imagination-Based Research Methods,* London: Routledge.

Edwards, E. (ed.) (1992) *Anthropology and Photography.* New Haven, CT: Yale University Press.

Edwards, E. (1997a) 'Beyond the Boundary: a consideration of the expressive in photography and anthropology', in M. Banks and H. Morphy (eds), *Rethinking Visual Anthropology.* London: Routledge.

Edwards, E. (ed.) (1997b) Special issue of *History of Photography,* 21(1).

Edwards, E. (2001) *Raw Histories,* Oxford: Berg.

Edwards, E. (2011) 'Tracing Photography', in M. Banks and J. Ruby (eds), *Made to be Seen: Perspectives on the History of Visual Anthropology.* Chicago: University of Chicago Press.

Edwards, E. and K. Bhaumik (2009) (eds) *Visual Sense: A Cultural Reader.* Oxford: Berg.

El Guindi, F. (2004) *Visual Anthropology: Essential Theory and Method.* California: Altamira Press.

Ellen, R. (1984) *Ethnographic Research: a Guide to General Conduct.* London: Academic Press.

Emmel, N. and Clark, A. (2011) 'Learning to use visual methodologies in our research: a dialogue between two researchers', [40 paragraphs]. *Forum Qualitative Sozialforschung/Forum: Qualitative Social Research, 12*(1), Art. 36, <http://nbn-resolving.de/urn:nbn:de:0114-fqs1101360>.

Emmison, M. and Smith, P. (2000) *Researching the Visual.* London: SAGE.

Engelbrecht, B. (1993) *Copper Working in Santa Clara del Cobre.* Goettingen, Germany: IWF.

Engelbrecht, B. (1996) 'For whom do we produce?', in P. I. Crawford and S. B. Hafsteinsson (eds), *The Construction of the Viewer.* Aarhus: Intervention Press.

Evans, J. and Hall, S. (eds) (1999) *Visual Culture: the Reader.* London: SAGE.

Fabian, J. (1983) *Time and the Other: How Anthropology makes its Object.* New York: Columbia University Press.

Fahmy, E. and S. Pemberton (2012) 'A video testimony on rural poverty and social exclusion' *Sociological Research Online,* 17(1)2, http://www.socresonline.org.

uk/17/1/2.html.

Farman, J. (2010) 'Mapping the Digital Empire: Google Earth and the process of postmodern cartography', *New Media and Society,* 12(6):869–88.

Farrar, M. (2005) 'Photography: making and breaking racialised boundaries: an essay in reflexive, radical, visual sociology', *Sociological Research Online,* Volume 10, Issue 1, <http://www.socresonline.org.uk/10/1/farrar.html>.

Fernandez, J. (1995) 'Amazing grace: meaning deficit, displacement and new consciousness in expressive interaction', in A. Cohen and N. Rapport (eds), *Questions of Consciousness.* London: Routledge.

Ferrándiz, F. (1996) 'Intersubjectividad y vídeo etnográfico. Holguras y textxuras en la grabación de ceremonias espiritistas en Venezuela', in M. Garcia, A. Martinez, P. Pitarch, P. Ranera, and J. Fores (eds), *Antropologia de los sentidos: La Vista.* Madrid: Celeste Ediciones.

Ferrándiz, F. (1998) 'A trace of fingerprints: displacements and textures in the use of ethnographic video in Venezuelan spiritism', *Visual Anthropology Review,* 13(2): 19–38.

Fetterman, D. (1998) *Ethnography* (second edition). London: SAGE.

Flores, C. (2004) 'Indigenous video, development and shared anthropology: a collaborative experience with Maya-Q'eqchi' filmmakers in post-war Guatemala', *Visual Anthropology Review,* 20(1): 31–44.

Flores, C. (2007) 'Sharing anthropology: collaborative video experiences among Maya film-makers in post-war Guatemala'. In *Visual Interventions.* S.Pink (ed.), Oxford: Berghahn.

Forrest, E. (2012) *On Photography and Movement: Bodies, Habits and Worlds in Everyday Photographic Practice.* PhD thesis, Centre for Research in Media and Cultural Studies, University of Sunderland.

Fors, V., A. Backstrom and S. Pink (2013) 'Multisensory emplaced learning: resituating situated learning in a moving world' *Mind, Culture, and Activity: An International Journal,* published on-line first at http://www.tandfonline.com/doi/abs/10.1080/107 49039.2012.719991

Fortier, A. (1998) 'Gender, ethnicity and fieldwork: a case study', in C. Seale (ed.), *Researching Culture and Society.* London: SAGE.

Garrett, B. L. (2011) 'Videographic geographies: using digital video for geographic research'. *Progress in Human Geography,* 35(4): 521–541.

Geertz, C. (1973) *The Interpretation of Cultures.* New York: Basic Books.

Gilroy, R. and Kellett, P. (2005) 'Picture me: place memory and identity in the lives and names of older people', Paper presented at the AHRC symposium: *Interior Insights, Design, Ethnography and the Home.* Royal College of Art.

Ginsburg, F. (2011) 'Native Intelligence: a short history of debates on indigenous media and ethnographic film', in M. Banks and J. Ruby (eds), *Made to be Seen: Perspectives on the History of Visual Anthropology.* Chicago: University of Chicago

Press.

Ginsburg, F., Abu-Lughod, L. and Larkin, B. (eds) (2002) *Media Worlds: anthropology on new terrain*. California: University of California Press.

Goffman, I. (1979) *Gender Advertisements*. London and Basingstoke: Macmillan.

Gold, S. J. (1995) 'New York/LA: a visual comparison of public life in two cities', *Visual Sociology,* 10(1–2): 85–105.

Gold, S. J. (1997) (ed.) 'Visual methods in sociological analysis', special issue, *Qualitative Sociology,* 20(1).

Goldfine, R. and Goldfine, O. (2003) 'Hunters and healers: social change and cultural conflict in rural Maine', *Visual Studies,* 18(2): 96–111.

Gómez Cruz, E. (2011) *De la "cultura Kodak" a la "cultura Flickr": Prácticas de fotografía digital en la vida cotidiana*. PhD Thesis, Open University of Catalonia, Spain.

Gómez Cruz, E. (2012) *Sobre la fotografía (digital). Una etnografía,* Editorial UOC, Barcelona.

Goopy, S. and Lloyd, D. (2005) 'Picturing cosmopolitanism – identity and quality of life among older Italo-Australians', in D. Ellison and I. Woodward (eds), *Sites of Cosmopolitan Citizenship, Aesthetics, Culture*, Centre for Public Culture and Ideas, Griffith University, pp. 133–9.

Grady, J. (1996) 'The scope of visual sociology', *Visual Sociology,* 11(2): 10–24.

Graham, C., Laurier, E., O'Brien, V. and Rouncefield, M. (2011) 'New visual technologies: shifting boundaries, shared moments', *Visual Studies,* 26(2): 87–91.

Grasseni, C. (2004) 'Video and ethnographic knowledge: skilled vision and the practice of breeding', in S. Pink, L. Kürti and A. Afonso (eds), *Working Images*. London: Routledge.

Grasseni, C. (2007) (ed) *Skilled Visions*. Oxford: Berghahn.

Grasseni, C. (2011) 'Skilled visions: toward an ecology of visual inscriptions', in M. Banks and J. Ruby (eds), *Made to be Seen: Perspectives on the History of Visual Anthropology*. Chicago: University of Chicago Press.

Grasseni, C. (2012) 'Community mapping as auto-ethno-cartography', in S. Pink (ed.), *Advances in Visual Methodology*. London: SAGE.

Grimshaw, A. (2001) *The Ethnographer's Eye*. Cambridge: Cambridge University Press.

Grimshaw, A. and Ravetz, A. (2004) *Visualizing Anthropology*. Bristol: Intellect.

Halford, S. and Knowles, C. (2005) (eds) 'More Than Words: Some Reflections on Working Visually', themed issue of *Sociological Research Online,* 10(1) <http://www.socresonline.org.uk/10/1/knowleshalford.html>.

Hall, S. (ed.) (1997) *Representation: Cultural Representations and Signifying Practices*. London: SAGE.

Halstead, N., E. Hirsch and J. Okely (eds) (2008) *Knowing How to Know: Fieldwork and the Ethnographic Present*. Oxford: Berghahn.

Hammersley, M. and Atkinson, P. (1995) *Ethnography: Principles in Practice*, 2nd edition. London: Routledge.

Harper, D. (ed.) (1994) 'Cape Bretton 1952: the photographic vision of Tim Asch', special issue, *Visual Sociology*, 9(2).

Harper, D. (1998a) 'An argument for visual sociology', in J. Prosser (ed.), *Image-based Research: a Sourcebook for Qualitative Researchers*. London: Falmer Press.

Harper, D. (1998b) 'On the authority of the image: visual methods at the crossroads', in N. Denzin and Y. Lincoln (eds), *Collecting and Interpreting Qualitative Materials*. London: SAGE.

Harper, D. (2002) 'Talking about pictures: a case for photo-elicitation', *Visual Studies*, 17(1): 13–26.

Harper, D., Knowles, C. and Leonard, P. (2005) 'Visually narrating post-colonial lives: ghosts of war and empire', *Visual Studies*, 20(1): 4–15.

Harris, M. (2007) 'Introduction: ways of knowing', in *Ways of Knowing: New Approaches in the Anthropology of Experience and Learning*, edited by M. Harris. Oxford: Berghahn, 1–24.

Harvey, P. (1996) *Hybrids of Modernity: Anthropology, the Nation State and the Universal Exhibition*. London: Routledge.

Hastrup, K. (1992) 'Anthropological vision: some notes on visual and textual authority', in P. I. Crawford and D. Turton (eds), *Film as Ethnography*. Manchester: Manchester University Press.

Heider, K. (1976) *Ethnographic Film*. Austin: University of Texas Press.

Henley, P. (1994) *Faces in the Crowd*. Granada Centre Productions (filmmaker Paul Henley, anthropological consultant, Ann Rowbottom).

Henley, P. (1998) 'Filmmaking and ethnographic research', in J. Prosser (ed.), *Image-based Research*. London: Falmer Press.

Henley, P. (2004) 'Beyond observational cinema ...' in S. Pink, L. Kürti and A. Afonso (eds), *Working Images*. London: Routledge.

Henley, P. (2010) *The Adventure of the Real: Jean Rouch and the Craft of Ethnographic Cinema*. Chicago: University of Chicago Press.

Hindmarsh, J. and Tutt, D. (2012) 'Video in Analytic Practice', in S. Pink (ed.) *Advances in Visual Methodology*. London: SAGE.

Hine, C. (2000) *Virtual Ethnography*. London: SAGE.

Hjorth, L. (2010) 'The game of being social: web 2.0, social media, and online games', *Iowa Journal of Communication*, 42(1): 73–92.

Hobart, M. (2010) 'What do we mean by "media practices"'? In *Theorising Media and Practice*, B. Bräuchler and J. Postill (eds), Oxford: Berghann.

Hockings, P. (ed.) (1975) *Principles of Visual Anthropology*. The Hague: Mouton.

Hockings, P. (ed.) (1995) *Principles of Visual Anthropology*, 2nd edition. The Hague: Mouton.

Hogan, S. (2011) 'Images of Broomhall, Sheffield. urban violence and using the arts as a research aid' *Visual Anthropology*, 24(6): 266–280.

Hogan, S. and Pink, S. (2012) 'Visualising interior worlds: interdisciplinary routes to knowing', in S. Pink (ed.) *Advances in Visual Methodology*. London: SAGE.

Holliday, R. (2001) 'We've been framed: visualizing methodologies', *Sociological Review 48* (4): 503–521.

Hoskins, J. (1993) '"Why we cried to see him again": Indonesian villagers' responses to the filmic disruption of time', in J. Rollwagen (ed.), *Anthropological Film and Video in the 1990s*. Brockport, NY: The Institute Inc.

Howes, D. (2005) *Empire of the Senses: The Sensory Culture Reader*. Oxford: Berg.

Hughes-Freeland, F. (ed.) (1997) *Ritual, Performance, Media*. London: Routledge.

Hutnyk, J. (1990) 'Comparative anthropology and Evans-Pritchard's Nuer Photography' *Critique of Anthropology* 10(1): 81–102.

Hutnyk, J. (1996) *The Rumour of Calcutta*. London: Zed Books.

Ingold, T. (2000) *The Perception of the Environment*. London: Routledge.

Ingold, T. (2008a) 'Bindings against boundaries: entanglements of life in an open world', in *Environment and Planning* A, 40: 1796–1810.

Ingold, T. (2008b) 'Anthropology is *not Ethnography*', *Proceedings of the British Academy,* Volume 154.

Ingold, T. (2010a) 'Ways of mind-walking: reading, writing, painting', *Visual Studies,* 25:1, 15–23.

Ingold, T. (2010b) 'Footprints through the weather-world: walking, breathing, knowing', *JRAI* 16, Issue Supplement s1: S121–S139.

Ingold, T. (2011) 'Worlds of sense and sensing the world: a response to Sarah Pink and David Howes', in *Social Anthropology/Anthropologie Sociale*, 19(3): 313–317.

Irving, A. (2007) 'Ethnography, art and death', *Journal of the Royal Anthropological Institute,* 13(1): 185–208.

Irving, A. (2010) 'Dangerous substances and visible evidence: tears, blood, alcohol, pills', *Visual Studies,* 25(1): 24–35.

Jacknis, I. (1984) 'Franz Boas and Photography', *Studies in Visual Communication,* 10(1): 2–60.

James, A., Hockey, J. and Dawson, A. (1997) *After Writing Culture: Epistemology and Praxis in Contemporary Anthropology*. London: Routledge.

Jenks, C. (1995) *Visual Cultures*. London: Routledge.

Jhala, J. (2004) 'In a time of fear and terror: seeing, assessing, assisting, understanding and living the reality and consequences of disaster', *Visual Anthropology Review,* 20(1): 59–69.

Josephides, L. (1997) 'Representing the anthropologist's predicament', in W. James, J. Hockey and A. Dawson (eds), *After Writing Culture: Epistemology and Praxis in Contemporary Anthropology*. London: Routledge.

Kirkpatrick, J. (2003) *Transports of Delight: The Ricksha Arts of Bangladesh*. A CD-ROM). University of Indiana Press.

Knowles, C. and Sweetman, P. (2004) (eds) *Picturing the Social Landscape: Visual Methods and the Sociological Imagination,* London: Routledge.

Kozinets, R. (2010) *Netnography.* London: Sage.

Kulick, D. and Willson, M. (eds) (1995) *Taboo: Sex, Identity and Erotic Subjectivity in Anthropological Fieldwork.* London: Routledge.

Kürti, L. (2004) 'Picture Perfect: community and commemoration in postcards', in S. Pink, L. Kürti and A. Afonso (eds), *Working Images.* London: Routledge.

Lammer, C. (2007) 'Bodywork: social somatic interventions in the operating theatres of invasive radiology', S. Pink (ed.), *Visual Interventions.* Oxford: Berghahn.

Lammer, C. (2009) 'Empathographies: using body art related video approaches in the environment of an Austrian teaching hospital', *International Journal of Multiple Research Approaches,* 3: 264–275.

Lammer, C. (2012) 'Healing Mirrors: Body Arts and Ethnographic Methodologies', in S. Pink (ed.), *Advances in Visual Methodology.* London: SAGE.

Lapenta, F. (2011) 'Geomedia: On location-based media, the changing status of collective image production and the emergence of social navigation systems', *Visual Studies,* 26(1): 14–24.

Lapenta, F. (2012) 'Geomedia based methods and visual research. exploring the theoretical tenets of the localization and visualization of mediated social relations with direct visualization techniques', in S. Pink (ed.) *Advances in Visual Methodology.* London: SAGE.

Larson, H. J. (1988) 'Photography that listens', *Visual Anthropology,* 1: 415–32.

Laurier, E., Strebel, I. and Brown, B. (2011) 'The reservations of the editor: the routine work of showing and knowing the film in the edit suite', *Journal of Social Semiotics,* (21)2: 239–257.

Law, J. (2004) *After Method: Mess in Social Science Research.* London: Routledge.

Levine, S. (2007) 'Steps for the future: HIV/AIDS, media activism and applied visual anthropology in Southern Africa' in S. Pink (ed) *Visual Interventions: Applied Visual Anthropology.* Oxford: Berg.

Lister, M. and Wells, L. (2000) 'Seeing beyond belief: cultural studies as an approach to analysing the visual', in T. van Leeuwen and C. Jewitt (eds), *The Handbook of Visual Analysis.* London: SAGE.

Loizos, P. (1993) *Innovation in Ethnographic Film.* Manchester: Manchester University Press.

Lomax, H. and Casey, N. (1998) 'Recording social life: reflexivity and video methodology', *Sociological Research Online,* 3(2), <http://www.socresonline.org.uk/socresonline/3/2/1.html>.

Lorimer, H. (2005) 'Cultural geography: the busyness of being "more than representational"', *Progress in Human Geography,* 29(1): 83–94.

Lury, C. (1998) *Prosthetic Culture: Photography, Memory and Identity.* London: Routledge.

Lyon, D. (2013) 'The labour of refurbishment: space and time, and the building and the body' in S. Pink. D. E Tutt ad A. Dainty (eds), *Ethnographic Research in the Construction Industry*. Oxford: Routledge.

MacDougall, D. and MacDougall, J. (1991) *Photo Wallahs: An Encounter with Photography in Mussorie: a North Indian Hill Station*. Berkeley, CA: Oxhard Film Productions.

MacDougall, D. (1997) 'The visual in anthropology', in M. Banks and H. Morphy (eds), *Rethinking Visual Anthropology*. London: New Haven Press.

MacDougall, D. (1998) *Transcultural Cinema*. Selected essays, edited by Lucien Taylor. Princeton, NJ: Princeton University Press.

MacDougall, D. (2001) 'Renewing ethnographic film: is digital video changing the genre?' *Anthropology Today*, 17(3): 15–21.

MacDougall, D. (2005) *The Corporeal Image*. Princeton: Princeton University Press.

Mack, S., Mack, L., Alessa, L. and Kliskey, A. (2011) 'The integration of digital terrain visualization in ethnography: the historic village of Belofski, Alaska', *Visual Anthropology*, 24(5): 455–476.

Manovich, L. (2011) 'What is visualization', *Visual Studies*, 26(1): 36–49.

Marchand, T. H. (2010), 'Making knowledge: explorations of the indissoluble relation between minds, bodies, and environment'. *Journal of the Royal Anthropological Institute*, 16: S1–S21.

Marcus, G. (1995) 'The modernist sensibility in recent ethnographic writing and the cinematic metaphor of montage', in L. Devereaux and R. Hillman (eds), *Fields of Vision: Essays in Film Studies, Visual Anthropology and Photography*. Berkeley: University of California Press.

Margolis, E. and L. Pauwels (2011) *The SAGE Handbook of Visual Research Methods*. London: SAGE.

Martens, L. (2012) 'The politics and practices of looking: CCTV, video and domestic kitchen practices', in S. Pink (ed.), *Advances in Visual Methodology*. London: SAGE.

Martinez, W. (1992) 'Who constructs anthropological knowledge? toward a theory of ethnographic film spectatorship', in P. I. Crawford and D. Turton (eds), *Film as Ethnography*. Manchester: Manchester University Press.

Marvin, G. (2005) 'Research, representations and responsibilities: an anthropologist in the contested world of fox hunting', in S. Pink (ed.), *Applications of Anthropology: Professional Anthropology in the Twenty First Century*. Oxford: Berghahn.

Massey, D. (2005) *For Space*, London: Sage.

Matless, D. (2003) ' Gestures around the Visual', *Antipode*, 35(2): 222–226.

McGuigan, J. (ed.) (1997) *Cultural Methodologies*. London: SAGE.

Mead, M. (1975) [1995] 'Visual anthropology in a discipline of words', in Hockings (ed.), *Principles of Visual Anthropology*. The Hague: Mouton.

Melhuus, M., Mitchell, J. P. and Wulff, H. (2009) *Ethnographic Practice in the Present*.

Oxford: Berghahn.

D. Miller (ed) (1998) *Material Cultures: Why Some Things Matter.* Chicago: University of Chicago Press.

Miller, D. (2001) (ed.) *Home Possessions.* Oxford: Berg.

Miller, D. (2011) *Tales from Facebook.* Oxford: Polity.

Miller, D. and Slater, D. (2000) *The Internet: An Ethnographic Approach.* Oxford: Berg.

Mitchell, C. (2011) *Doing Visual Research,* London: SAGE.

Mitchell, W.J.T. (2002) 'Showing seeing: a critique of visual culture' in N. Mirzeoff (ed) *The Visual Culture Reader,* Second Edition. London: Routledge.

Mitchell, W. J. T. (2005) 'There are no visual media' *Journal of Visual Culture* 4(2): 257–266.

Mizen, P. (2005) 'A little "light work"? Children's images of their labour', in *Visual Studies,* 20(2): 124–139.

Morley, D. (1996) 'The audience, the ethnographer, the postmodernist and their problems', in P. I. Crawford and S. B. Hafsteinsson (eds), *The Construction of the Viewer.* Aarhus: Intervention Press.

Morphy, H. (1996) 'More than mere facts: repositioning Spencer and Gillen in the history of anthropology', in S. R. Morton and D. J. Mulvaney (eds), *Exploring Central Australia: Society, Environment and the Horn Expedition.* Chipping Norton: Surrey Beatty and Sons.

Morphy, H. and M. Banks (1997) 'Introduction: rethinking visual anthropology', in M. Banks and H. Morphy (eds), *Rethinking Visual Anthropology.* London: Routledge.

Muir, S. and J. Mason (2012) 'Capturing Christmas: the sensory potential of data from participant produced video' *Sociological Research Online,* 17 (1) 5, <http://www.socresonline.org.uk/17/1/5.html>.

Murthy, D. (2008) 'Digital Ethnography: An Examination of the Use of New Technologies for Social Research', *Sociology,* 42(5): 837–855.

Murthy, D. (2011) 'Emergent digital ethnographic methods for social research', in S. Nagy Hesse-Biber (ed.), *The Handbook of Emergent Technologies in Social Research.* Oxford: Oxford University press.

Nencel, L. and Pels, P. (1991) *Constructing Knowledge: Authority and Critique in Social Science.* London: SAGE.

Nuemann, M. (1992) 'The travelling eye: photography, tourism and ethnography', *Visual Sociology,* 7(2): 22–38.

Okely, J. (1994) 'Vicarious and sensory knowledge of chronology and change: ageing in rural France', in K. Hastrup and P. Hervik (eds), *Social Experience and Anthropological Knowledge.* London: Routledge.

Okely, J. (1996) *Own or Other Culture.* London: Routledge.

Okely, J. and Callaway, H. (1992) *Anthropology and Autobiography.* London: Routledge.

O'Neill, M. (2002) in association with Giddens, Breatnach, Bagley, Bourne and Judge, 'Renewed Methodologies for social research: ethno-mimesis as performative praxis', Sociological Review, (50): 1.

O'Neill, M. (2012) 'Ethno-mimesis and participatory arts', in S. Pink (ed.), Advances in Visual Methodology. London: SAGE.

O'Neill, M. and P. Hubbard (2010) 'Walking, sensing, belonging: ethno-mimesis as performative praxis', Visual Studies, 25(1):46–58.

O'Reilly, K. (2011) Ethnographic Methods. 2nd Edition. London: Routledge.

Orobitg, G. (2004) 'Photography in the field: word and image in ethnographic research', in S. Pink, L. Kürti and A. Afonso (eds), Working Images. London: Routledge.

Parmeggiani, P. (2009) 'Going digital: using new technologies in visual sociology', Visual Studies, 24(1): 71–81.

Pauwels, L. (1996) 'Managing impressions on visually decoding the workplace as a symbolic environment', Visual Sociology, 11(2): 62–74.

Pels, P. (1996) EASA Newsletter, 18: 18, <http://www.ub.es.easa.netethic.htm>.

Peterson, M. A. (2010) '"But it is my habit to read the Times"': metaculture and practice in the reading of Indian newspapers', in B. Bräuchler and J. Postill (eds), Theorising Media and Practice. Oxford: Berghahn.

Pink, S. (1993) 'La mujer en el toreo: reflexiones sobre el éxito de una mujer novillero en la temporada de 1993', La Tribuna. Spain, December.

Pink, S. (1996) 'Excursiones socio-visuales en el mundo del toro', in M. Garcia, A. Martinez, P. Pitarch, P. Ranera and J. Fores (eds), Antropologia de los sentidos: La Vista. Madrid: Celeste Ediciones.

Pink, S. (1997a) Women and Bullfighting: Gender, Sex and the Consumption of Tradition. Oxford: Berg.

Pink, S. (1997b) 'Visual histories of success', in E. Edwards (ed.), History of Photography. London and Washington, DC: Taylor & Francis.

Pink, S. (1999a) '"Informants" who come "home"', in V. Amit-Talai (ed.), Constructing the Field. London: Routledge.

Pink, S. (1999b) 'A woman, a camera and the world of bullfighting: visual culture, experience and the production of anthropological knowledge', Visual Anthropology, 13: 71–86.

Pink, S. (2004a) (ed.) Applied Visual Anthropology, a guest edited issue of Visual Anthropology Review, 20(1).

Pink, S. (2004b) Home Truths: Gender, Domestic Objects and Everyday Life. Oxford: Berg.

Pink, S. (2004c) 'Performance, self-representation and narrative: interviewing with video', in C. Pole (ed.), Seeing is Believing? Approaches to visual research. Studies in Qualitative Methodology – Volume 7, Elsevier Science.

Pink, S. (2006) The Future of Visual Anthropology: Engaging the Senses. London: Routledge.

Pink, S. (2007a) (ed.) *Visual Interventions: Applied Visual Anthropology*. Oxford: Berghahn.

Pink, S. (2007b) 'Walking with Video', *Visual Studies*, 22(3): 240–252.

Pink, S. (2008a) 'An urban tour: the sensory sociality of ethnographic place-making', in *Ethnography*, 9(2): 175–196.

Pink, S. (2008b) 'Mobilising visual ethnography: making routes, making place and making images', in *Forum: Qualitative Research (FQS)*, <http://www.qualitative-research.net/fqs/fqs-eng.htm>.

Pink, S. (2009) *Doing Sensory Ethnography*. London: SAGE.

Pink, S. (2010) 'The future of the anthropology of the senses', a debate with David Howes in *Social Anthropology*.

Pink, S. (2011a) 'Sensory digital photography: re-thinking "moving" and the image' *Visual Studies*, 26(1): 4–13.

Pink, S. (2011b) 'Images, senses And applications: engaging visual anthropology', *Visual Anthropology*, 24(5): 437–454.

Pink, S. (2011c) 'Multi-modality and multi-sensoriality and ethnographic knowing: or can social semiotics be reconciled with the phenomenology of perception and knowing in practice', *Qualitative Research*, 11(1): 261–276.

Pink, S. (2011d) 'Drawing with our feet (and trampling the maps): walking with video as a graphic anthropology', in T. Ingold (ed.), *Redrawing Anthropology*. Farnham: Ashgate.

Pink, S. (2011e) 'Amateur documents?: Amateur photographic practice, collective representation and the constitution of place in UK slow cities', *Visual Studies* 26(2): 92–101.

Pink, S. (2011f) 'Digital visual anthropology: potential and challenges', in M. Banks and J. Ruby (eds) *Made to be Seen: Perspectives on the History of Visual Anthropology*. Chicago: University of Chicago Press.

Pink, S. (2011g) 'Ethnography of the invisible: how to "see" domestic and human energy', *Ethnologia Europaea: Journal of European Ethnology*, 117–128.

Pink, S. (2011h) 'The visual and beyond: a multi-sensory approach to visual methods', in L. Pauwels and E. Margolis (eds), *Handbook of Visual Methods*. London: SAGE.

Pink, S. (2012a) (ed.) *Advances in Visual Methodology*. London: SAGE.

Pink, S. (2012b) 'Advances in visual methodology: an introduction', in S. Pink (ed.), *Advances in Visual Methodology*. London: SAGE.

Pink, S. (2012c) 'Visual ethnography and the internet: visuality, virtuality and the spatial turn', in S. Pink (ed.), *Advances in Visual Methodology*. London: SAGE.

Pink, S. (2012d) *Situating Everyday Life: Practices and Places*. London: SAGE.

Pink, S. and L. Hjorth (2012) 'Emplaced cartographies: reconceptualising camera phone practices in an age of locative media', *MIA (Media International Australia)*, 145: 145–155.

Pink, S., Hubbard, P., O'Neill, M. and Radley, A. (2010) 'Walking Across Disciplines',

Visual Studies, 25(1).

Pink, S., Kürti, L. and Afonso, A. (eds) (2004) *Working Images.* London: Routledge.

Pink, S. and K. Leder Mackley (2012) 'Video as a route to sensing invisible energy', *Sociological Research Online,* February 2012, <http://www.socresonline.org. uk/17/1/3.html>.

Pink, S. K. Leder Mackley, V. Mitchell, C. Escobar-Tello, M. Hanratty, T. Bhamra and R. Morosanu (2013) 'Applying the lens of sensory ethnography to sustainable HCI', *Transactions on Computer-Human Interaction.*

Pink, S., Tutt, D., Dainty, A. and Gibb, A. (2010) 'Ethnographic methodologies for construction research: knowing, practice and interventions', *Building Research and Information,* 38(6): 647–659.

Pinney, C. (1992a) 'Montage, doubling and the mouth of God', in P. I. Crawford and J. K. Simonsen (eds), *Ethnographic Film Aesthetics and Narrative Traditions.* Aarhus: Intervention Press.

Pinney, C. (1992b) 'The parallel histories of anthropology and photography', in E. Edwards (ed.), *Anthropology and Photography.* New Haven, CT: Yale University Press.

Pinney, C. (1997) *Camera Indica: The Social Life of Indian Photographs.* London: Reaktion Books.

Pitt-Rivers, J. (1954) *The People of the Sierra.* New York: Criterion.

Pole, C. (ed.) (2004) 'Seeing is believing? approaches to visual research', *Studies in Qualitative Methodology – Volume 7.* Elsevier Science.

Pollock, G. (1988) *Vision and Difference: Femininity, Feminism and the Histories of Art.* London: Routledge.

Postill, J. (2005) 'A few comments on media and sociation', paper presented to the EASA Media Anthropology Network 'Media, Anthropology, Theory' workshop, at Loughborough University, <http://www.philbu.net/media-anthropology/lboro_postill.pdf>.

Postill, J. (2010) 'Introduction: Theorising media and practice', in B. Bräuchler and J. Postill (eds), *Theorising Media and Practice.* Oxford: Berghahn.

Postill, J. (2011) *Localizing the Internet,* Oxford: Berghahn.

Postill, J. and S. Pink (2012) 'Social Media ethnography: the digital researcher in a messy web', *MIA (Media International Australia),* 145: 123–134.

Pratt, M. L. (1986) 'Fieldwork in common places', in J. Clifford and G. Marcus (eds), *Writing Culture.* Berkeley: University of California Press.

Prelorain, J., Prelorain, M. and Saravino, Z. (1992) *Zulay Frente el Siglo XXI,* Department of Film and Television, University of California, Los Angeles.

Press, I. (1979) *The City as Context.* Urbana: University of Illinois Press.

Price, D. and Wells, L. (1997) 'Thinking about photography: debates, historically and now', in L. Wells (ed.), *Photography: a Critical Introduction.* London: Routledge.

Prosser, J. (1996) 'What constitutes an image-based qualitative methodology?', *Visual*

Sociology, 11(2): 26–34.

Prosser, J., Clark, A. and Wiles, R. (2008) *Visual Research Ethics at the Crossroads.* NCRM Working Paper. Realities, Morgan Centre, Manchester, UK. <http://eprints.ncrm.ac.uk/535/>.

Prosser, J. and Schwartz, D. (1998) 'Photographs within the sociological research process', in J. Prosser (ed.), *Image-based Research: a Sourcebook for Qualitative Researchers.* London: Falmer Press.

Radley, A. and Taylor, D. (2003a) 'Images of recovery: a photo-elicitation study on the hospital ward', *Qualitative Health Research,* 13(1): 77–99.

Radley, A. and Taylor, D. (2003b) 'Remembering one's stay in hospital: a study in recovery, photography and forgetting', *Health: An Interdisciplinary Journal for the Social Study of Health, Illness and Medicine,* 7(2): 129–159.

Radley, A., Hodgetts, D. and Cullen, A. (2005) 'Visualizing homelessness: a study in photography and estrangement', *Journal of Community and Applied Social Psychology,* 15: 273–295.

Ramey, K. (2011) 'Productive dissonance and sensuous image-making: visual anthropology and experimental film', in M. Banks and J. Ruby (eds), *Made to be Seen: Perspectives on the History of Visual Anthropology.* Chicago: University of Chicago Press.

Ramos, M. J. (2004) 'Drawing the lines: the limitations of cultural *ekphrasis*', in S. Pink, L. Kürti and A. Afonso (eds), *Working Images.* London: Routledge.

Rapport, N. (1997a) *Transcendent Individual: Towards a Literary and Liberal Anthropology.* London: Routledge.

Reiger, J. (1996) 'Photographing social change', *Visual Sociology,* 11(1): 5–49.

Rich, M., Lamola, S., Gordon, J. and Chalfen, R. (2000) 'Video Intervention/Prevention Assessment: a patient-centered methodology for understanding the adolescent illness experience', *Journal of Adolescent Health,* 27(3): 155–165.

Rollwagen, J. (1988) *Anthropological Film making.* New York: Harwood Academic Press.

Rose, G. (2000) *Visual Methodologies,* first edition. London: SAGE.

Rose, G. (2003) 'On the need to ask how, exactly, is geography "visual"?', *Antipode,* 35(2): 212–221.

Rose, G. (2011) *Visual Methodologies,* third edition. London: SAGE.

Rothenbuhler, E. W. and Coman, M. (eds) (2005) *Media Anthropology.* Thousand Oaks, CA: SAGE Publications.

Rowe, J. (2011) 'Legal issues of using images in research', in E. Margolis and L. Pauwels (eds), *The SAGE Handbook of Visual Research Methods.* London: SAGE.

Ruby, J. (1982) 'Ethnography as *Trompe L'Oiel*: film and anthropology', in J. Ruby (ed.), *A Crack in the Mirror: Reflexive Perspectives in Anthropology.* Philadelphia, PA: University of Pennsylvania Press. <http://www.temple.edu./anthro/ruby/trompe.htm>.

Ruby, J. (2000a) *Picturing Culture: Explorations of Film and Anthropology.* Chicago: University of Chicago Press.

Ruby, J. (2004) *The Taylor Family* (CD ROM). Oak Park Stories series. Distributor, Documentary Educational Resources, Watertown, MA, USA.

Ryan, J. (2003) 'Who's afraid of visual culture', *Antipode,* 35(2): 232–237.

Sage, D. (2013) 'Building contacts: the trials, tribulations and translations of an ethnographic researcher in construction' in S. Pink. D. E Tutt ad A. Dainty (eds) *Ethnographic Research in the Construction Industry.* Oxford: Routledge.

Savage, R. (2011) *900,000 Frames Between Us*, documentary video produced as part of R. Savage *Digital Exile Transnational Vernacular Video and Ethnographic Film Making,* PhD thesis, University of Westminster, UK, details available online at http://www.docwest.co.uk/projects/rebecca-savage/

Schneider, A. (2011) 'Expanded visions: rethinking anthropological research and representation through experimental film', in T. Ingold (ed.), *Redrawing Anthropology: Materials, Movements, Lines.* Farnham: Ashgate.

Schneider, A. and Wright, C. (eds) (2005) *Contemporary Art and Anthropology.* Oxford: Berg.

Schneider, A. and Wright, C. (eds) (2010) *Between Art and Anthropology: Contemporary Ethnographic Practice.* Oxford: Berg.

Schwartz, D. (1992) *Waucoma Twilight: Generalizations of the Farm.* Series on Ethnographic Inquiry. Washington DC: Smithsonian Institution Press.

Schwartz, D. (1993) 'Superbowl XXVI: reflections on the manufacture of appearance', *Visual Sociology,* 8(1): 23–33.

Secondulfo, D. (1997) 'The social meaning of things: a working field for visual sociology', *Visual Sociology*, 12(2): 33–46.

Sekula, A. (1982) 'On the invention of photographic meaning', in V. Burgin (ed.), *Thinking Photography.* London: Macmillan.

Sekula, A. (1989) 'The archive and the body', in R. Bolton (ed.), *The Contest of Meaning.* Cambridge, MA: MIT Press.

Shanklin, E. (1979) 'When a good social role is worth a thousand pictures', in J. Wagner (ed.), *Images of Information.* London: SAGE.

Shove, E. and M. Pantzar (2007) 'Recruitment and reproduction: The careers and carriers of digital photography and floorball.' *Human Affairs* 17 (2): 154–67.

Silva, O. and Pink, S. (2004) 'In the Net: ethnographic photography', in S. Pink, L. Kurti and A. Afonso (eds), *Working Images.* London: Routledge.

Silver, C. and Patashnick, J. (2011) 'Finding fidelity: advancing audiovisual analysis using software', [88 paragraphs], *Forum Qualitative Sozialforschung/Forum: Qualitative Social Research*, 12(1), Art. 37, <http://nbn-resolving.de/urn:nbn:de:0114-fqs1101372>.

Slater, D. (1995) 'Domestic photography and digital culture', in M. Lister (ed.), *The Photographic Image in Digital Culture.* London: Routledge.

Spinney, J. (2009) 'Cycling the city: movement, meaning and method', *Geography Compass,* 3: 817–835.

Stafford, B. M. (2006) *Echo Objects: the Cognitive Work of Images.* Chicago: University of Chicago Press.

Stoller, P. (1997) *Sensuous Scholarship.* Philadelphia, PA: University of Pennsylvania Press.

Strecker, I. and Lydall, J. (1995) *Sweet Sorghum.* IWF, Goettingen, Germany.

Suchar, C. (1993) 'The Jordaan: community change and gentrification in Amsterdam', *Visual Sociology,* 8(1): 41–51.

Sunderland, P. and Denny, R. (2007) *Doing Anthropology in Consumer Research.* Left Coast Press Inc.

Sutton, D. (2001) *Remembrance of Repasts.* Oxford: Berg.

Ten Brink, J. (2007) *Building Bridges: The Cinema of Jean Rouch.* Wallflower.

Thrift, N. (2008) *Non-Representational Theory: Space, Politics, Affect.* London: Routledge.

Tutt, D., Pink, S., Dainty, A. and Gibb, A. (2013) 'Our own language', in S. Pink, A. Dainty and D. Tutt (eds), *Ethnographic Research in the Construction Industry.* London: Taylor & Francis.

Uricchio, W. (2011) 'The algorithmic turn: photosynth, augmented reality and the changing implications of the image', *Visual Studies,* 26 (1):25–35.

van Leeuwen, T. and Jewitt, C. (2000) (eds) *Handbook of Visual Analysis.* London: SAGE.

Van Maanen, J. (2011) *Tales of the Field: On Writing Ethnography,* Second Edition. Chicago: University of Chicago Press.

Van Mierlo, M. (1994) 'Touching the invisible', *Visual Sociology,* 9(1): 43–51.

Wagner, J. (1979) 'Avoiding error', in J. Wagner (ed.), *Images of Information.* London: SAGE.

Walsh, D. (1998) 'Doing ethnography', in C. Seale (ed.), *Researching Culture and Society.* London: SAGE.

Wendl, T. and Du Plessis, N. (1998) *Future Remembrance. Video.* IWF, Goettingen, Germany.

Wendl, T. (2001) 'Entangled traditions – photography and the history of media in southern Ghana', *Res, Journal of Anthropology and Aesthetics,* 39: 78–101.

Wesch, M. (2009) 'YouTube and you: experiences of self-awareness in the context collapse of the recording webcam', *Explorations in Media Ecology,* (8)2: 19–34.

White, S. (2003) *Participatory Video: Images that Transform and Empower.* London: SAGE.

Wiles, R., Clark, A. and Prosser, J. (2011) 'Visual research ethics at the crossroads', in E. Margolis and L. Pauwels (eds), *The SAGE Handbook of Visual Research Methods.* London: SAGE.

Wiles, R., Coffey, A., Robison, J. and Prosser, J. (2012) 'Ethical regulation and visual methods: making visual research impossible or developing good practice?', *Sociological Research Online,* 7(1)8, <http://www.socresonline.org.uk/17/1/8. html>.

Wright, C. (1998) 'The third subject: perspectives on visual anthropology', *Anthropology Today,* 14(4): 16–22.

Wright, T. (1999) *The Photography Handbook.* London: Routledge.

Young, M. W. (1998) *Malinowski's Kiriwina: Fieldwork Photography, 1915–1918,* Chicago: University of Chicago Press.

索　引

图书在版编目（CIP）数据

学做视觉民族志 /（澳）莎拉·平克（Sarah Pink）著；邝明艳，唐晓莉译. -- 重庆：重庆大学出版社，2019.12
（拜德雅·视觉文化丛书）
书名原文：Doing Visual Ethnography 3e
ISBN 978-7-5689-1860-2

Ⅰ.①学… Ⅱ.①莎…②邝…③唐… Ⅲ.①民族志—研究方法 Ⅳ.①K18-3

中国版本图书馆CIP数据核字（2019）第247649号

拜德雅·视觉文化丛书

学做视觉民族志（原书第3版）
XUEZUO SHIJUE MINZUZHI

［澳］莎拉·平克　著

邝明艳　唐晓莉　译

策划编辑：贾　曼
特约策划：邹　荣　任绪军
责任编辑：林佳木　陈　康　邹　荣
责任校对：刘　刚
责任印制：张　策
书籍设计：张　晗

重庆大学出版社出版发行
出版人：饶帮华
社址：（401331）重庆市沙坪坝区大学城西路21号
网址：http://www.cqup.com.cn
印刷：重庆市正前方彩色印刷有限公司

开本：890mm×1168mm　1/32　印张：10　字数：263千　插页：32开1页
2019年12月第1版　　2019年12月第1次印刷
ISBN 978-7-5689-1860-2　定价：58.00元

Doing Visual Ethnography 3e, by Sarah Pink, ISBN: 978-1-4462-1117-5

English language edition published by SAGE Publications of London, Thousand Oaks, New Delhi and Singapore, © Sarah Pink, 2013.

《学做视觉民族志》原书英文版由 Sage 出版公司出版。
本书简体中文版专有出版权由 Sage 出版公司授予重庆大学出版社，未经出版者书面许可，不得以任何形式复制。

版贸核渝字（2015）第 064 号

○ ● 拜德雅
○ ● ● Paideia
● ○ ● 视觉文化丛书

（书名以出版时为准）

21 世纪图像　　　　　　　　　　　　　　　[德]奥利弗·格劳 等编

电影与伦理:被取消的冲突　　　　　　　　　[英]丽莎·唐宁 & [英]莉比·萨克斯顿 著

视觉文化的矩阵:电影研究中德勒兹理论的运用　[荷]帕特丽夏·比斯特斯 著

库尔贝，或眼中的画　　　　　　　　　　　　[法]让-吕克·马里翁 著

艺术之名:现代性的考古学　　　　　　　　　[法]蒂埃里·德·迪弗 著

图像的力量　　　　　　　　　　　　　　　　[法]路易·马兰 著

论再现　　　　　　　　　　　　　　　　　　[法]路易·马兰 著

崇高的普桑　　　　　　　　　　　　　　　　[法]路易·马兰 著

摧毁绘画　　　　　　　　　　　　　　　　　[法]路易·马兰 著